中国银行业协会
CHINA BANKING ASSOCIATION

pwc 普华永道

中国银行家调查报告

CHINESE BANKERS SURVEY REPORT

2022

中国金融出版社

前　言

欢迎大家阅读由中国银行业协会和普华永道联合发布的《中国银行家调查报告2022》。这份报告站在银行家的视角聚焦中国银行业的发展动向，今年已是第十四年。

调查主要呈现五个特点：一是点面结合。由中国银行业协会负责组织面向银行家的问卷调查，由中国银行业协会首席经济学家巴曙松教授和课题组成员选择有代表性的金融机构进行重点调查。二是平行展开。调查在全国31个省级行政区域（不包括港澳台）平行展开，基本覆盖了各类银行业机构，全面保证了高质量工作。三是形式多样。调查不仅有面向银行家的电子问卷调查，还有多种形式的调研访谈。四是针对性强。调查紧跟国内外经济发展形势，着重对行业热点、重点、难点问题进行有针对性的专题调研。五是内容详实。通过长达10个月的有序工作，共回收有效问卷1989份，获取了大量真实、准确、有价值的信息。

2022年是党和国家事业发展进程中的重要一年，是我国进入全面建设社会主义现代化国家、向第二个百年奋斗目标进军的重要一年。尽管国际环境愈发复杂，气候灾难不断、地缘政治紧张、局部冲突激烈、经济复苏乏力、能粮价格飙升，站在百年变局的历史十字路口，中国银行业积极应答“我们怎么办”这一时代课题，主动落实“经济要稳住、发展要安全”要求，助力建设社会主义和中国式现代化伟大任务，大至发展战略、小至银行家群体的个体工作支持，均交出了成绩斐然的答卷。

面对复杂严峻的国际环境，银行家依然在关注全球疫情尚未结束的背景下中国经济复苏进程以及全球通胀问题。中国银行家对未来经济平稳运行持积极乐观态度，对银行业未来发展态势也仍然保持乐观。同时，中国坚持对外开放基本国策不动摇，打造市场化、法治化、国际化营商环境是银行家认为提高我国对外开放水平最有力的措施。

中国银行业的发展战略也出现了新的变化。信贷需求减弱跃升成为商业银行主要经营压力，数字化、智能化转型成为银行业新的利润增长点，科学制定实施数字化转型战略成为下一步数字化转型的首要重点。同时，增强战略调整时效性依然是战略管理首要考虑的问题。

2022年，银行业以服务实体经济为根本，加大金融资源对国民经济重点领域和薄弱环节的支持力度，银行信贷投放结构持续优化，业务重点稳中有变。同时，银行实体经济服务能力和效率大幅提升，银行家将普惠金融作为信贷投放的重点领域。

在风险管理方面，银行业对风险管理重视度普遍提升，信用风险关注度进一步上升。此外，流动性风险管理能力明显提升。在内部控制方面，银行家倾向加强内控文化与组织体系建设，着力构建内控管理长效机制。

在人力资源管理方面，银行家对未来银行业员工数量增长保持乐观，不同类型银行分化明显。

在资产负债管理方面，多数银行家认为信贷类资产占比将进一步上升，结构性存款作为负债持续下降或与上年持平；为缓解资本压力，银行家加大金融工具创新力度，多渠道进行资本补充。

银行家认为中国银行业正沿着蓝图描绘实现数字化转型。大数据技术继续成为银行家首要关注点，场景金融仍然最受金融科技应用青睐。跨职能、跨部门、跨条线的任务型团队被认为是打造敏捷化创新体系的关键；外包集中度风险、供应链风险等跃居银行与三方科技公司合作时的首要考虑因素；提高模型开发能力、明确商业模式等是探索开放银行的主要挑战。

2022年，银行家对中国银行业公司治理水平总体评价较高，中国银行业积极履行社会责任。与此同时，中国银行业监管水平进一步提升，防范化解金融风险长效机制逐步夯实，不断提升监管前瞻性和有效性，维护经济金融安全稳定运行。

借此机会，我们向所有接受本次调查的银行家表示感谢。他们在繁忙的工作之余填写问卷、接受访谈，无私奉献他们的专业见解、敏锐观察与宝贵经验。我们希望通过阅读本报告，读者能够比较全面透彻地了解中国银行业的现状与前景，以及中国银行家的心声。同时，我们感谢社会各界对这份报告的广泛关注与厚爱，诚挚期待读者提出宝贵意见与建议。读者的支持与关注必将是我们不懈努力的动力源泉。

如需更多相关信息，请与中国银行业协会、普华永道或项目主持人联系。

导 语

2022年是党和国家事业发展进程中的重要一年。在这一年，人类社会发展至新高点、世界人口突破80亿。同样在这一年，疫情影响深远、气候灾难不断、地缘政治紧张、局部冲突激烈、经济复苏乏力、能粮价格飙升……在这百年变局的历史十字路口，分裂与融合叠加、动荡与稳定共存、衰退与复兴并立，方向潜藏在层层危机之后。中国银行业积极应答“我们怎么办”这一时代课题，主动落实“经济要稳住、发展要安全”要求、助力建设社会主义和中国式现代化伟大任务，大至发展战略、小至银行家群体的个体工作支持，均交出了成绩斐然的答卷。

一、宏观环境

2022年是进入全面建设社会主义现代化国家、向第二个百年奋斗目标进军新征程的重要一年，也是中央和国家机关党的建设“巩固深化年”。在我国疫情防控政策进一步优化的背景下，银行家对未来经济平稳运行持积极乐观态度，预期未来一二线城市房地产市场销量有望企稳。面对复杂严峻的国际环境，银行家依然在关注全球疫情尚未结束的背景下中国经济复苏进程以及全球通胀问题。银行家认为美欧主要国家竞争性加息增加了人民币贬值压力，而货币政策关键在于增强流动性管理的灵活性和有效性。同时，中国坚持对外开放基本国策不动摇，打造市场化法治化国际化营商环境是银行家认为提高我国对外开放水平最有力的措施。

二、发展战略

2023年是全面贯彻党的二十大精神的开局之年。开局关乎全局，中国银行业的发展战略也出现了新的变化。信贷需求减弱跃升成为商业银行主要经营压力，数字化、智能化转型成为银行业新的利润增长点，科学制定实施数字化转型战略成为下一步数字化转型的首要重点。同时，增强战略调整时效性依然是战略管理首要考虑的问题。小微企业客户依然是受访银行家最为关注的客户类型。特色化经营成为银行业实现高质量发展的主要途径，国际化发展仍为银行业的主流趋势。

三、业务发展

2022年，银行业以服务实体经济为根本，加大金融资源对国民经济重点领域和薄弱环节的支持力度，银行信贷投放结构持续优化，业务重点稳中有变。在信贷业务方面，银行家对电力燃气业（含光伏）等绿色行业信贷支持力度明显上升，对冶金业（含钢铁、有色金属）、造纸业、石油化工业等高耗能行业信贷投放严格控制；同时，银行实体经济服务能力和效率大幅提升，银行家将普惠金融作为信贷投放的重点领域。在其他业务方面，银行家最关注的个人金融业务与公司金融业务，分别是个人消费贷款业务与小微企业贷款业务；新能源汽车消费成为银行家最关注的绿色消费领域；银行积极开展养老金融业务，银行家将创新发展多元化养老产品作为重要发展方向；随着金融业的高水平开放，银行家认为基金托管将成为发展QDLP和QFLP业务的重点。

四、风险内控与营运管理

2022年，面对风高浪急的国际环境和疫情反复冲击的内外部形势，中国银行业经营环境日益复杂，银行业风险内控与中后台营运管理进一步受到关注。在风险管理方面，银行业对风险管理重视度普遍提升，信用风险关注度进一步上升。此外，流动性风险管理能力明显提升。在内部控制方面，银行家倾向加强内控文化与组织体系建设，着力构建内控管理长效机制。在人力资源管理方面，银行家对未来银行业员工数量增长保持乐观，不同类型银行分化明显。此外，近八成银行家认为中国银行业推行混合制灵活办公具备可行性，但实施过程存在困难。在资产负债管理方面，多数银行家认为信贷类资产占比将进一步上升，结构性存款作为负债持续下降或与上年持平；为缓解资本压力，银行家加大金融工具创新力度，多渠道进行资本补充。为优化资源配置、集中管理风险，部分银行开始实行内部资金转移定价（FTP）管理模式，产品资金成本难以被量化分摊为FTP主要应用难点。

五、金融科技

2022年初，监管机构先后出台《金融科技发展规划（2022—2025年）》和《关于银行业保险业数字化转型的指导意见》，擘画了银行数字化转型的蓝图。调查结果显示，银行家认为中国银行业正沿着蓝图描绘和实现数字化转型。一些现象延续：大数据技术继续成为银行家首要关注点，场景金融仍然最受金融科技应用青睐。一些新特点凸显：银行业对金融科技财务投入和人力投入相较2021年略有下降；跨职能、跨部门、跨条线的任务型团队被认为是打造敏捷化创新体系的关键；外包集中度风险、供应链风险等跃居银行与三方科技公司合作时的首要考虑因素；提高模型开发能力、明确商业模式等是探索开放银行的主要挑战。

六、公司治理与社会责任

党的二十大报告指出，要“提高公共服务水平，增强均衡性和可及性，扎实推进公司治理”，公司治理与民生福祉紧密相关。2022年，银行家对中国银行业公司治理水平总体评价较高，但较2021年略有下降，其中对党的领导评价最高。未来需要进一步完善权责明晰决策机制确保发挥党组织的核心领导作用，并且要以常态化政治建设机制保证正确发展方向。与此同时，2022年，中国银行业积极履行社会责任，加强重点领域和薄弱环节小微企业的金融支持，积极响应、持续有序推进绿色金融工作，助力畅通国民经济循环，巩固脱贫攻坚成果，接续推进乡村振兴，强化消费者权益保护，着力提升服务质效、改善民生。

七、监管评价

2022年，中国银行业监管水平进一步提升，防范化解金融风险长效机制逐步夯实，服务实体经济质效显著提升。银行业监管从完善监管制度框架、提高依法监管水平，到着力服务实体经济、防范化解金融风险，再到推动银行业改革开放，不断提升监管前瞻性和有效性，维护经济金融安全稳定运行，内部控制和风险管理方面监管制度建设成效显著。

八、发展前瞻

2022年，中国国内宏观经济下行压力不减，加之内外部经营环境日趋复杂，在此大背景下，未来银行业发展充满不确定性。调查显示，整体来看，银行家对银行业未来五年的整体营业收入与利润仍然持乐观态度。接近九成的银行家认为未来五年银行业整体不良贷款率低于2%。近九成的银行家认为银行业拨备覆盖率保持在150%以上。超过五成的银行家认为资本充足率高于12%。

九、银行家群体

2022年，新冠病毒感染在全球持续蔓延，乌克兰东部局势持续升温致使俄罗斯与北约关系跌至冰点，国际环境更趋复杂严峻，世界经济下行风险上升，世界进入动荡变革期。国内“需求收缩、供给冲击、预期转弱”三重压力叠加，对经济运行的影响加大。面对新冠病毒感染的严峻考验和全球经济金融环境的震荡波动，中国银行业坚持稳字当头、稳中求进，经营业绩稳中向好，服务实体经济取得新成效，中国银行家群体积极应对当前银行业发展变化。调查结果显示，2022年，银行家对银行业管理人员的职业化和市场化水平提出更高要求。同时因市场选择增多，超六成银行家对更换工作持开放态度。

目　录

第一部分

宏观环境

2022年是党的二十大胜利召开之年，是实施“十四五”规划、开启全面建设社会主义现代化国家新征程的重要一年。在我国疫情防控政策进一步优化的背景下，银行家对未来经济平稳运行持积极乐观态度，预期未来一、二线城市房地产市场销量有望企稳。在过去的一年中，银行家对民生政策的效果评价最高，并且认为面对复杂严峻的国际环境，特别是美欧主要国家竞争性加息带来的人民币贬值压力，货币政策关键在于增强流动性管理的灵活性和有效性。在日常经营管理中，金融监管政策仍是银行家最为关注的外部环境因素。

一、近半数银行家对未来经济增速保持较为乐观态度

2022年，面对复杂严峻的国内外环境，中国高效统筹疫情防控和经济社会发展，积极推出各类调控政策、以期稳住经济社会发展基本盘。从银行家对未来三年平均GDP的预期来看，24.1%的银行家认为未来经济增速会维持在4.5%~5.0%，而21.8%的银行家则认为未来经济增速会维持在5.0%~5.5%，42.9%的银行家则持更加乐观的态度，认为未来三年平均GDP增速将超过5.5%，即经济增速有望恢复到疫情前的水平。这是高基数基础上的增长，并且与“十四五”规划相衔接，多数银行家认为与中国的潜在经济增长率相符，属于合理增长区间，平衡了发展的“速度与质量”。仅有11.2%的银行家持较为悲观的态度，认为未来三年GDP增速将跌落至4.5%以下。

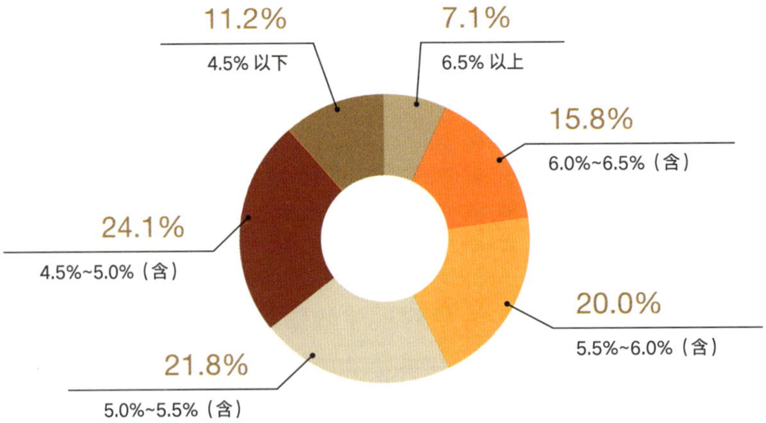

图1-1　银行家认为未来三年中国GDP平均增速

二、近六成银行家认为中国经济面临的主要问题是海内外疫情冲击后的经济复苏进程

从中国经济面临的主要问题来看，近六成的银行家认为海内外疫情影响仍然是中国经济复苏的主要掣肘（58.8%）。2022年以来，中国经济稳中有进，展现出较强的韧性与

活力，但疫情对全球经济及贸易供应链的持续影响也在某种程度上使得经济处于震荡周期中，制约了国内经济复苏斜率。近半数的银行家认为经济增速放缓也是中国经济面临的问题。当下，中国经济已由高速增长阶段转向高质量发展阶段，经济增速有所放缓，发展不平衡不充分问题仍然突出，推进高质量发展还有许多卡点“瓶颈”。近三成的银行家认为内需疲软是中国经济面临的重要问题（30.0%），特别是在疫情的持续扰动下，居民消费受到较大影响。在海外经济下行压力加大的背景下，外需持续承压，叠加国际形势并不稳定，也使得约两成银行家对中国外贸形势表示担忧（20.1%）。

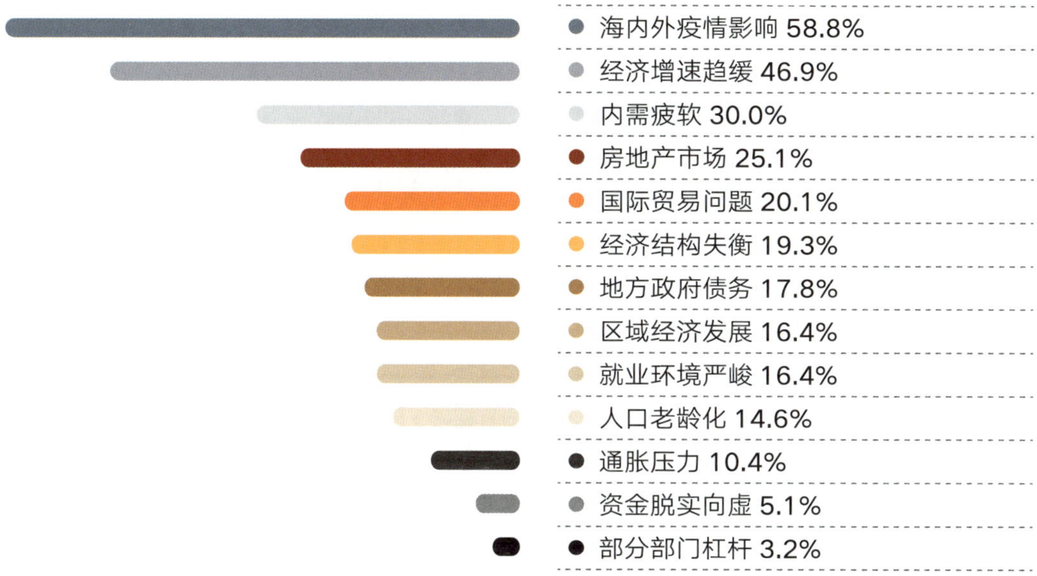

图1-2　银行家认为中国经济面临的主要问题

三、近七成银行家在日常经营管理中密切关注金融监管政策

从银行家最为关注的外部环境因素的调查结果来看，其对于金融监管政策和宏观经济层面政策的关注度要明显高于其他因素。银行家在日常经营管理中密切关注金融监管政策（65.5%）和宏观经济政策（58.7%）。随着经济的发展以及市场化改革的不断推进，“支持小微企业”（27.8%）、“企业有效需求”（26.3%）和“国内外疫情”（20.7%）等因素也愈发受到银行家关注。

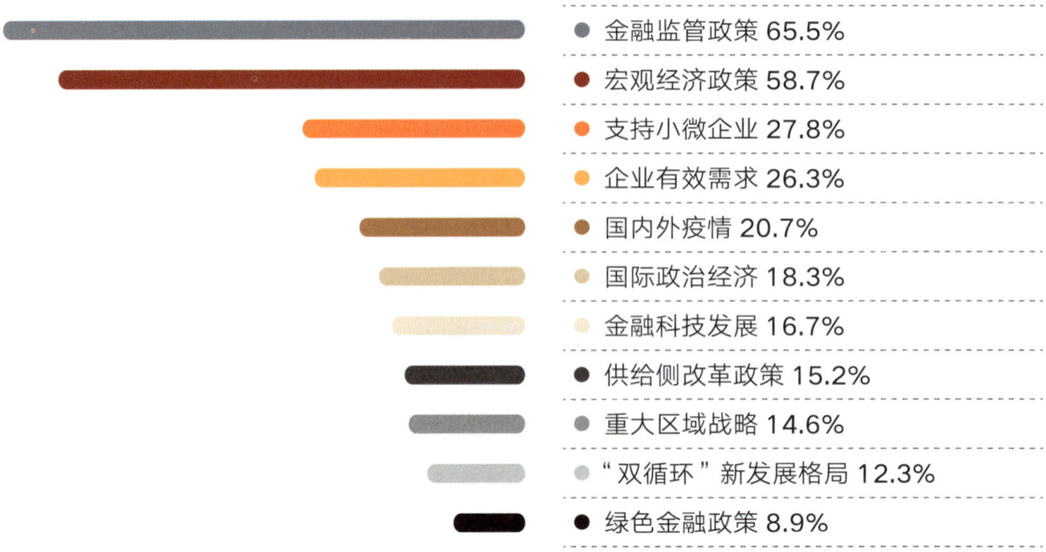

图1-3　银行家最为关注的外部环境因素

四、银行家对民生政策效果评价较高

2022年宏观经济政策实施效果平均得分为4.14分（满分为5分），相较前两年得分有所下降，比2021年平均分（4.28分）下降0.14分。其中，货币政策、财政政策、产业政策、监管政策、就业政策和民生政策的得分分别为4.23分、4.19分、4.12分、4.08分、3.98分和4.26分。就单项政策效果而言，银行家对民生政策的评价最高，2022年疫情反复延宕，习近平总书记在党的二十大报告中明确提出，必须坚持在发展中保障和改善民生，鼓励共同奋斗创造美好生活，不断实现人民对美好生活的向往。

表1-1　银行家对宏观经济政策和银行监管政策效果的评价（单项满分为5分）　　单位：分

政策类型	2022年	2021年	2020年	2019年	2018年	2017年	2016年	2015年
货币政策	4.23	4.41	4.24	4.23	4.16	4.24	4.11	4.06
财政政策	4.19	4.27	4.31	4.15	3.89	4.13	4.03	3.90
产业政策	4.12	4.20	4.21	4.03	3.96	4.02	3.92	3.80
监管政策	4.08	4.26	4.24	4.18	4.14	4.20	4.04	3.93

续表

政策类型	2022年	2021年	2020年	2019年	2018年	2017年	2016年	2015年
就业政策	3.98	4.16	4.17	3.98	—	—	—	—
民生政策	4.26	4.40	4.41	—	—	—	—	—
平均得分	4.14	4.28	4.38	4.11	4.04	4.15	4.02	3.92

五、近八成银行家认为美欧主要国家竞争性加息增加人民币贬值压力

2022年，美联储开启40年来最大力度的加息进程，美联储将抵抗通胀作为其当前阶段的首要目标，并且愿意承担因加息带来的美国经济下行压力，甚至可能的经济衰退。另外，除了较早进入加息通道的英国，欧元区也紧跟美国脚步宣布加息。全球主要经济体相继加息，导致各国银根收紧、热钱从新兴市场流向发达市场。中国是金砖五国之一，人民币汇率势必受到较大冲击。自美联储加息以来，美元持续升值，对人民币汇率构成显著压力。因此，银行家认为全球竞争性加息最主要的影响为“增加人民币贬值的压力”（75.7%）。此外，2022年，中国出口增速因外需下滑而承压，使得人民币汇率波动较大。在全球加息环境下，人民币资产对境外机构的吸引力相对下降，49.8%的银行家指出，在资本逐利性的驱动下“境外资本流出，加剧中国资本市场波动”。值得关注的是，有31.9%的银行家认为全球竞争性加息会“影响中国以我为主的货币政策”。

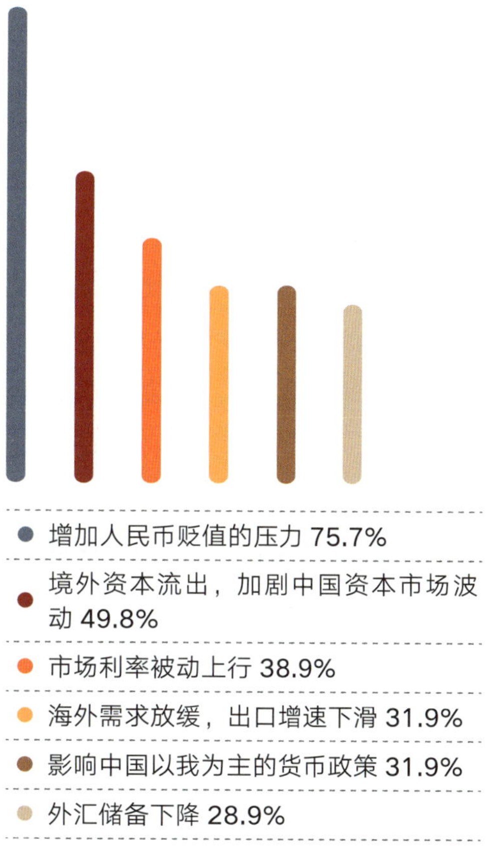

图1-4 美欧主要国家央行竞争性加息对中国经济运行的主要影响

六、近七成银行家认为货币政策关键在于增强流动性管理的灵活性和有效性

2022年以来，中国人民银行坚持“以我为主、稳字当头”，货币政策的前瞻性、有效性、精准性进一步提升，金融对实体经济支持力度进一步加大。“以我为主”在于坚持货币政策的自主性，不盲目跟随，根据国内经济形势和物价走势，把握好政策力度和节奏，兼顾内外均衡，在规则框架下合理使用政策工具并做好宏观审慎管理。

在美欧主要国家竞争性加息的背景下，中国货币政策仍坚持“以我为主”，加大稳健的货币政策实施力度。近七成的银行家认为中国货币政策应当“增强流动性管理的灵活性和有效性，保持银行体系流动性合理稳定”。另有约半数的银行家认为应当“完善利率走廊机制，疏通政策利率向金融市场及实体经济的传导路径”（50.7%），同时，应当“优化跨境资本流动宏观审慎政策，对资本流动进行调节”（46.6%）。部分银行家认为应当通过汇率机制来应对加息，“深化人民币汇率形成机制改革，增强人民币汇率弹性”（36.7%）。

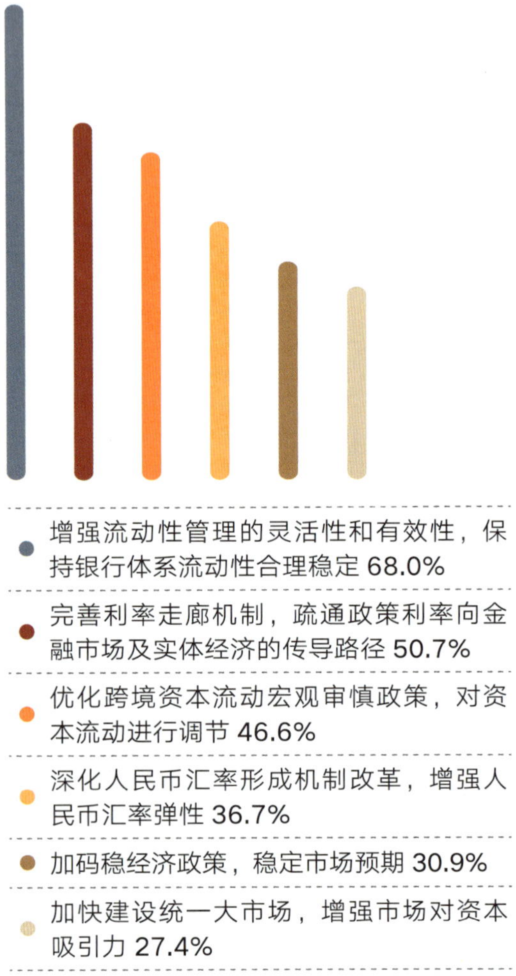

图1-5 在稳健实施“以我为主”货币政策背景下的应对措施

七、超四成银行家认为疫情背景下供应链受阻是全球通胀的主要原因

美欧等发达经济体正面临40年来最严重的通货膨胀局面，高通胀降低了居民的生活水平，削弱了企业活力和经济增长潜力，加剧了社会矛盾，也增加了全球陷入“滞胀”的担忧。关于引发本轮全球性通胀的原因，超四成银行家认为最主要原因是“全球疫情导致供应链受阻和物流不畅”（40.4%）。新冠肺炎疫情导致的生产停产、交通阻滞以及对供应链的连锁影响从成本端推升了通胀水平。另有银行家认为“国际局势冲突导致的商品、原材料价格上升”使通胀趋于恶化（36.3%）。此外，银行家认为“政策盲目扩张货币供应量促使经济结构失调”也是引发通胀的重要因素（17.0%）。值得关注的是，有部分银行家认为全球化的退潮与区域化割裂的加剧是本轮全球通货膨胀率趋势性上升的更加根本、更深层次的原因。美国贸易战、俄乌冲突等事件使得全球化的进程不断割裂。

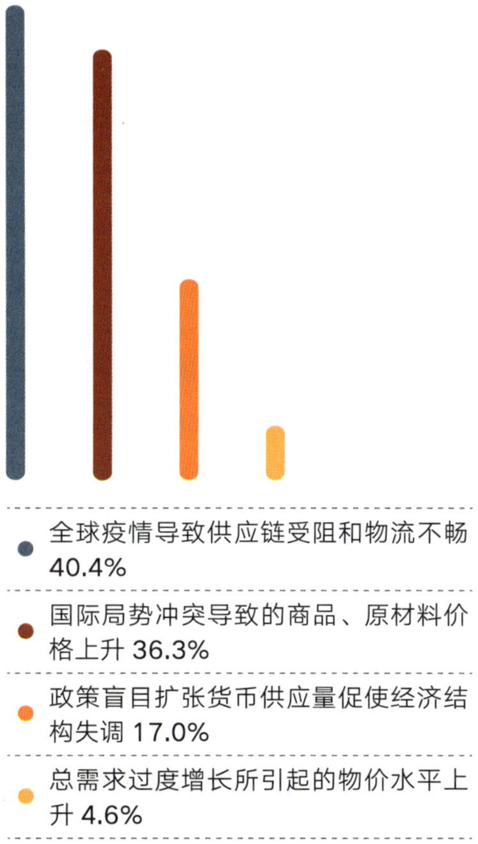

图1-6　本轮全球性通胀的最主要原因

八、近半数银行家预期未来一二线城市房地产市场销量有望企稳

随着中国经济迈入高质量发展的转型期，房地产作为中国经济增量的重要组成部分，正在从早期的高速增长转向高质量增长。在“房住不炒”的政策总基调下，房企“三

条红线”和银行“两集中”等调控政策正式施行，以高周转、高负债、高杠杆为代表的金融驱动发展模式逐步退出舞台，房地产市场在艰难爬坡中重塑理性逻辑。2022年以来，稳楼市、促需求的政策陆续出台，市场信心不断重塑。2022年11月，人民银行联合银保监会印发《关于做好当前金融支持房地产市场平稳健康发展工作的通知》。随后，为支持优质房地产企业合理使用预售监管资金，防范化解房地产企业流动性风险，促进房地产市场平稳健康发展，中国银保监会办公厅、住房和城乡建设部办公厅、人民银行办公厅联合印发了《关于商业银行出具保函置换预售监管资金有关工作的通知》，文件指出，监管账户内资金达到住房和城乡建设部门规定的监管额度后，房地产企业可向商业银行申请出具保函置换监管额度内资金。这些政策的出台有力地促进了房地产市场的有序健康发展，在摒弃原有狂放发展模式的基础上，政府大力支持、规范房地产市场发展，稳定民生。

近半数的银行家预期未来一年一、二线城市的房地产市场销量和价格相对以往持平，也有41.7%的银行家表达了对二线城市房地产市场销量下降的担忧，这一担忧同样体现在对房地产价格的预期上（42.5%）。而超六成的银行家普遍认为三、四线城市房地产市场销量和价格会在未来一年中有所下降。

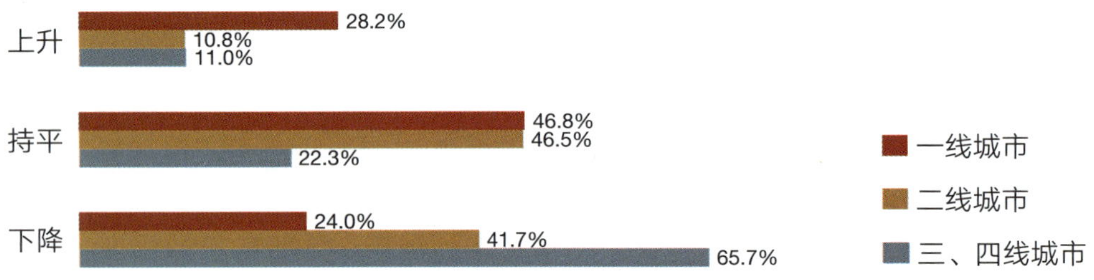

图1-7（a） 未来一年房地产市场销量的预期

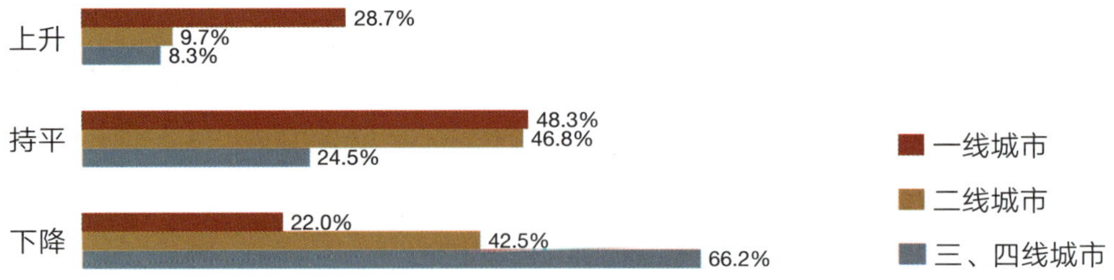

图1-7（b） 未来一年房地产市场价格的预期

党的二十大报告提出“坚持房子是用来住的、不是用来炒的定位，加快建立多主体供给、多渠道保障、租购并举的住房制度”，这为做好今后住房保障工作指明了方向。保障性租赁住房是我国住房保障体系的重要环节，银行业需切实提高政治站位，以不断增强人民群众获得感、幸福感、安全感为落脚点，将支持保障性租赁住房发展作为推进共同富裕的重要举措，做好对保障性租赁住房的金融支持。

调查结果显示，69.0%的银行家认为应该“加大对保障性租赁住房建设的信贷支持力度”。60.7%的银行家认为在提高对保障性租赁住房支持力度方面要“聚焦重点客群和重点地区的保障性租赁住房金融需求”。“加快模式创新积极参与保障性租赁住房REITs项目”（42.6%）和“建立完善支持保障性租赁住房发展的内部激励机制”（30.6%）同样是银行家关注的重要方面。

- 加大对保障性租赁住房建设的信贷支持力度 69.0%
- 聚焦重点客群和重点地区的保障性租赁住房金融需求 60.7%
- 加快模式创新积极参与保障性租赁住房 REITs 项目 42.6%
- 建立完善支持保障性租赁住房发展的内部激励机制 30.6%
- 加强保障性租赁住房融资主体准入管理 28.6%
- 打造与房屋中介合作精细化管理模式 15.8%

图1-8　银行业提高对保障性租赁住房支持力度的措施

九、近半数银行家认为打造市场化法治化国际化营商环境是提高我国对外开放水平最有力的措施

2022年，面对复杂严峻的全球形势，我国稳外资仍面临较大挑战。党的二十大报告提出，坚持高水平对外开放。坚持高水平对外开放是引外资、稳外资的重要举措，亦是

贯彻新发展理念和推动高质量发展的必然要求。在提高我国对外开放水平的措施方面，调查结果显示，49.6%的银行家认为“打造市场化、法治化、国际化营商环境”是最有力措施。党的二十大报告提出要推进高水平对外开放，稳步扩大规则、规制、管理、标准等制度型开放。市场化、法治化、国际化的营商环境是制度型开放的关键所在，能够更好地保护外商投资权益，进一步便利境内外投资者跨境投资，更好地支持企业跨境融资发展。44.3%的银行家认为继续扩大鼓励外商投资领域是提高我国对外开放水平的有力举措，特别是引导更多外资投向我国先进制造业、高新技术等新兴领域，投向中西部和东北地区等重点区域，有利于进一步推动经济高质量发展。37.9%和37.8%的银行家则认为提高我国对外开放水平要着力推动重大外资项目落地实施和全面落实新版外资准入负面清单。

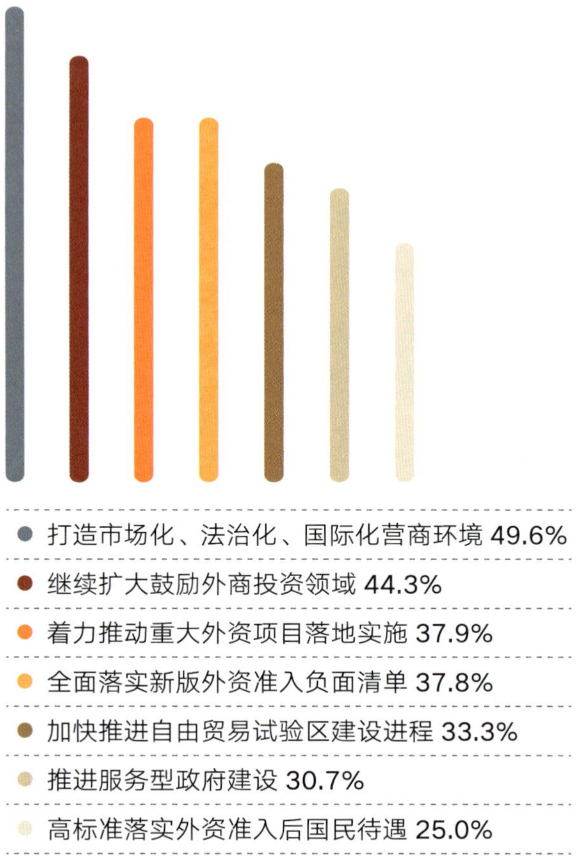

图1-9 提高我国对外开放水平的措施

第二部分
发展战略

随着党的二十大胜利召开，高质量发展成为中国全面建设社会主义现代化国家的首要任务，中国银行业的发展战略也出现了新的调整。信贷需求减弱跃升成为商业银行主要经营压力，数字化、智能化转型成为银行业新的利润增长点。增强战略调整时效性依然是战略管理首要考虑的问题。银行重点发展区域呈现差异化特征，国家战略重点区域中，长三角区域和粤港澳大湾区最受关注；小微企业客户依然是受访银行家最为关注的客户类型。特色化经营成为银行业实现高质量发展的主要途径，为小微企业提供一体化融资服务是特色化经营的重要措施；国际化发展仍为银行业的主流趋势。

一、数字化转型成为更多银行家关注的首要战略

党的二十大报告提出，加快发展数字经济，促进数字经济和实体经济深度融合，打造具有国际竞争力的数字产业集群。2022年以来，人民银行和银保监会陆续出台相关规范强化金融科技赋能，推动银行业数字化、智能化转型。2022年8月，“2022数字化转型发展高峰论坛”在北京召开，金融行业数字化转型成为其中一个重点议题。

调查结果显示，59.9%的银行家选择“推进数字化转型”作为战略重点，比上年度高出3.6个百分点，继续位列首位。在金融科技浪潮之下，商业银行加快金融科技创新，推进数字化转型。2022年以来，受新冠病毒感染多点散发影响，“非接触式”金融服务需求仍在增长，商业银行的数字化建设保障了业务的有序开展。

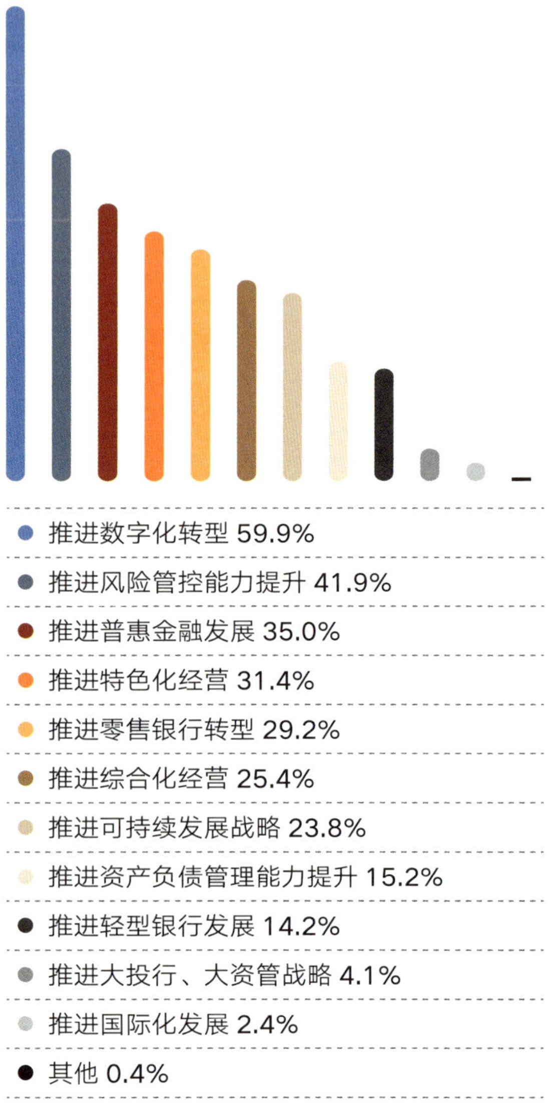

图2-1　2022年商业银行战略重点

超四成银行家将“推进风险管控能力提升”（41.9%）作为重要战略选择，与上年度相比，选择占比跃升到第二位。金融科技的发展加快了金融脱媒，加大了商业银行在资产业务和负债业务上的压力，促使商业银行选择更高风险的业务来提高利润，增加了银行风险管控压力。另外，新冠病毒感染对实体经济的冲击导致实体企业盈利能力和偿债能力的恶化，企业信贷违约风险增加，加大商业银行贷款业务风险。面对宏观经济波动，持续推进银行业风险管控能力升级，增强金融风险的防范化解尤为重要。

二、数字化转型将作为银行业利润增长的重要途径

在经营压力日益加大的背景下，商业银行积极谋求和推进新的利润增长点。55.4%的受访银行家认为“金融科技引领数字化转型，带动业务增长”是银行业未来利润首要的增长点。随着金融科技的快速发展，传统商业银行日益重视金融科技的应用，积极利用信息技术赋能数字化转型升级，降低交易成本，提高业务效率，丰富业务场景，拓宽获客渠道，促进利润增长。

“优化负债结构，降低综合负债成本”（43.6%）也是银行业推进利润增长的重要途径。2022年以来，存款仍为银行负债增长的主要驱动因素，但揽储竞争压力仍然较大；同时贷款利率下行幅度相对较大导致净息差收窄，挤压了银行的利润空间。优化负债结构，控制负债成本，推进利润增长受到银行家们的重视。

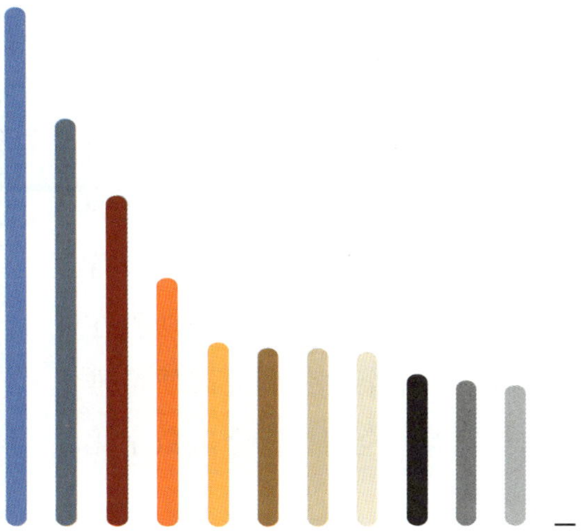

- 金融科技引领数字化转型，带动业务增长 55.4%
- 优化负债结构，降低综合负债成本 43.6%
- 提高资产质量，降低坏账损失 35.4%
- 加强对普惠金融、制造业、涉农等重点领域的金融支持 26.6%
- 提升精准定价能力和风险管理能力 19.8%
- 把握国家区域发展政策机遇，寻求新的业绩增长点 19.2%
- 完善公司治理，提升管理水平 19.2%
- 创新产品和业务 18.8%
- 拓宽获客渠道 16.3%
- 扩大生息资产规模 15.7%
- 发展中间业务 15.1%
- 其他 0.0%

图2-2　银行业未来推进利润增长的途径

三、超五成银行家认为推进数字化转型的重点是科学制定和实施数字化转型战略

银行业开展数字化转型，是构建新发展格局、助力银行业高质量发展的内在引擎，是更好支持实体经济发展的现实需要。2022年11月，中国人民银行副行长、国家外汇管理局局长潘功胜在2022金融街论坛年会中强调应高质量推动金融科技发展，全面推进金融数字化转型。

调查结果显示，52.6%的银行家认为“科学制定和实施数字化转型战略”是下一步推进数字化转型的首要重点。2022年1月中国银保监会发布的《中国银保监会办公厅关于银行业保险业数字化转型的指导意见》提出“银行保险机构董事会要加强顶层设计和统筹规划，围绕服务实体经济目标和国家重大战略部署，科学制定和实施数字化转型战略，将其纳入机构整体战略规划，明确分阶段实施目标，长期投入、持续推进。”

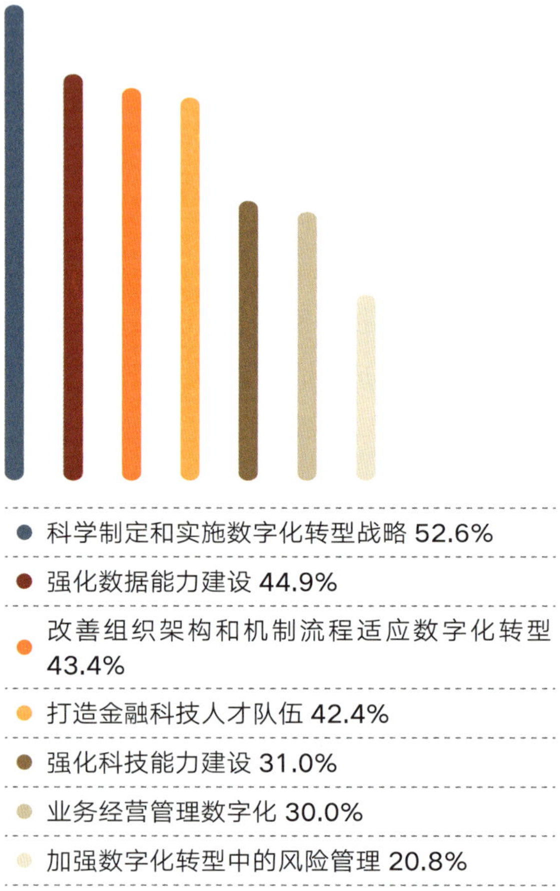

图2-3　银行下一阶段推进数字化转型的重点

超四成银行家将“强化数据能力建设”（44.9%）作为下一步数字化转型的重要部署。物联网、云计算、人工智能等新一代信息技术的发展，对商业银行数据融合能力提出了更高的要求。打破数据壁垒，实现各业务条线数据的互联互通，推进数据共享，成为银行业金融科技发展与创新的基石。

“改善组织架构和机制流程适应数字化转型”（43.4%）和“打造金融科技人才队伍”（42.4%）也是银行业推进数字化转型的重要发力点。

伴随着数字经济发展的深入，银行业数字化转型已初具成效。在此过程中，银行业面临着种种问题和挑战。调查结果显示，“缺乏专业型、复合型人才”（54.7%）是银行业推进数字化转型面临的最大难点。金融科技人才是银行业数字化转型发展的关键，不仅关系到转型能否成功及速度快慢，更关系到今后的稳健发展。金融科技属于交叉领域，对从业人员的素质提出了更高的要求，既要精通金融专业知识，又要掌握科技知识，由此造成了银行业金融科技人才的相对短缺。

“银行固有管理机制和运行模式难以支撑数字化转型”（40.0%）也是银行业推进数字化转型的主要阻力。从银行转型的实践来看，数字化建设是银行管理机制和组织流程的梳理、重构和迭代，是银行的自我革新。商业银行原有的固化型管理机制和运行模式难以很快适应数字化转型的扁平化、灵活化组织架构。

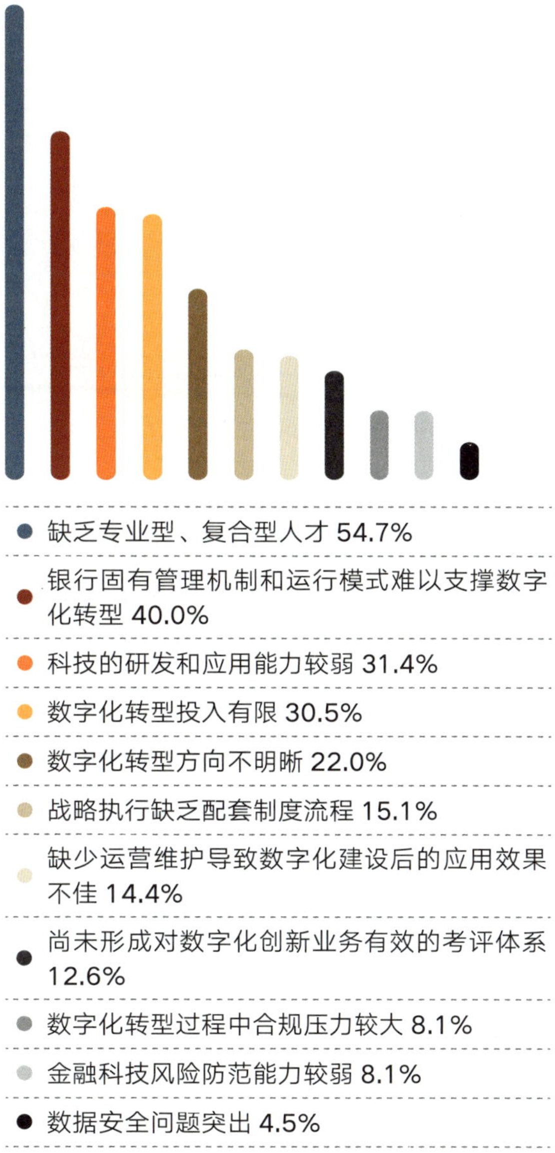

图2-4　银行业推进数字化转型面临的难点

四、六成银行家认为信贷需求减弱是银行业面临的主要经营压力

调查结果显示，受访银行家将“信贷需求减弱”（60.7%）列为银行业面临的最主要经营压力。这一选择的占比从2021年的第四位跃升至2022年的第一位。2022年以来，社

会融资规模增长压力较大。2022年全年，社会融资规模增量累计为32.01万亿元，比上年多6689亿元。疫情的散点反复导致企业和居民的投资和消费意愿不强，居民预防性储蓄增加，社会有效需求不足，信贷增速放缓。

“不良贷款上升，资产质量承压”（58.7%）和“利差收窄”（55.9%）也是银行业面临较大经营压力的方面。2022年，商业银行不良贷款余额同比上升，不良贷款率较上年同期有所下降，但受疫情冲击和延期还本付息政策到期影响，不良资产反弹压力仍然较大。2022年，人民银行进行多次降准降息，引导实体经济融资成本下行，但面对存款市场的竞争，银行负债成本呈现刚性，利差收窄成为银行业面临的一大经营压力。

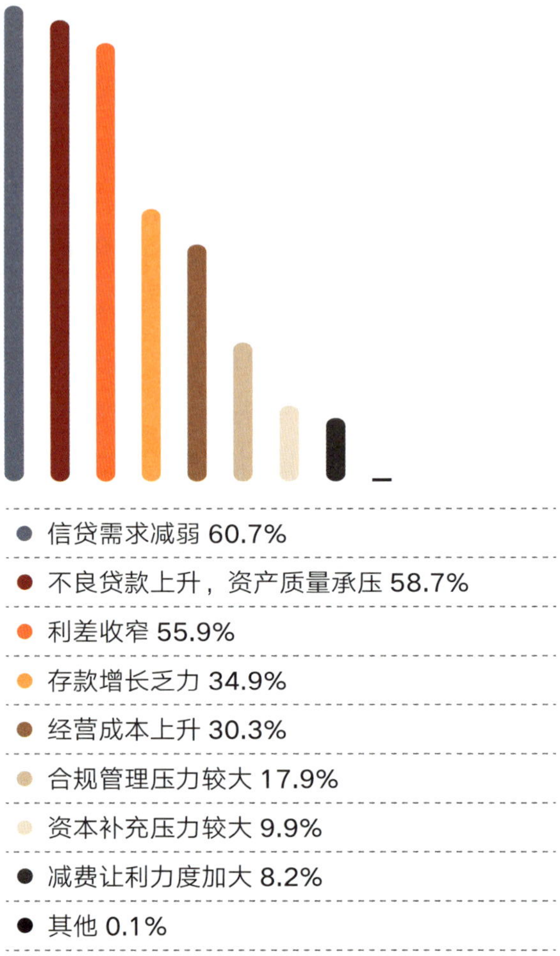

图2-5　2022年银行业面临较大经营压力的方面

五、六成银行家认为增强战略调整时效性是战略管理首要问题

当前国内外经济金融形势复杂多变，也对银行战略管理提出了新的挑战。调查结果显示，“提高战略调整的时效性，积极应对市场变化”（60.4%），“提升战略前瞻性，提前谋篇布局”（54.8%）和“加强全行发展战略的持续性和稳定性”（50.2%）依然位列前三位。银行业落实中央政策决策部署，紧跟时代步伐，及时调整发展战略，顺应经济社会发展变化。金融生态的变化和竞争形势的加剧也要求银行积极应对，及时调整战略，提高战略制定效果。

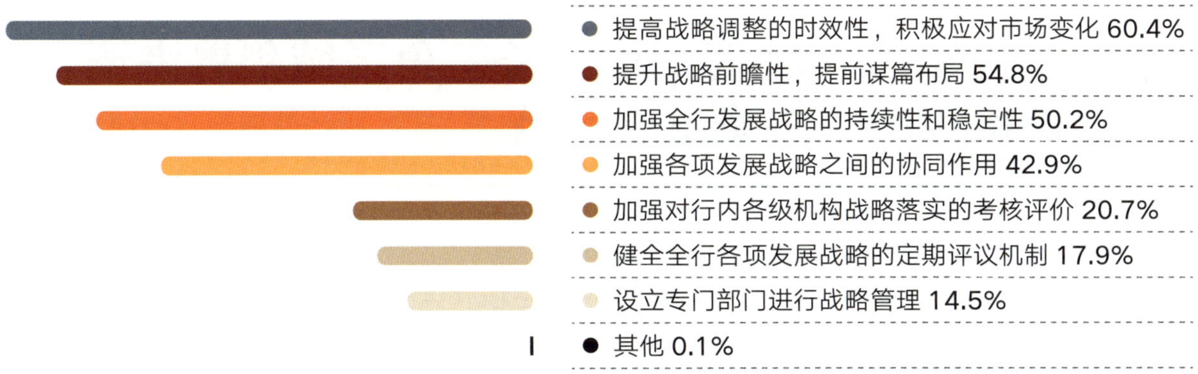

图2-6　银行家认为在战略管理上需要重点提升的方面

六、超七成银行家最为关注小微企业客户发展情况

近年来，国家高度重视小微企业发展，党的二十大报告提出“支持中小微企业发展”。在对银行客户群选择的调查中，小微企业客户（73.4%）依旧是银行家最为关注的客户类型。

2022年11月，中国人民银行等部门多次印发文件要求金融机构对普惠小微贷款阶段性减息和加大对小微企业贷款延期还本付息支持力度，有力缓解小微企业资金周转压力，助力小微企业发展。小微企业客户市场发展潜力较大，大力开拓小微企业客户市场也将有利于银行业开辟新的利润增长点。

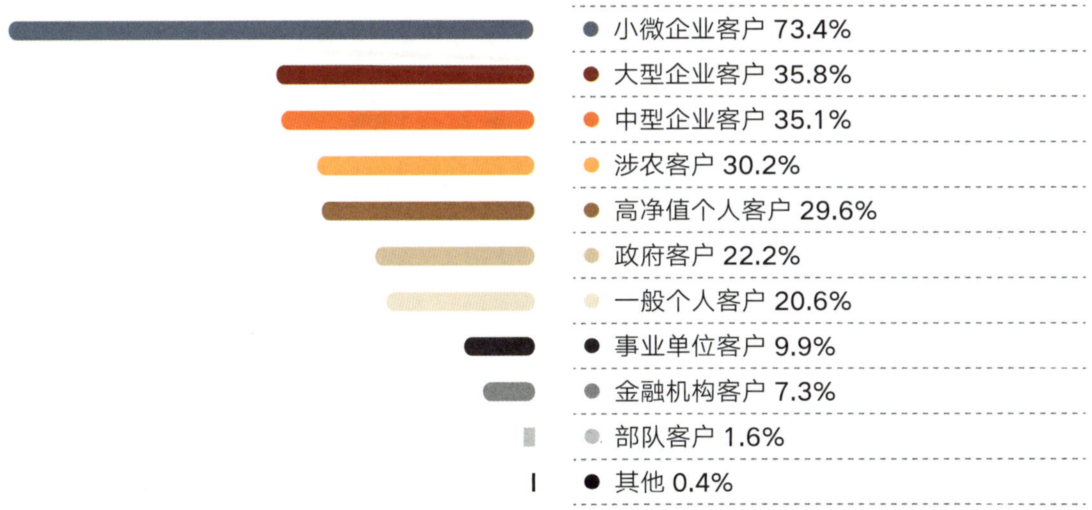

图2-7　银行业下一阶段客户群体投入资源相对较多的客户类型

七、银行家认为应重点布局长三角区域和粤港澳大湾区等国家战略重点区域

党的二十大报告提出，以城市群、都市圈为依托构建大中小城市协调发展格局。银行业主动服务国家重大战略发展布局，调查结果显示，在银行业下一阶段拟重点布局的国家战略重点区域中，“长三角区域”（20.3%）和“粤港澳大湾区”（20.0%）位居第一、第二位。长三角地区和粤港澳大湾区经济发展活跃、开放程度高，在国家现代化建设大局和全方位开放格局中具有举足轻重的战略地位。银行业加大金融支持长三角一体化发展和粤港澳大湾区建设力度，既是把握政策落地机遇的重要举措，也是主动服务重大国家战略的使命担当。

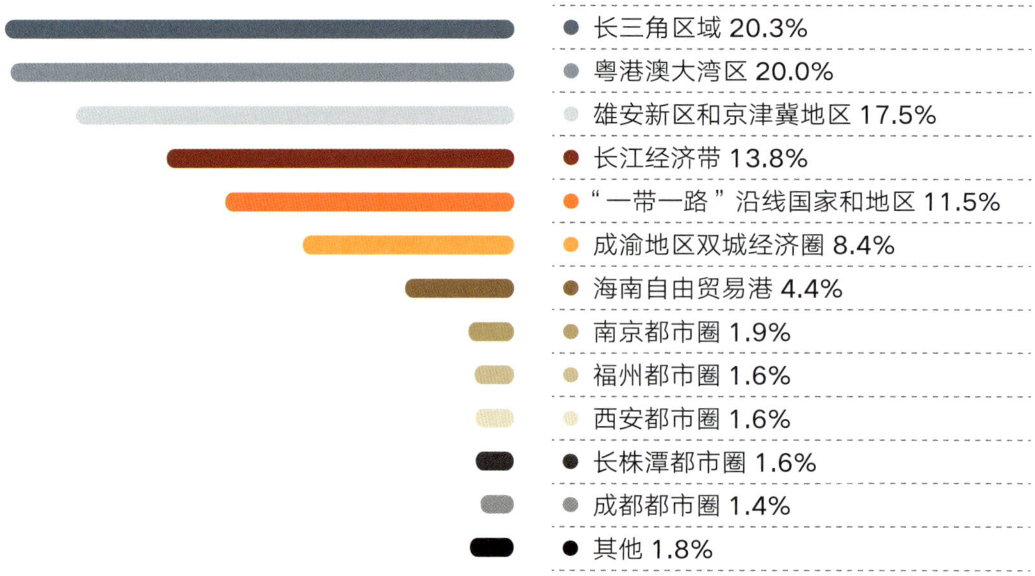

图2-8　银行业下一阶段重点布局的国家战略重点区域

八、多数银行家认为LIBOR改革会导致利率风险计量与管理难度提升

2021年3月5日，英国金融市场行为监管局（FCA）发布公告称，所有英镑、欧元、瑞士法郎、日元的伦敦银行间同业拆借利率（以下简称LIBOR）以及1周和2个月期美元LIBOR报价将在2021年12月31日全部停止，2023年6月30日后，其余期限美元LIBOR报价也全部终止。作为国际基准利率，LIBOR改革牵一发而动全身，对国际金融市场格局、货币政策实施及金融机构业务发展都产生了深远影响。目前各币种LIBOR基准利率转换工作均在有序推进，并选定基于隔夜资金市场实际成交利率构建的无风险利率（RFR）替代LIBOR。

调查结果显示，24.3%的银行家认为LIBOR改革将会提升商业银行利率风险计量与管理的难度。在LIBOR改革的背景下，金融机构内部可能会存在多个定价基准，使得利率风险计量与管理的难度大幅提升。

“产品定价难度和定价波动性增加”（20.7%）也是LIBOR改革带来的重要影响。目前商业银行主要以LIBOR作为外币业务定价基准，统一性高，内外部价格间、不同产品间价差明晰稳定。而LIBOR改革后，RFR体系下计结息方式多样，更新完善内外部定价体系挑战较大。同时商业银行统一的内部转移计价方法也很难适应产品定价模式的多样化，商业银行难以通过现行内转价格定价体系履行利率风险剥离、内部成本核算的职能。

2020年8月，人民银行发布《参与国际基准利率改革和健全中国基准利率体系》白皮书，明确了“借鉴国际共识与最佳实践，以较小成本、较高效率”的LIBOR转换原则。银行业积极探索应对LIBOR改革。调查结果显示，“调整完善基准利率相关规章制度”（18.8%）、“推进银行系统适应性改造以确保业务连续性”（18.4%）、“确保存量LIBOR产品或合约转换的合规性”（18.1%）是银行应对LIBOR改革采取的主要措施。

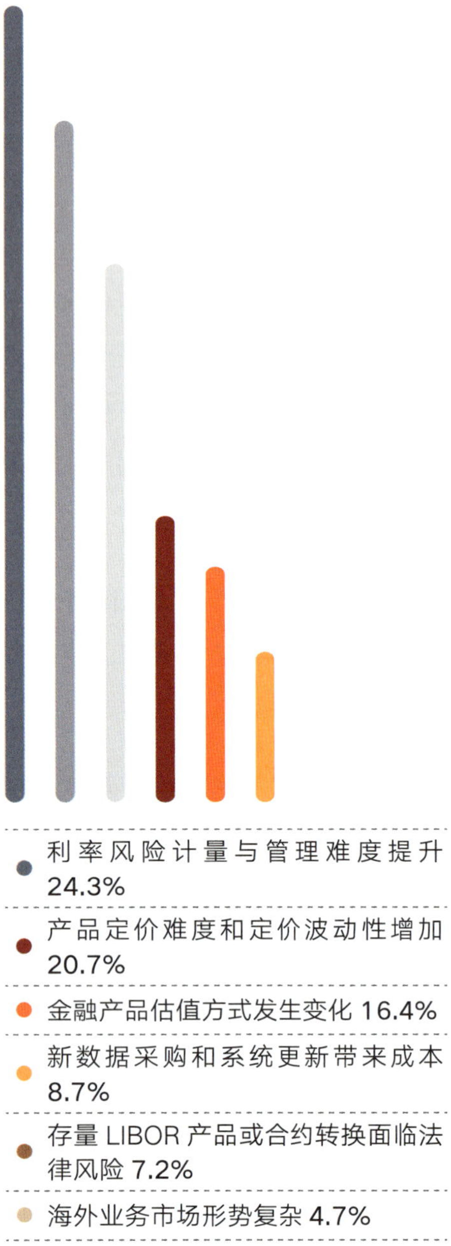

图2-9　LIBOR改革对银行的影响

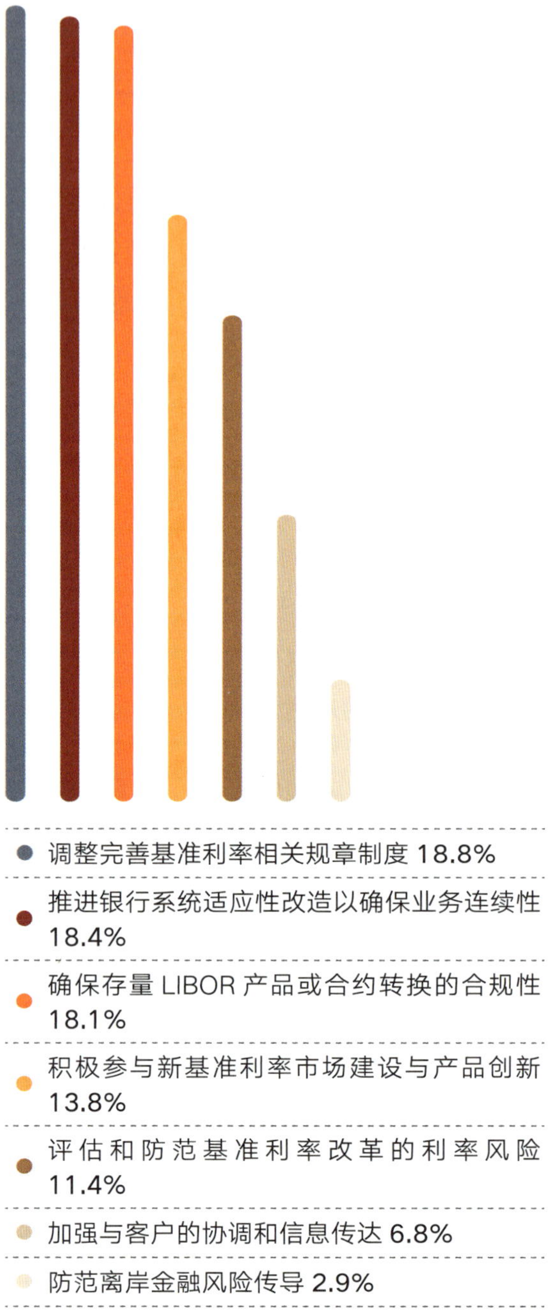

图2-10　银行应对LIBOR改革将采取的措施

九、新型农业经营主体和农户是银行家支持乡村振兴战略中重点关注的领域

乡村振兴战略是中共十九大作出的重大决策部署，是中国特色社会主义进入新时代做好“三农”工作的总抓手，乡村振兴战略的有序推进，离不开金融体系强有力的支持。在对乡村振兴战略的关键领域调查中，“新型农业经营主体和农户”（63.5%）是银行家支持乡村振兴战略中重点关注的领域。当前，新型农业经营主体已经成为发展现代农业的生力军，相较于传统小农户，新型农业经营主体生产经营规模大，融资需求额度高，对信贷资金支持、农业经济风险管理的需求突出，强化新型农业经营主体和农户的金融供给，对推动农业现代化和乡村振兴具有重要意义。同时，“农业农村基础设施领域”（58.0%）和“县域和社区金融服务”（51.2%）也是银行家在支持乡村振兴战略中强化金融供给的关键领域。

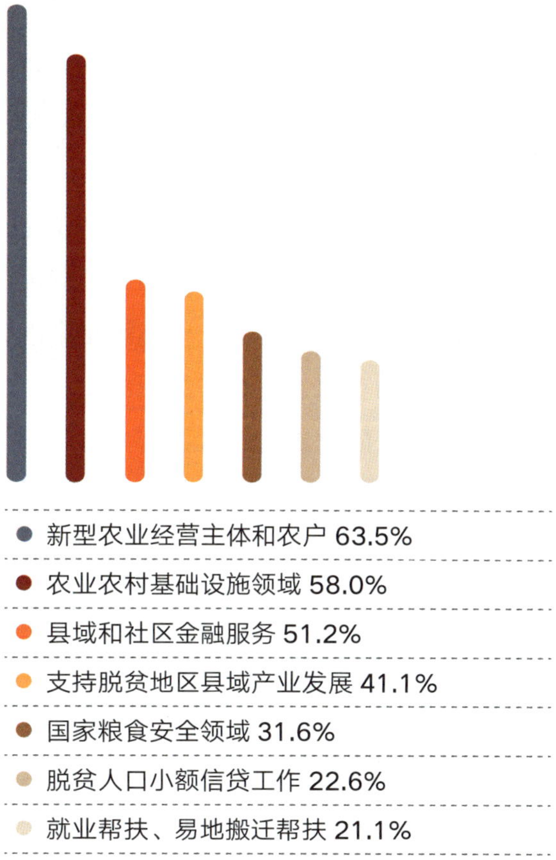

图2-11　支持乡村振兴战略中银行家重点关注的领域

十、近半数银行家认为信用环境建设滞后是当前银行服务乡村振兴战略面临的主要困难

调查结果显示，近半数银行家认为信用环境建设滞后、涉农贷款风险把控较难（49.2%）是当前银行服务乡村振兴战略面临的主要困难。从农村信用环境看，当前农村信用意识薄弱和债权保护不到位是困难存在的根本原因。农村信用登记制度和信息共享机制尚不健全，不能满足金融机构对信用的获取、评估和运用的要求。农村金融风险防范压力较大，需要多部门联动，构建失信联合惩戒机制和守信激励机制。此外，金融产品同质化（47.8%）和农村地区“空心化、老龄化”现象（47.7%）也是当前银行服务乡村振兴战略面临的主要困难。一方面，从提供的金融产品来看，乡村银行网点大多只提供基本存款、贷款和汇款类服务，针对农村的信贷产品或方式仍以普通的抵押担保为主，难以满足乡村振兴多样化的金融需求。另一方面，生产要素和经济资源流失导致农村人口和产业空心化问题日趋严重，加剧了农村地区劳动力、金融信息、科学技术供给不足等矛盾，成为银行支持乡村振兴战略的一大制约。

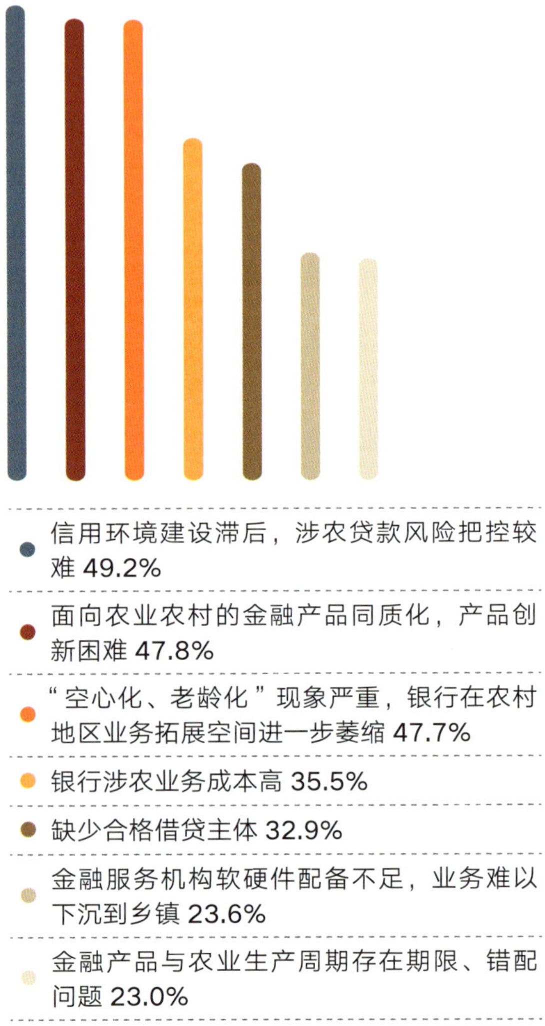

图2-12 银行服务乡村振兴战略面临的主要困难

十一、近六成银行家认为满足高质量金融发展的需要是银行业特色化经营的动因

调查结果显示，“满足高质量金融发展的需要”（59.8%）依旧是银行业推进特色化经营的主要动因。党的二十大报告指出，要坚持以推动高质量发展为主题，把实施扩大内需战略同深化供给侧结构性改革有机结合起来，加快建设现代化经济体系。高质量的金融体系是现代化经济发展的“红细胞”，而商业银行作为我国金融机构体系中举足轻重的部分，在服务实体经济、推动普惠金融发展中发挥着重要作用。

面对日趋严峻的同业竞争，银行业寻求差异化的发展机遇寻求突破。“明确业务定位，提升核心竞争力的需要”（51.4%）和“应对同业竞争压力，塑造差异化市场形象的需要”（47.0%）也是银行家特色化经营的重要驱动因素。与上年相比，银行家选择特色化经营的动机中，“应对国际形势发展的需要”（17.5%）占比提升了6.9%，而“银行监管日趋严格”（11.9%）占比降低了6.1%。银行业发展战略紧随环境的发展趋势，面对国际形势急剧变化和外部不确定性因素，发展特色核心业务，形成差异化竞争优势，有助于银行业高质量发展，提升行业韧性。

关于银行业未来特色化经营的主要方向，“为小微企业提供一体化融资服务”（70.1%）仍然获得了最多银行家的青睐。小微企业是市场主体的重要组成部分，也是经济活力和创新发展的重要源泉。当前，小微企业面临着“外部压力重、内部经营难”的困境，同时由于其本身所具有的轻资产、小规模等特征，小微企业“融资难、融资贵”一直是银行业尝试突破的领域，银行业强化“敢贷、愿贷、能贷、会贷”长效机制建设，探索小微企业融资的多元发展路径，提升服务小微企业水平。

随着碳中和、碳达峰目标的进一步深化落实，绿色金融体系不断完善，“发展绿色金融支持工具”（57.7%）愈加引起银行家的重视，相比上年提升了14.0%。绿色低碳发展是转变经济发展方式、提高经济发展质量的重要组成部分，也是未来一段时期内金融领域的重点工作。在此背景下，银行在强化对重点产业、重点领域的绿色转型金融服务，深化绿色金融评级的应用和产品创新，探索绿色金融特色化经营路线等方面，还存在较大的发展空间。

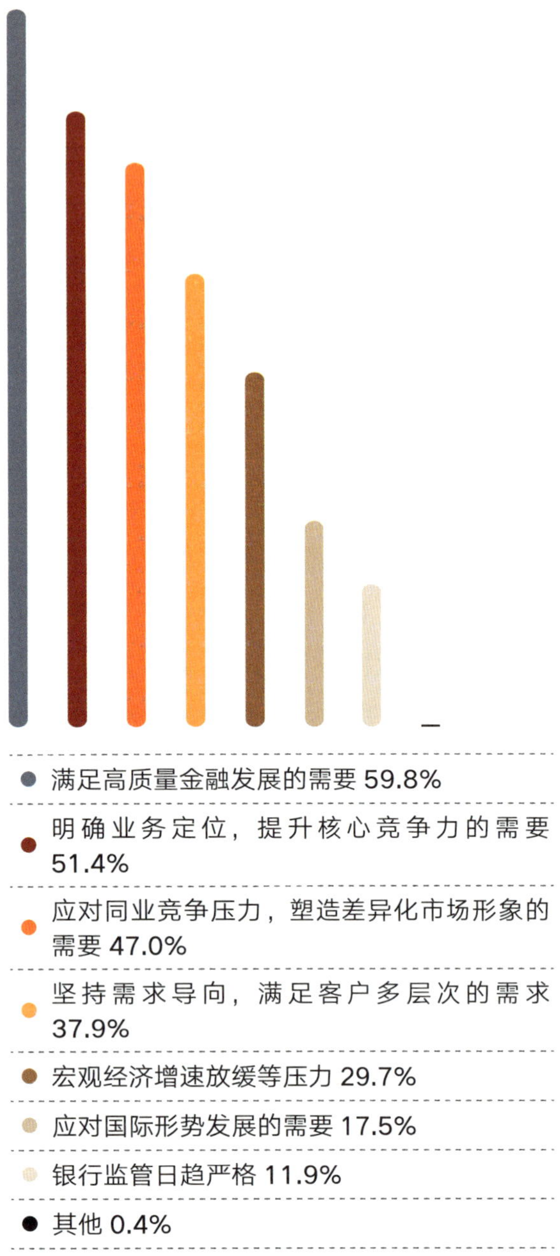

图2-13　银行业推进特色化经营的主要动机

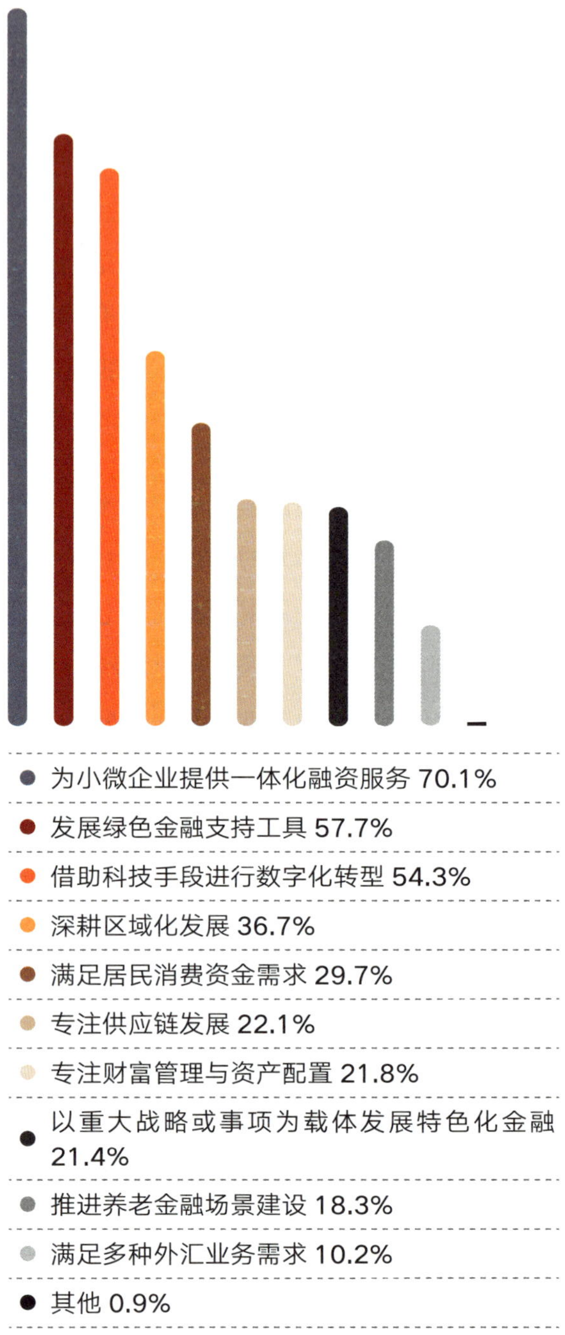

图2-14　银行业未来特色化经营的主要方向

从当前银行业特色化经营的主要领域来看，“小微金融”（73.0%）已成为银行业特色化经营的主战场。中国银保监会《关于2021年进一步推动小微企业金融服务高质量发展的通知》指出，要突出各类机构差异化定位，形成有序竞争、各有侧重的信贷供给格局，形成“国有大行下沉服务重心，地方银行回归服务本源”的有序竞争体系，为小微企业提供更高质量、更好服务、更低价格的信贷资金。

“绿色金融”（53.2%）和“科技（科创）金融”（35.2%）也是当前银行业特色化经营的主要领域。根据Wind数据，截至2022年11月21日，已有39家银行发行58只绿色金融债券，总规模2873.4亿元，相比2021年全年提升3倍以上，银行绿色金融业务取得迅猛发展。金融支持企业创新的理念引入我国已有30余年，银行类金融机构经历了以政策担保、贴息等为主的纯政策支持方式，到建立投贷联动机制、独立于传统业务的科创授信评价体系的发展过程，部分银行已在产品创新、业务模式创新方面崭露头角。当前在金融机构数字化转型的背景下，银行布局科技（科创）金融的动机也进一步加强。

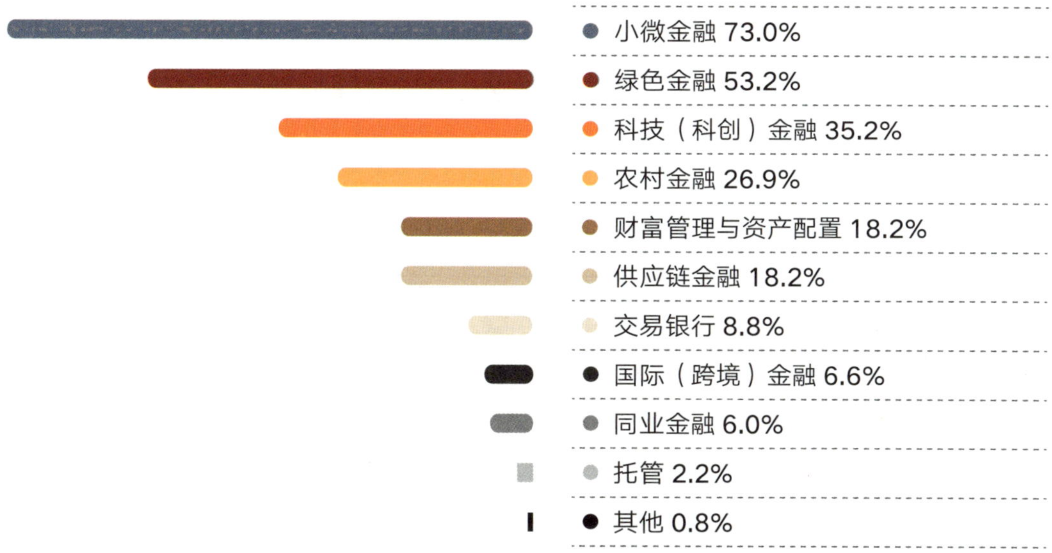

图2-15 银行业当前特色化经营的主要领域

具体到特色化经营的措施方面，有27.4%的银行家选择将“深耕特定行业”作为推动特色化经营的首要措施，占比最高；其次，也有较多银行家认为“扎根重点区域”（25.2%）是推动特色化经营的主要途径。

从综合排序加权得分[①]来看，银行家认为“扎根重点区域”“深耕特定行业”“专注重点客群”“借力金融科技”和“抓住政策机遇”依次是重要性位于前5位的推动特色化经营的措施。在金融供给侧结构性改革的大方向下，银行从经营端、客户端、技术端、政策端等多向发力，“量体裁衣”打造契合自身优势的特色化经营发展模式。

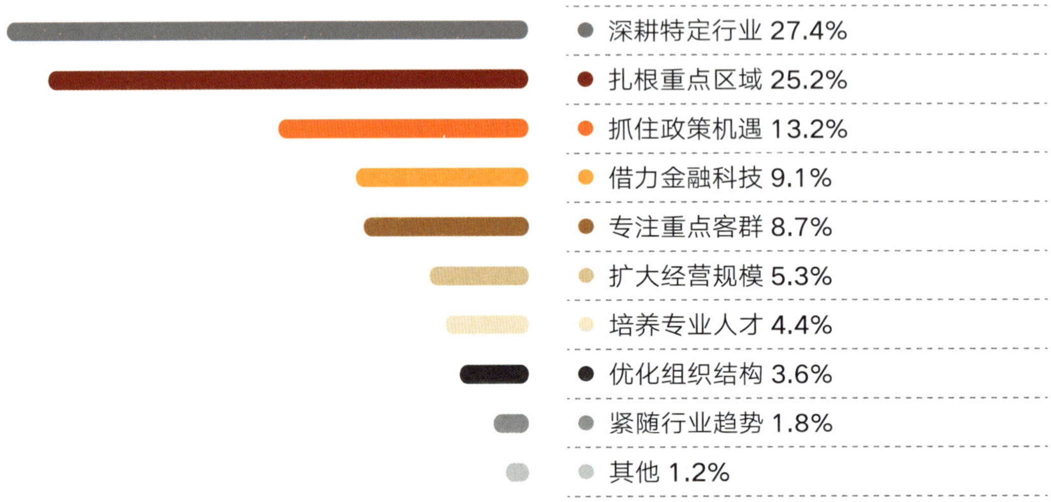

图2-16　银行业发展特色化经营的首要措施

十二、创新供应链金融服务和产品是银行支持做好金融保链、稳链、强链的主要措施

调查结果显示，超四成银行家将创新供应链金融服务（44.9%）和产品（43.2%）作为支持供应链、产业链发展的主要措施。供应链金融是通过商业银行的介入，利用核心企业的信用保障，将低成本的资金流引入供应链上下游中小企业中，从而维持整个供应链资金的高效运转。供应链金融业务的创新应以产品创新为主，在产品创新的基础上，进行流程的优化、信息传递渠道的创新，从而提升客户服务体验，增强客户黏性。商业银行通过发展差异化战略，不断提升服务质量和服务效率。

① 排序顺位加权得分：银行家选择不超过5项且排序，对排序位置按第1位5分，第5位1分赋值，计算每个选项的总得分，对总得分进行从大到小排序。

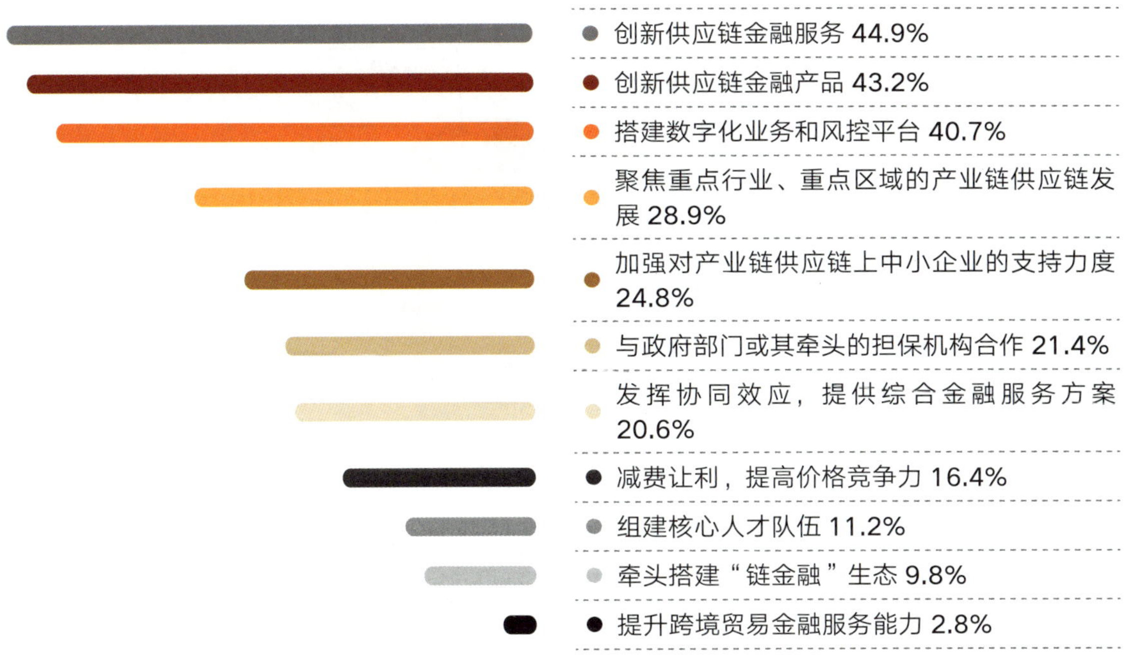

图2-17　银行支持供应链、产业链发展的主要措施

十三、超六成银行家选择稳步推进国际化发展，汇率变动及监管压力成为主要风险关注点

2022年以来，俄乌冲突及新冠肺炎疫情的延续加剧了全球经济波动，全球经济发展速度有所减缓，银行业国际化发展也面临新的挑战。在2022年的调查中，受访银行家有65.8%选择了未来将稳步推进银行国际化发展；有7.8%的银行家选择了未来将加速本行国际化发展。随着中国国际影响力的不断提升，银行业国际化发展迎来了不少业务机遇，这有助于商业银行扩大全球知名度，丰富业务结构和收入来源，提高综合竞争力。

同时，也有15.3%的银行家选择了不考虑国际化发展，10.9%的受访银行家选择了维持现有国际化经营状况。整体而言，国际化战略的选择呈现出差异化态势。

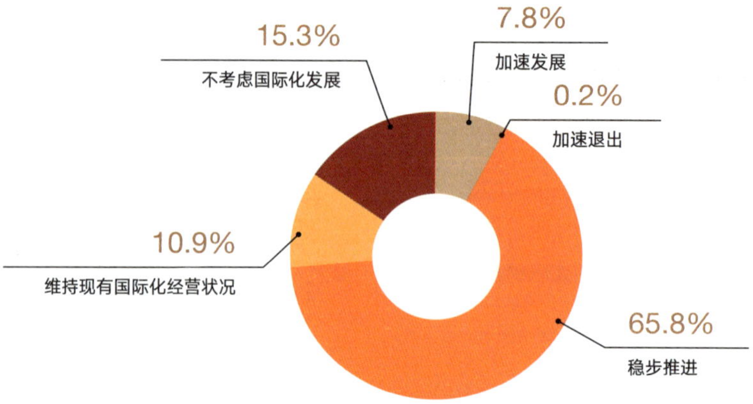

图2-18　银行对国际化发展的态度

在商业银行海外发展过程中，服务中资企业“走出去”成为银行家最为关注的方向（49.5%），也是银行业海外发展的重要业务载体，通过创新境内外联动等方式为中资企业的海外业务拓展提供综合化一站式金融服务；提升全球竞争能力和品牌价值也受到了银行家的重视（45.6%），全球竞争力提升将提升在海外发展过程中的国际竞争力，品牌价值的塑造将有利于海外业务的获取。

除此之外，国际化专业人才培育与建设（31.1%）和防范海外经营风险（30.9%）也是银行家的重视点，海外业务需要国际化人才贡献专业力量，而经营风险的防范则是银行长期健康发展的核心要点。

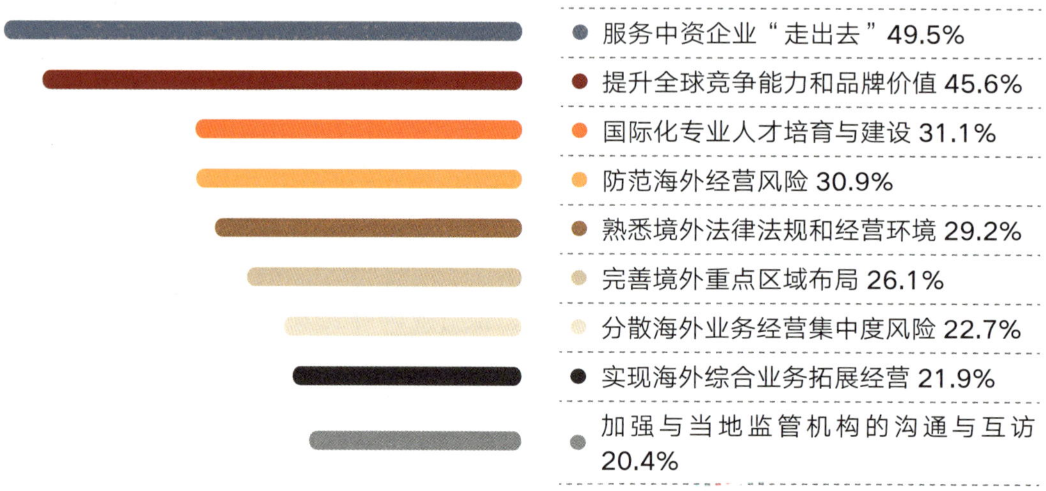

图2-19　银行家认为海外发展过程中的关注点

在国际化发展中，俄乌冲突及新冠病毒感染的延续带来了新的风险点。汇率波动风险增大（53.5%）与贸易保护主义促使境外监管趋严，合规风险和压力加大（42.9%）成为银行家最为关注的风险点。汇率对海外众多业务的影响举足轻重，直接影响金融产品的价格；而贸易保护主义的兴起，促使境外监管趋严，业务开展过程中要更加重视合规风险。

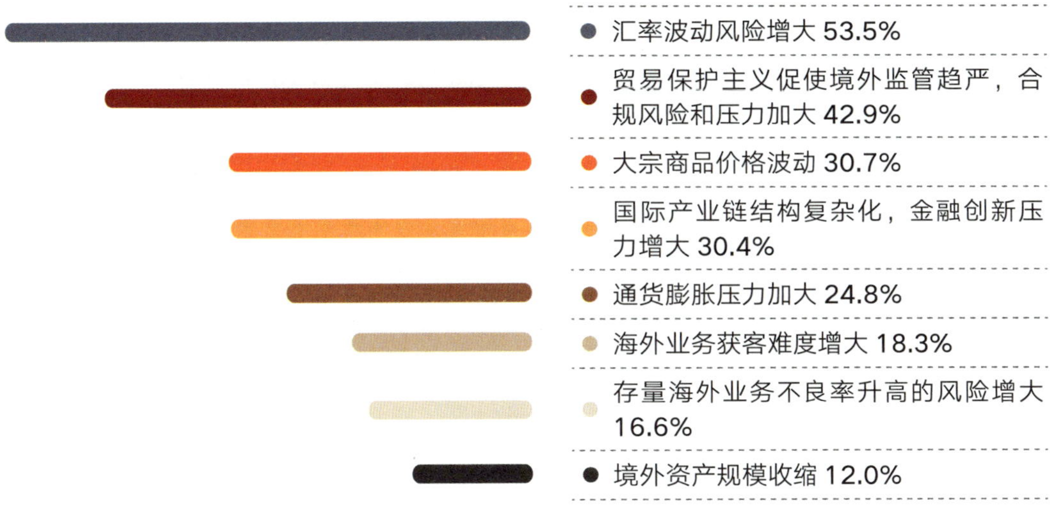

图2-20　银行家认为俄乌冲突及新冠病毒感染延续的风险影响

第三部分

业务发展

2022年，在复杂严峻的国内外形势下，银行业以服务实体经济为根本，加大金融资源对国民经济重点领域和薄弱环节的支持力度，银行信贷投放结构持续优化。在国家一系列政策指导下，银行积极践行绿色发展理念，银行家对电力燃气业（含光伏）等绿色行业的信贷支持力度上升，对冶金业（含钢铁、有色金属）、造纸业、石油化工业等高耗能行业信贷投放严格控制。与此同时，银行实体经济服务能力与服务效率大幅提升，银行家将普惠金融作为支持实体经济发展的重点领域。在各类业务中，个人消费贷款重回银行家个人金融业务发展重点；新能源汽车消费成为银行家最关注的绿色消费领域；银行积极开展养老金融业务，创新发展多元化养老产品成为重要发展方向；随着金融业的高水平开放，银行家认为基金托管将成为发展QDLP和QFLP业务的重点。

一、绿色低碳产业成为银行信贷投放新重点

党的二十大报告中要求“推动绿色发展”“发展绿色低碳产业”“倡导绿色消费”，银行家积极响应、重点谋篇布局电力燃气业（含光伏）等绿色行业，加大对冶金业（含钢铁、有色金属）、造纸业、石油化工业等高耗能行业信贷投放限制。

相较2021年，银行信贷投向的重点支持行业中，电力燃气业（含光伏）的支持比例呈现显著正增长。调查结果显示，53.2%的银行家将电力燃气业（含光伏）作为银行信贷未来投放的重点，排名由第八位跃居至第二位。2022年1月30日，国家发展改革委、国家能源局印发《关于完善能源绿色低碳转型体制机制和政策措施的意见》，提出要加快推进大型风电、光伏发电基地建设，支持新能源电力能建尽建、能并尽并、能发尽发。2022年11月15日，工业和信息化部、国家发展和改革委员会以及生态环境部发布《关于印发有色金属行业碳达峰实施方案的通知》，再次强调有序推进以气代煤、提升用能电气化水平，支持企业参与光伏、风电等可再生能源和氢能、储能系统开发建设。银行业通过调整资金投向、金融服务，引导社会资源投向改善能源结构、降低能源能耗的领域，在持续助力实体经济绿色低碳转型中发挥重大作用。

医药业在银行信贷投向的重点支持行业中仍为第一位，选择此项的银行家占比达到53.8%。随着人口老龄化影响的加深以及后疫情时代居民健康意识的提升，居民健康消费升级，医药工业战略地位显著提升，已成为健康中国建设的重要基础。《“十四五”医药工业发展规划》提出，为推动我国医药工业向创新驱动转型，鼓励金融机构创新金融产品、优化供应链金融服务，银行业大有可为。

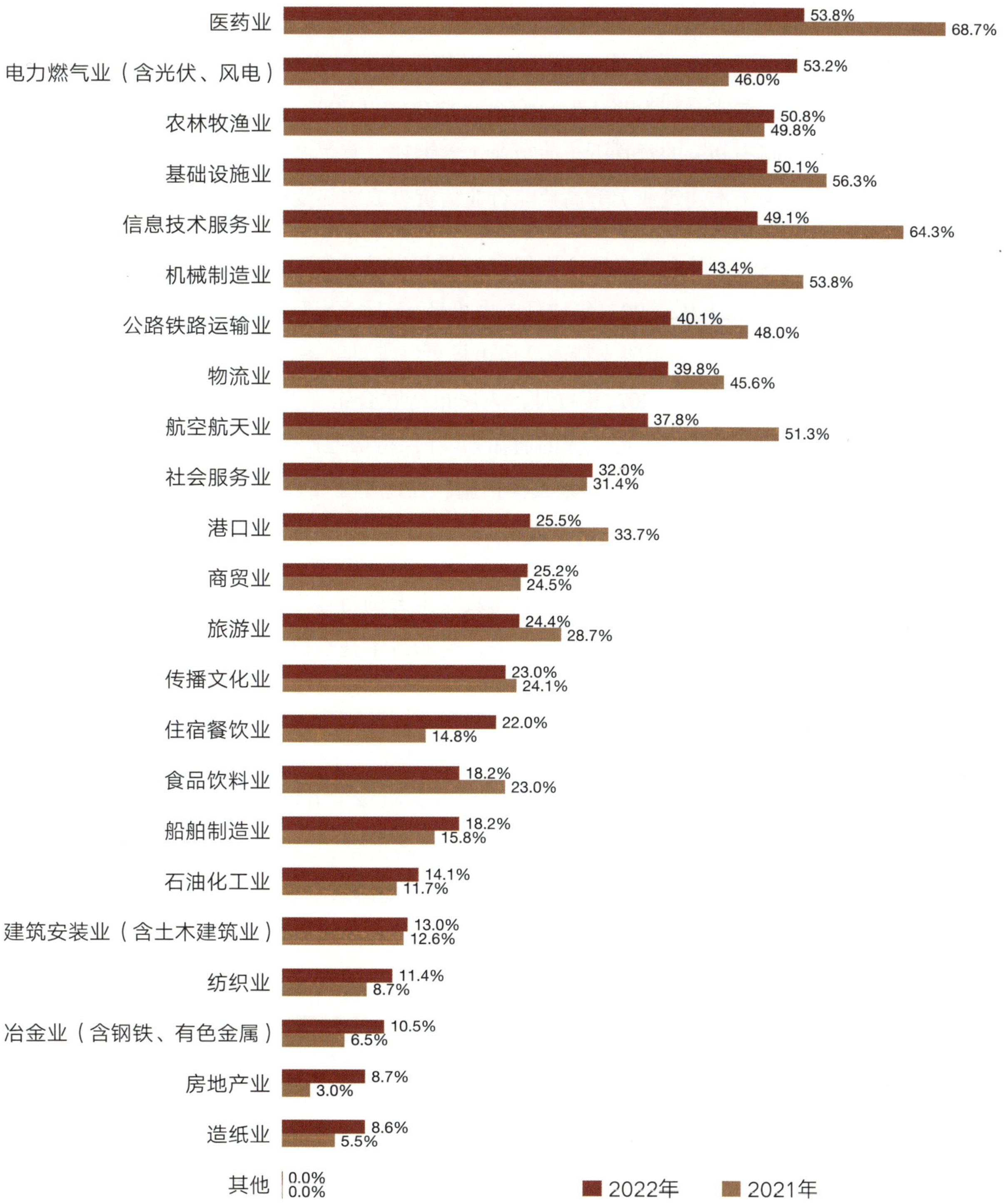

图3-1　2021—2022年贷款投向重点支持的行业

在银行信贷投向重点限制的行业中，冶金业（含钢铁、有色金属）、造纸业、石油化工业、建筑安装业（含土木建筑业）依次位列银行家认为银行贷款投向重点限制的行业第二位至第五位，占比分别为24.9%、19.5%、17.0%、14.9%。在“推动绿色发展”“积极稳妥推进碳达峰碳中和”的背景下，冶金业（含钢铁、有色金属）、造纸业、石油化工业、建筑安装业（含土木建筑业）等高耗能行业信贷投放明显受限。

房地产业（37.8%）则连续五年位居银行信贷投向重点限制行业之首，但其比例有明显下降，较上年下降24.4%。2021年12月，中央经济工作会议在坚持“房住不炒”的同时，重提“因城施策”，并表示要支持商品房市场更好满足购房者的合理住房需求，房地产调控政策边际上有所松动。2022年11月，人民银行联合银保监会印发《关于做好当前金融支持房地产市场平稳健康发展工作的通知》，在保持房地产融资平稳有序、积极做好“保交楼”金融服务等6方面明确了16条具体措施。在此背景下，优质房企有望获得更多银行业信贷支持。

调查结果显示，2022年银行家预期贷款不良率上升的行业中，房地产业（54.0%）仍为第一位，与重点限制行业调查结果保持一致，与2021年基本持平。

此外，银行家预期贷款不良率上升的行业中，住宿餐饮业（32.4%）、旅游业（26.0%）、建筑安装业（含土木建筑业）（19.2%）、商贸（18.3%）分别位列第二位到第五位。其中，认为住宿餐饮业和旅游业的预期贷款不良率上升的银行家比例提升明显，较2021年分别上升10.7个百分点、8.9个百分点，排名由第三位、第六位分别升至第二位、第三位。2022年，住宿餐饮业、旅游业等行业受疫情影响加剧，但随着政府实施政策为企业纾困解难，助力企业快速恢复经营，相关行业开始复苏，银行家将持续关注相关行业的资产质量变化情况。

整体来看，2022年，银行家们对银行信贷投放更为谨慎，重点支持和限制投放的比例都出现了整体下降，更加倾向于维持政策不变。一方面，由于“十四五”规划发布以来，人工智能、量子信息、集成电路、生命健康等硬科技前沿领域均已受到不同程度的政策鼓励，银行业信贷将继续保持稳中向好；另一方面，2022年国内宏观经济面临需求收缩、供给冲击、预期转弱三重压力，对部分行业的信贷限制适当放松，有利于提振市场信心，带动经济企稳回升。

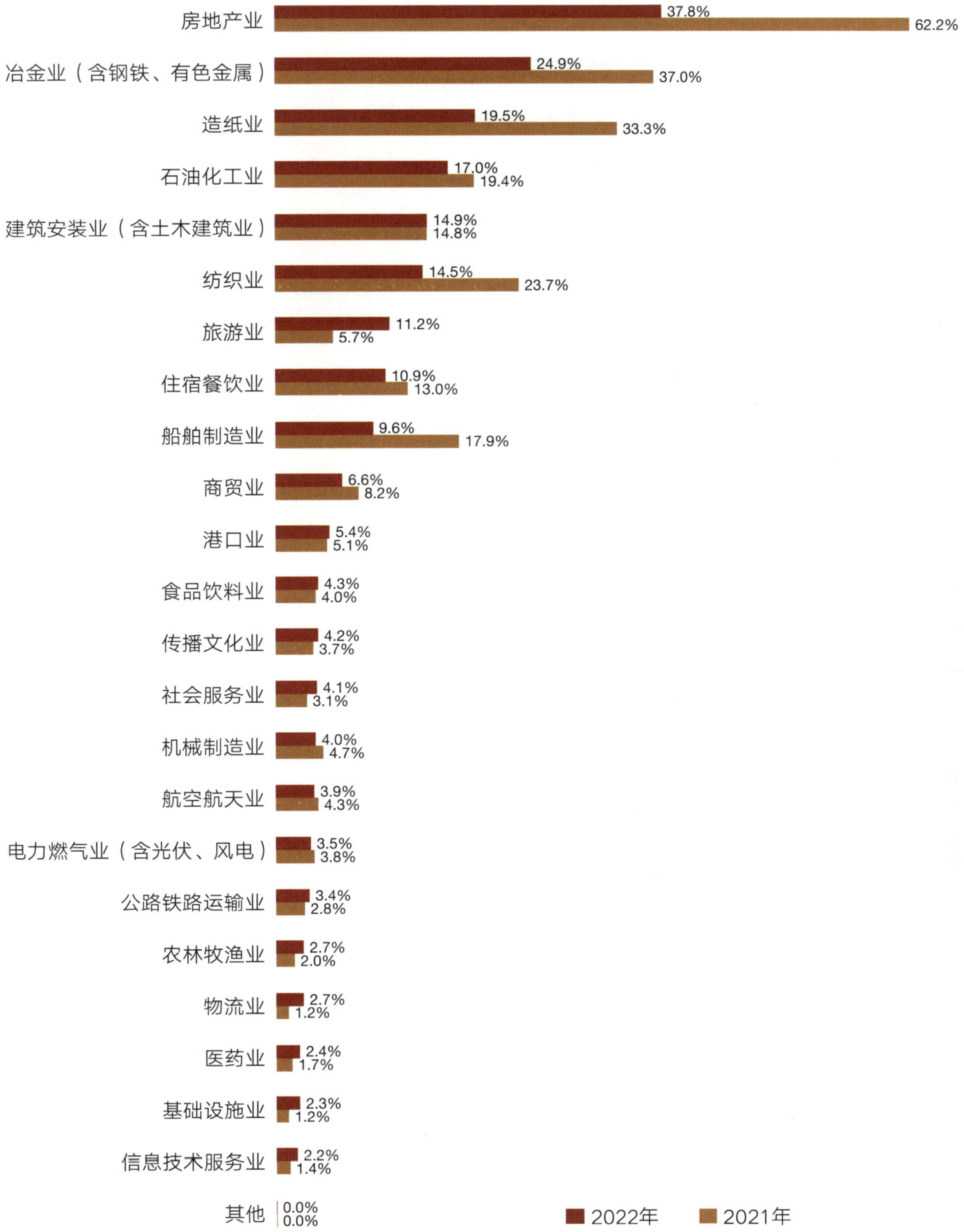

图3-2　2021—2022年贷款投向重点限制的行业

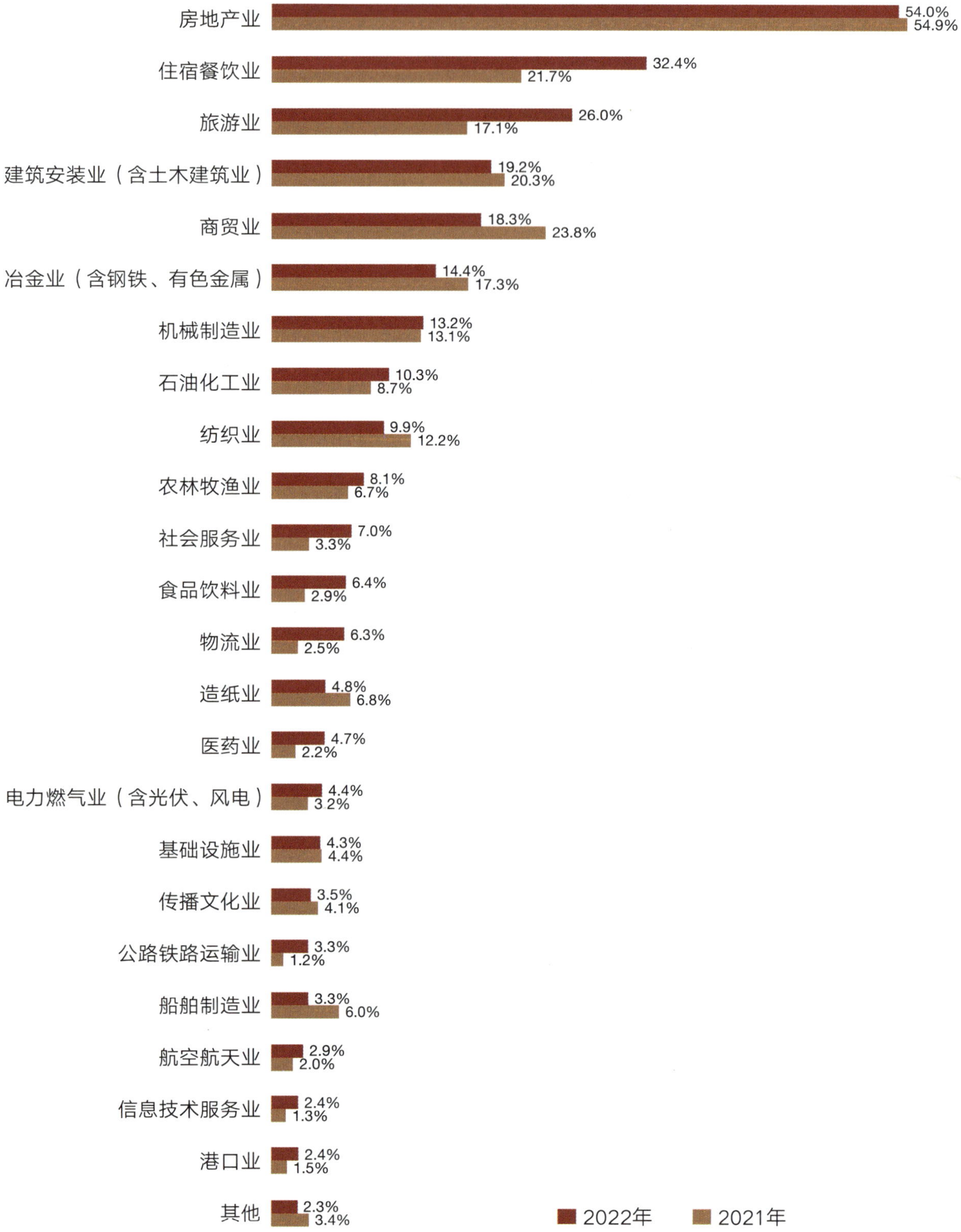

图3-3　2021—2022年银行家认为贷款预期不良率上升的行业

二、小微企业贷款仍是公司金融发展重点

调查结果显示，61.2%的银行家认为小微企业贷款是银行公司金融业务的重点，已连续十一年位居首位。2022年，前期受疫情多点散发、原材料价格高企、经济下行压力加大等多重因素影响，中小微企业仍面临着不小的生产经营压力。为中小企业纾困解难是保就业、保民生、保市场主体的内在要求，对于确保经济社会大局持续稳定和中小微企业平稳健康发展具有重要意义。为进一步支持小微企业发展，银行业持续发力，加大对小微企业的信贷供给，增强信贷产品的创新力度，强化对重点领域和薄弱环节小微企业的金融支持。

2022年，供应链金融业务已连续四年位于公司金融业务发展重点的第二位（49.8%），虽然相较2021年下降16.5个百分点，但仍是商业银行重点发展业务。在持续加大金融对实体经济支持力度的背景下，供应链金融加速崛起，特别是在科技赋能的推动下，供应链金融成为全力“稳增长”、助力经济循环畅通的重要抓手。2022年1月，国家发展改革委发布的《“十四五”现代流通体系建设规划》强调规范发展供应链金融，包括加强供应链金融基础设

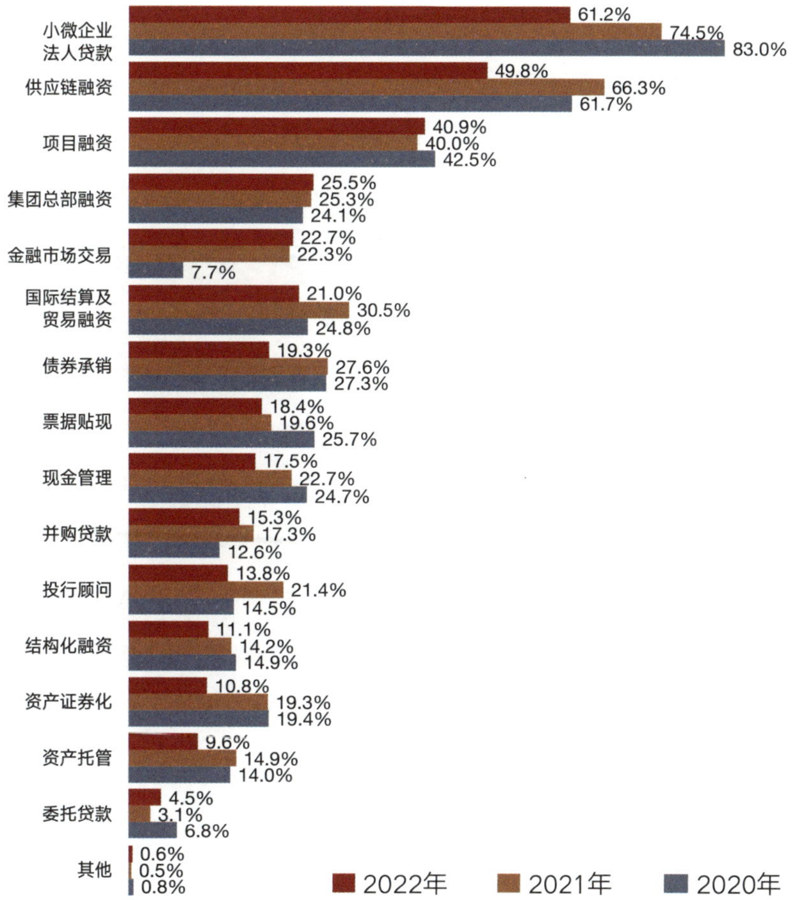

图3-4　2020—2022年银行业公司金融业务的发展重点

施建设、健全供应链金融运行机制、丰富供应链金融产品。为保障供应链稳定，银行业持续探索供应链金融服务新模式，加大对供应链上下游企业的综合信贷支持，提供直达各流通环节经营主体的金融产品。

三、个人消费贷款重回银行业个人金融业务的发展重点

作为银行个人金融业务转型的重要突破口，个人消费贷款一直受到银行家们的重点关注。调查结果显示，58.7%的银行家将个人消费贷款作为所在行个人金融业务的发展重点，较2021年下降了1.1%，但排名由第二位升至第一位。消费是经济增长的内生动能，消费需求是畅通经济循环的重要引擎。在经济增长恢复的预期下，政策将不断加码促消费、扩内需，消费有望迎来恢复性增长，尤其是前期受疫情冲击较大的餐饮、旅游、航空等。对于商业银行而言，个人消费贷款迎来发展机遇。

值得注意的是，43.5%的银行家认为财富管理是发展个人金融业务的首要重点，较上年下降22.2%，下滑明显。2022年是银行理财产品全面净值化元年，受国内外经济形势、地缘政治、能源价格等因素影响，2022年金融市场波动加剧，银行理财、公募基金等投资产

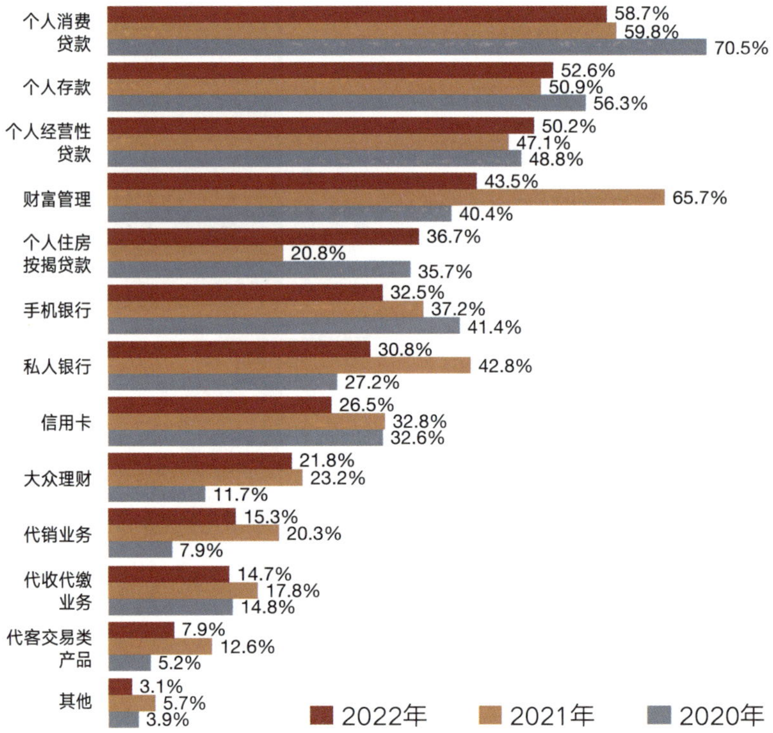

图3-5　2020—2022年银行业个人金融业务的发展重点

品出现一定净值波动，部分投资者避险情绪提升，财富管理业务面临短期压力，但未来仍有较大发展空间。

四、同业存款及票据业务仍为银行同业业务发展重点

同业业务作为银行重要的流动性管理工具，在调节银行同业之间资金余缺、优化资源配置等方面发挥着重要作用。银行传统信贷业务在利率市场化和互联网金融的影响下发展受限，同业业务已成为银行业务新的增长点。2022年是资管新规全面落地元年，资管新规主要针对的是部分业务发展不规范、多层嵌套、刚性兑付、监管套利等问题，而商业银行同业业务便首当其冲。面临监管升级，银行创新发展同业业务的同时面临着更高的要求。

调查结果显示，52.4%的银行家认为传统同业存款业务仍是银行同业业务的发展重点。此外，银行家认为票据贴现和转贴现（44.2%）、同业拆借业务（32.9%）也是银行同业业务发展重点，分别位列第二位和第三位，与2021年调查结果一致。

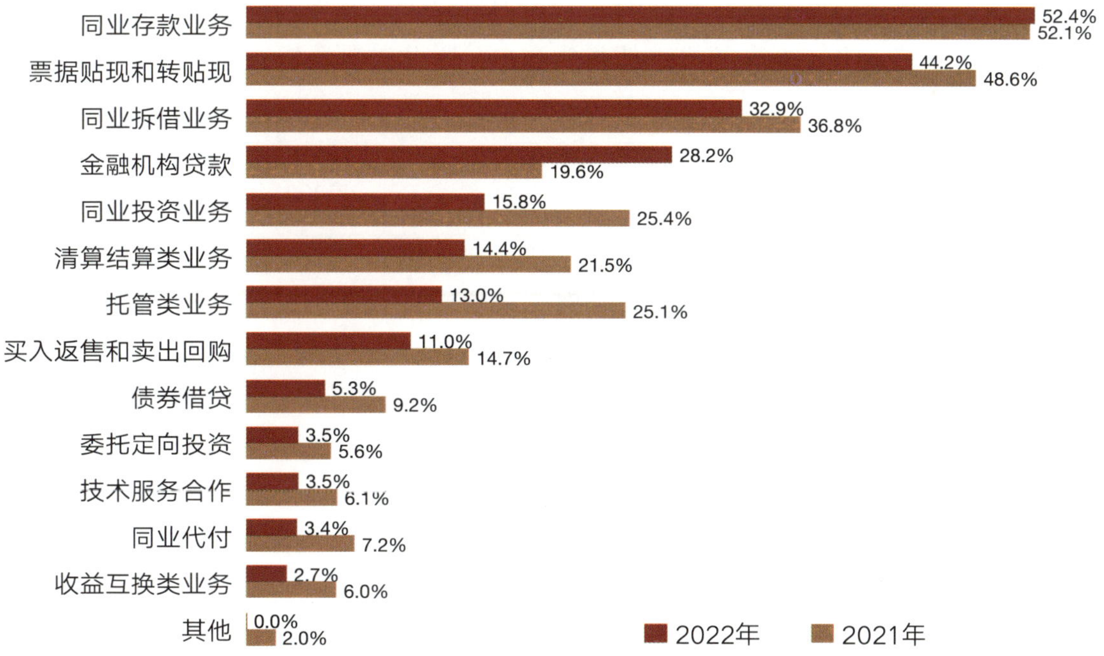

图3-6　2021—2022年银行业同业业务的发展重点

五、结算清算类业务收入跃居银行中间业务收入榜首

随着银行业资本监管的不断趋严、国内经济增速的放缓以及融资结构的调整，以规模扩张为主的重资产模式面临的约束愈发明显。中间业务具有资本占用低、风险小、稳定性好等特点，是商业银行营业收入的重要来源之一，中间业务在商业银行业务布局中的地位日益凸显。

在对中间业务收入的调查中，45.7%的银行家认为应重点拓展结算清算类业务，排名第一位，较上年提升两位。优化银行账户服务、有效降低支付手续费，不仅能够提升小微企业和个人的支付服务获得感和满意度，还能够助力民生改善和营商环境优化，成为推动企业综合融资成本稳中有降的重要手段。

同时，41.0%的银行家选择投资银行业务，排名第二，较2021年下降9.4个百分点。“十四五”规划提出要大力发展机构投资者、深化新三板改革、畅通科技型企业国内上市融资渠道等目标。同时，《银行业保险业支持高水平科技自立自强的指导意见》提出，支持商业银行具有投资功能的子公司为科技企业发展提供股权融资，有利于银行拓展投资银行业务市场，积极培植优质客户，因此，投资银行业务未来仍有较大发展空间。

此外，33.9%的银行家选择理财业务，排名第三，较2021年下降11.1个百分点。资管新规要求银行理财实施净值化管理，在巨大转型压力下，理财业务正重新步入正轨。伴随着财富管理增速回升，银行理财在渠道侧具有竞争优势，未来仍可保持主导地位。

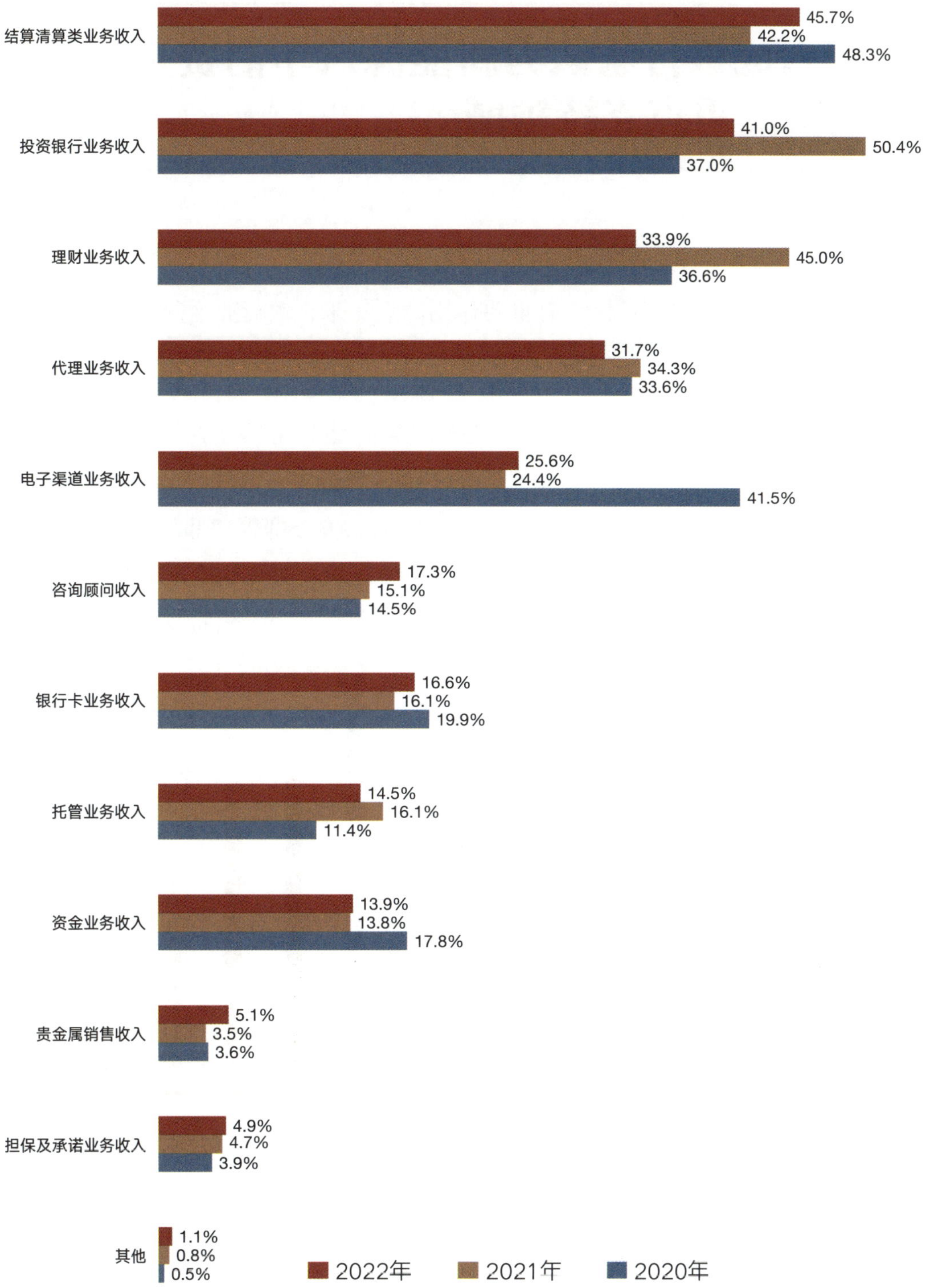

图3-7　2020—2022年银行业中间业务的发展重点

六、超六成银行家认为新能源汽车消费是银行绿色消费的重点支持领域

全面促进消费绿色低碳转型升级，对贯彻新发展理念、构建新发展格局、推动高质量发展、实现碳达峰碳中和目标具有重要作用。近年来，银行业金融机构不断发展绿色消费业务，为生产、销售、购买绿色低碳产品的企业和个人提供绿色消费金融服务。

调查结果显示，超六成银行家认为新能源汽车消费（64.2%）是银行绿色消费最为关注的领域。2022年1月，国家发改委等部门印发的《促进绿色消费实施方案》中提到，大力发展绿色交通消费，推广新能源汽车。2022年7月，商务部等17部门发布《关于搞活汽车流通、扩大汽车消费若干措施的通知》指出，金融机构在依法合规、风险可控的前提下，合理确定首付比例、贷款利率、还款期限，加大汽车消费信贷支持。银行通过支持新能源汽车购买使用、丰富汽车金融服务，不断衍生新能源车服务场景，来支持新能源汽车消费，布局绿色低碳经济。

同时，有机食品与农产品（48.9%）、城市公共交通与轨道出行（48.3%）也是银行绿色消费支持重点关注的领域。银行从“吃穿住用行”等重点消费领域出发，通过了解客户生活、消费、出行等各方面的行为习惯，为客户提供更为个性化的金融产品及服务，能更好地促进重点领域绿色消费转型发展。

此外，银行家认为绿色建材与家装（33.7%）和汽车、家电、电池、电子产品等废物循环利用（23.3%）也是银行绿色消费支持的重点。

国家“十四五”规划提出，加快构建以国内大循环为主体、国内国际双循环相互促进的新发展格局，加快培育完整内需体系，深入实

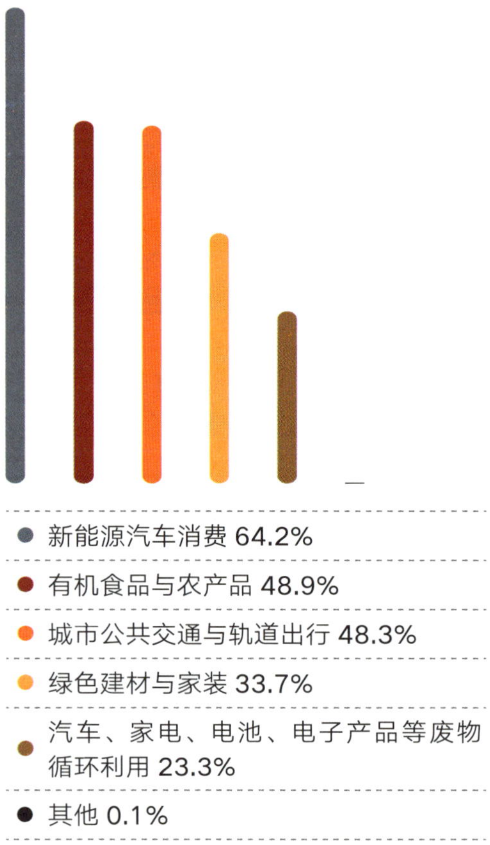

图3-8　银行重点支持的绿色消费领域

施扩大内需战略，增强消费对经济发展的基础性作用，规范发展消费信贷。近年来，随着我国经济结构转型升级与居民收入的稳步增长，消费信贷逐渐成为银行零售信贷业务的新增长点，但银行发展消费金融业务依然存在困难和挑战，消费金融长效机制尚需完善。

调查结果显示，六成以上银行家认为银行发展消费金融业务遇到最大的挑战是“居民偿债能力下降，信用卡、消费贷等不良率提高”（64.5%）。受新冠肺炎疫情的影响，个体经营者和小微业主的营收出现不同程度的下降，收入增长的放缓影响到消费金融行业客户群体的偿债意愿和能力，信用卡、消费贷等产品的逾期率和不良率有所上升，银行拨备成本有所攀升。同时，客户群体、服务内容同质化（53.9%）也是银行发展消费金融业务面临的挑战，随着消费金融相关的法律法规与监管政策的出台，银行家如何发掘优质客户群体、提供差异化的产品与服务成为发展消费金融业务的挑战。

此外，运用数字技术等获取客户核心数据水平有待提高（45.3%）、消费场景有待搭建（41.1%）、下沉客户缺乏征信记录（25.0%）也是银行发展消费金融业务面临的挑战。

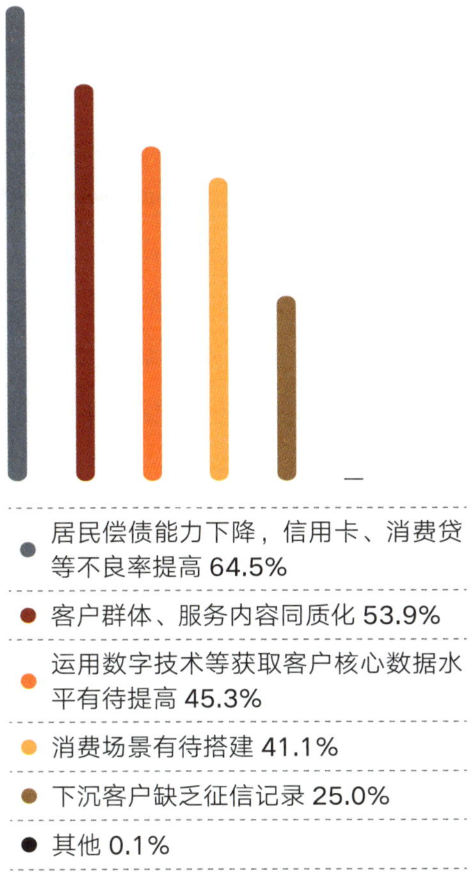

图3-9　银行发展消费金融业务遇到的挑战

七、超六成银行家认为创新发展多元化养老产品是银行养老金融业务的重要发展方向

党的二十大报告中强调实施推进健康中国建设、实施积极应对人口老龄化国家战略，养老事业和养老产业发展受到党和国家高度重视。2022年2月，《“十四五”国家老龄事业发展和养老服务体系规划》指出，鼓励金融机构开发符合老年人特点的支付、储

蓄、理财、信托、保险、公募基金等养老金融产品。2022年10月26日，五部门联合发布《个人养老金实施办法》规定，个人养老金实行个人账户制，参加人自主选择购买符合规定的储蓄存款、理财产品、商业养老保险、公募基金等金融产品。银行养老金融业务迎来新的发展机遇。

在银行养老金融产品布局方面，调查结果显示，养老型储蓄产品位列第一，占比57.8%。2022年7月15日，人民银行、银保监会联合发布《关于开展特定养老储蓄试点工作的通知》，在五个城市四家银行开展特定养老储蓄试点工作。特定养老储蓄业务兼顾普惠性和养老性，产品期限较长、收益稳定，可满足低风险偏好居民的养老需求。与其他金融机构相比，银行在养老型储蓄产品布局方面具有一定优势，一方面，商业银行拥有庞大的线下渠道及各财富阶层的客户资源，客户信任度高；另一方面，商业银行稳健的投资风格符合居民风险偏好，有利于居民养老资金在中长期获得相对稳健可持续的投资收益。

同时，养老型理财产品与养老型保险产品分别位列第二位和第三位，分别占比48.4%、34.9%。2021年9月，银保监会印发《关于开展养老理财产品试点的通知》，在四个城市四家机构开展养老理财产品试点工作。2022年3月，银保监会再次印发《关于扩大养老理财产品试点范围的通知》，扩大养老理财产品试点机构和募集规模，扩大至十个地点十家机构。银行养老型理财产品在产品结构、投资策略、风险控制和市场销售等方面不断完善。

此外，养老财富管理（26.3%）、个人养老规划服务（24.1%）、企业年金管理服务（21.3%）、养老产业投融资支持服务（11.4%）也是银行养老金融产品的重要布局方向，通过满足养老客户群体多样化的融资需求，银行逐步形成完整的养老金融产业链条。

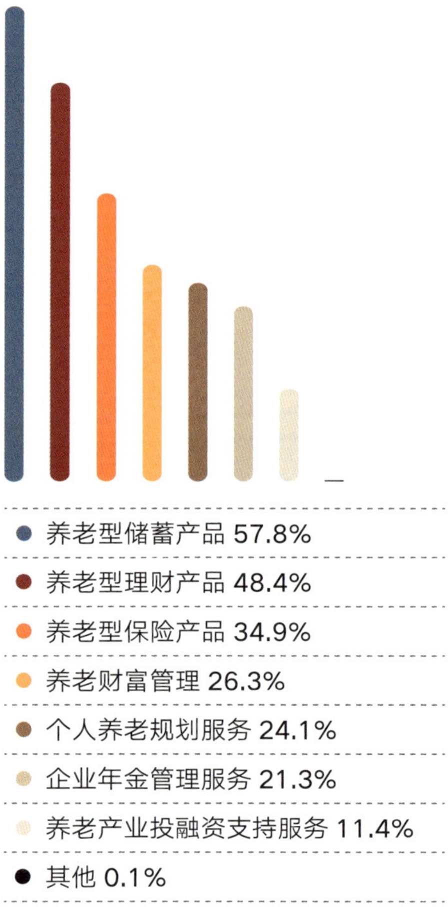

图3-10　银行养老金融产品布局

2022年4月，中国银保监会印发《关于规范和促进商业养老金融业务发展的通知》提出，支持和鼓励银行保险机构依法合规发展养老金融业务，向客户提供养老财务规划、资金管理、风险保障等服务，逐步形成多元主体参与、多类产品供给、满足多样化需求的发展格局。调查结果显示，64.6%的银行家认为“创新发展多元化养老产品，满足客户差异化养老需求”是银行养老金融业务发展的首要方向，56.4%的银行家认为应“打造‘金融+’场景生态，探索全新服务模式”。面临产品养老特点不突出、同质化等问题，银行正积极探索并不断丰富养老金融产品与服务，以满足不同生命周期阶段客户养老财富管理安全性、收益性、流动性等多种需求。

同时，银行积极提升老年客户金融服务品质，围绕老年客户的核心需求和服务痛点，建设养老服务特色渠道，发展老年友好型金融（49.2%），聚焦老年客户理财、结算、取现等金融服务需求，积极开展金融适老化服务（35.4%）。养老金融业务具有较高的政策性与较强的专业性，涉及数据管理、资金核算、资产配置等环节，26.7%的银行家认为亟须“培养专业人才，强化养老金投管能力”。

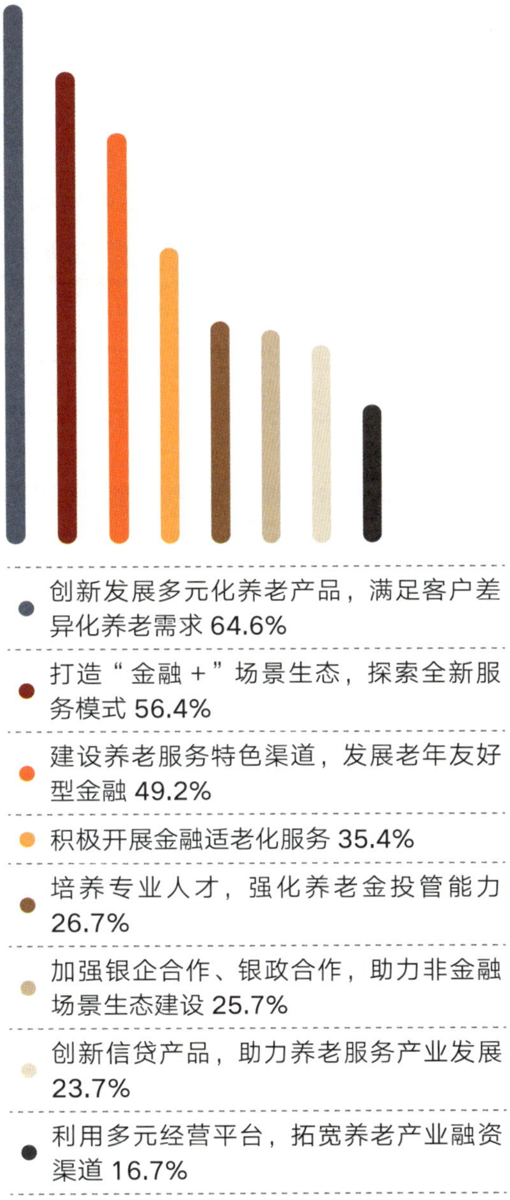

图3-11　银行养老金融业务发展方向

八、银行家基础设施公募REITs项目审查重点关注项目是否符合国家重大战略及产业政策方向

“十四五”规划提出，推动基础设施领域不动产投资信托基金（REITs）健康发展，有效盘活存量资产，形成存量资产和新增投资的良性循环。按照“十四五”规划，政府加快推进基础设施REITs试点有关工作。2021年5月，首批9单基础设施公募REITs项目获得证监会注册。随着我国基础设施REITs市场的建立与发展，银行通过资产管理、托管结算、投资、发行主体理财产品等方式积极参与，盘活存量资产，提高资金使用效率。

调查结果显示，对于基础设施公募REITs项目，银行家重点关注“收费公路、铁路、机场、港口项目”（44.9%），“城镇供水、供电、供气、供热项目”（44.9%）和“城镇污水、垃圾处理及资源化综合利用项目”（38.9%）。2022年5月25日，国务院发布《关于进一步盘活存量资产扩大有效投资的意见》提出，重点盘活存量规模较大、当前收益较好或增长潜力较大的基础设施项目资产，包括交通、水利、清洁能源、水电气热等。因此，商业银行优先支持交通、市政、能源等基础设施补短板建设项目。

同时，34.1%的银行家关注新型基础设施建设项目。随着产业政策逐步向新型基础设施建设方向倾斜，银行家对包括数据中心、5G通信设施、人工智能、物联网、工业互联网等领域的新型基础设施建设投资项目的关注度也在逐步扩大。此外，园区基础设施项目（35.1%）、仓储物流项目（24.4%）与保障性租赁住房项目（23.6%）也受到银行家的关注。

图3-12 银行基础设施公募REITs项目重点关注领域

在基础设施公募REITs项目审查方面，调查结果显示，银行家认为审查内容重要程度由高到低依次为：项目符合国家产业政策方向（4.30）、项目现金流情况（4.10）、基金标的资产（3.89）、基金盈利收益情况（3.85）、基金管理人（3.80）、基金存续期限（3.55）、基金募集资金额度（3.54）。

其中，银行家审查的首要重点是项目是否符合国家产业政策方向。2020年《关于推进基础设施领域不动产投资信托基金（REITs）试点相关工作的通知》与2022年《关于进一步盘活存量资产扩大有效投资的意见》均指出，公募REITs优先支持位于国家重大战略区域范围内的基础设施项目。依据政策要求，银行家在审查基础设施公募REITs项目时，重点关注项目是否符合国家重大战略及产业政策方向。

同时，由于基础设施公募REITs项目期限较长，一般都在十几年以上，项目每年产生现金流的稳定性是银行家审查的第二大重点，此外，项目标的资产及项目盈利收益情况也是银行家考量项目的重要因素。

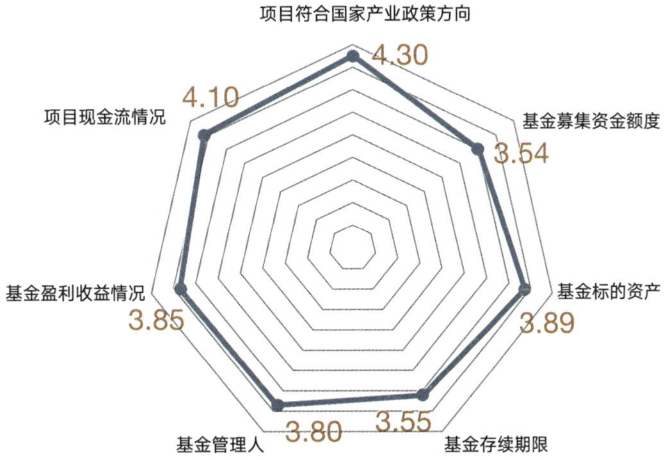

图3-13 银行基础设施公募REITs项目审查重点

我国基础设施REITs市场的快速发展为商业银行带来发展机遇的同时也带来了挑战。调查结果显示，超半数银行家认为“缺乏丰富的项目管理与资产管理经验”（59.7%）、“缺乏完整的风险补偿机制与有效的风险管理体系”（54.5%）是银行参与基础设施公募REITs的主要困难。基础设施公募REITs产品嵌套结构复杂，需要的金融服务复杂多样，并且金额需求往往较大，“项目期限长、收益不确定性较大”（42.7%），这对银行的专业能力、综合能力与风险管控能力等都提出更高要求。此外，“各类基础设施估值存在难度”（42.2%）、“银行项目甄别与投研能力有待提升”（25.1%）也是目前银行参与基础设施公募REITs面临的困难。

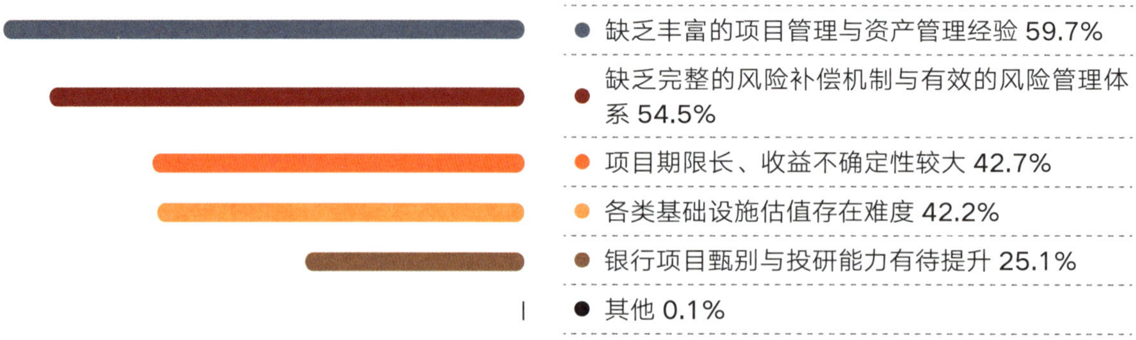

图3-14　银行参与基础设施公募REITs的困难

九、超七成银行家认为普惠金融是银行支持实体经济发展加大信贷投放的重点领域

在银行服务实体经济高质量发展方面，调查结果显示，超七成银行家认为普惠金融（73.6%）是银行信贷投放的重中之重。“十四五”规划和“二〇三五”远景目标明确提出，“构建金融有效支持实体经济的体制机制，提升金融科技水平，增强金融普惠性”，普惠金融是“十四五”期间金融工作的重点内容。2022年5月，人民银行印发的《关于推动建立金融服务小微企业敢贷愿贷能贷会贷长效机制的通知》提出，加快建立金融服务小微企业敢贷愿贷能贷会贷长效机制，促进小微企业融资增量、扩面、降价。银行持续贯彻落实普惠金融政策，围绕农户、商户、小微企业，持续加大普惠领域重点贷款投放力度。

同时，近六成银行家认为制造业（59.6%）是银行信贷投放的重点领域。针对制造业贷款投放，《政府工作报告》连续三年向金融机构提出“大幅增加制造业中长期贷款”“提高制造业贷款比重，扩大制造业设备更新和技术改造投资”等明确要求。2022年7月，银保监会发布《关于进一步推动金融服务制造业高质量发展的通知》，主要从任务目标、重点领域、金融创新、帮扶政策、风险防范和监管协调等方面，对进一步推动金融服务制造业高质量发展提出了工作要求。党的二十大报告也指出，要推进新型工业化，加快建设制造强国。为深入贯彻国家关于金融服务制造业的决策部署，银行业持续增加信贷投放，以金融赋能制造业转型升级和制造业企业发展壮大。

此外，绿色产业（52.5%）、涉农领域及乡村振兴（52.1%）、“专精特新”等科技创新企业（51.7%）、战略性新兴产业（44.4%）、传统基础设施改造以及新型基础设施建设（36.1%）、产业链供应链金融（33.0%）、民营企业（28.8%）、交通运输、物流仓储业（20.1%）、餐饮、旅游等受疫情影响暂遇困难行业（15.3%）、跨境金融（8.6%）等领域也是银行信贷投放的重点。

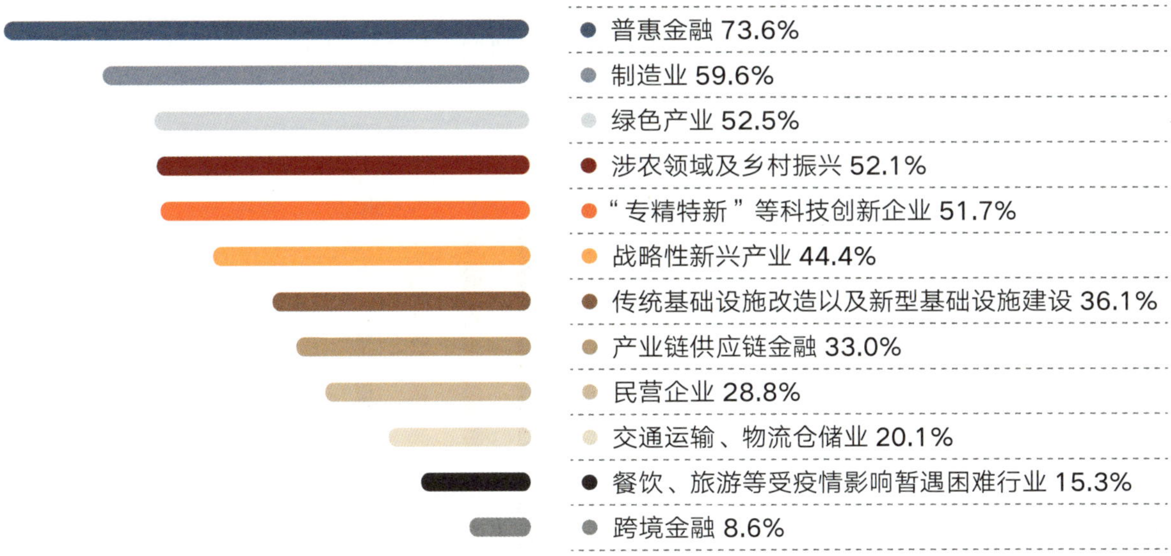

图3-15　银行为支持实体经济发展信贷投放的重点领域

十、超六成银行家将国际结算业务作为国际业务发展重点

调查结果显示，超六成银行家（66.5%）认为国际结算业务仍是银行国际业务的重中之重。国际结算业务具有收益率高和周期短、风险小的特点，是其他国际业务开展的基础。涉外信用证（36.3%）、福费廷（32.1%）分别位列第二位和第三位，也被银行家认为是银行国际业务发展重点。由此可见，商业银行国际业务发展重点仍然在于传统的国际结算、贸易融资业务，而跨境资金池（26.7%）作为新业务领域，能够满足跨国企业跨境资金集中运营管理的需求，因此也备受关注。

调查结果显示，为了发展国际业务，48.6%的银行家认为银行应该采取的主要措施为“发展智慧营销系统，支持营销团队”。依托大数据构建的智能营销系统，有助于完善国际业务客户画像，精准定位客户需求，助力国际业务营销团队。同时，由于大量金融服务需求从线下迁移到线上，业务线上化提速，且受疫情影响，部分线下场景受限。全流程、端到端的线上化能驱动业务增长。42.9%的银行家认为银行应该采取的措施为“推动全流程线上化，服务线上化需求”。此外，党的二十大报告中提出，推动贸易和投资自由化便利化。银行家不断提升跨境投融资服务便利化水平，42.1%的银行家认为“创新账户体系管理，便利跨境投融资”是一项重要措施。

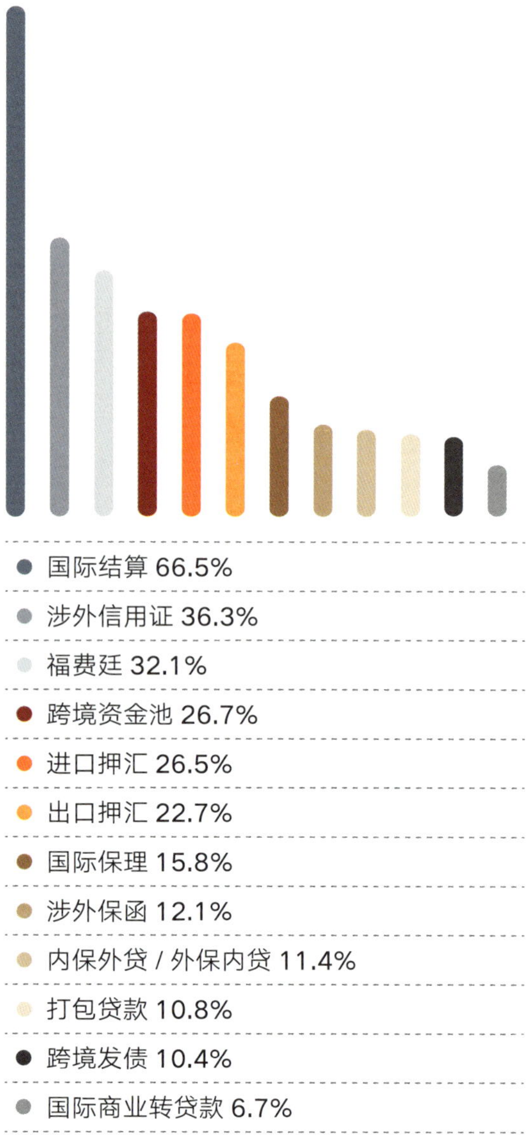

图3-16　2022年银行国际业务发展重点

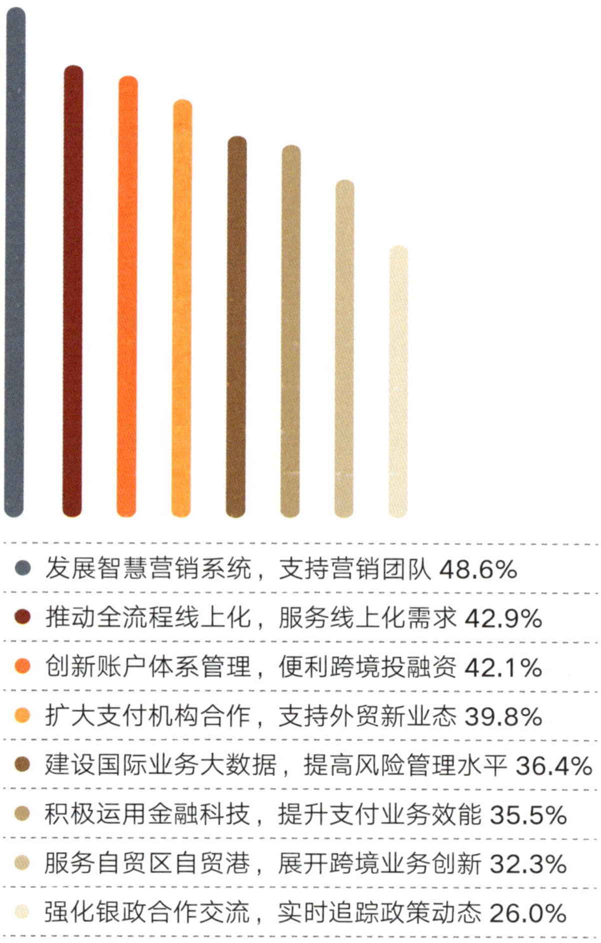

图3-17　银行发展国际业务的主要措施

十一、超六成银行家认为加强客户尽职调查有助于防控风险

国际业务立足于境内外“两个市场”，其业务的开展对商业银行的风险管理提出了更高的要求。商业银行应按照“了解你的客户”“了解你的业务”“尽职审查”三项原则自行审核国际业务的交易背景，办理各项国际业务。

调查结果显示，67.5%的银行家认为“加强客户尽职调查”是最重要的措施。尽职调查措施是KYC和CDD原则①真正落地的关键，是国际组织和各国监管部门出台有关操作指引的重点与核心内容，也是有效的甄别贸易融资和融资贸易，防范客户道德风险向信用风险的转化的重要手段。加强尽职调查，不断地进行“了解你的客户”，仍是银行家的最主要发力方向。

反洗钱可以在推进国家治理体系和治理能力现代化、维护经济社会安全稳定等方面发挥积极作用。2021年1月，中国人民银行、国家外汇管理局发布关于《银行跨境业务反洗钱和反恐怖融资工作指引（试行）》的通知，对银行跨境业务管理进行规范，以防范洗钱、恐怖融资及跨境资金非法流动风险。调查结果显示，银行家

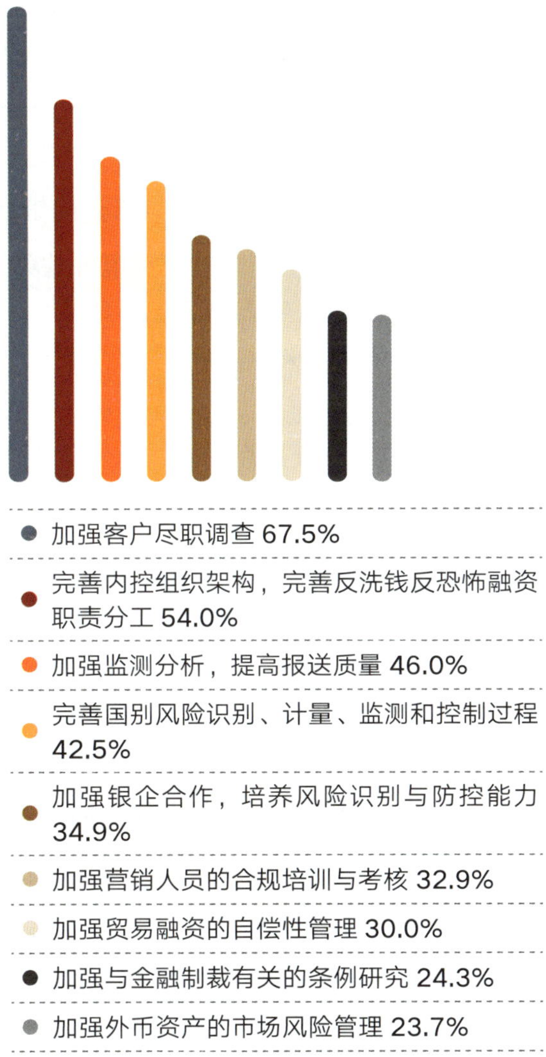

图3-18　银行防控国际业务风险采取的主要措施

① KYC原则，即Know Your Customer，了解你的客户；CDD原则，即Customer Due Diligence，客户尽职调查。

认为“完善内控组织架构，完善反洗钱反恐怖融资职责分工”（54.0%），可以帮助银行更好地防控国际业务风险，具体包括风险识别、评估、监测和控制的职责分工。

十二、基金托管是银行业发展QDLP和QFLP业务的重点

QDLP和QFLP[①]是人民币国际化的重要体现，能够助力中国高水平对外开放。QDLP是把国内注册的私募基金投资到境外的渠道，增加中国资本走出去的“路径”，为资本跨境双向流动创造更多便利。QFLP是为了突破外商投资准入和资本项目结汇限制的制度，是资本市场尚未完全开放的一种过渡之举。

在对QDLP业务重点发展领域的调查中，银行家认为，“为QDLP基金提供托管业务”和“代销QDLP基金”将作为重点发展的业务领域，分别占53.2%和39.8%。在息差收窄背景下，商业银行发展基金托管为代表的新兴中间业务，有助于改善盈利结构，加速业务转型。此外，银行自营资金投资面临自有资本金限制，因此对于自营资金和理财资金投资QDLP基金等相对高风险的业务，银行家较少将其纳入重点发展领域。

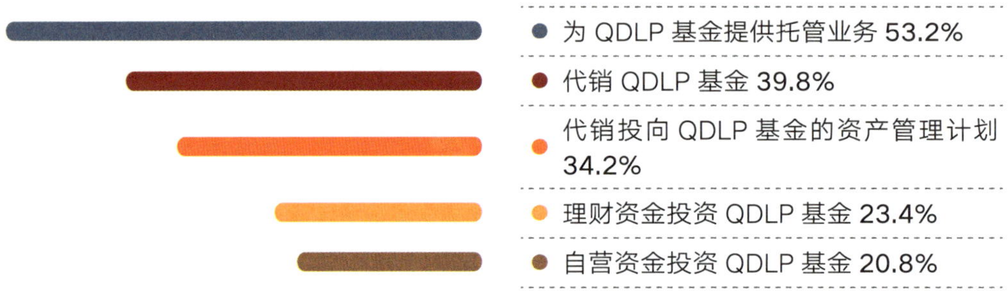

图3-19　银行业QDLP业务的重点发展领域

① QDLP，合格境内有限合伙人（Qualified Domestic Limited Partner）；QFLP，合格境外有限合伙人（Qualified Foreign Limited Partner）

在对QFLP业务重点发展领域的调查中，44.8%的银行家也把托管业务作为首要重点发展领域。此外，要为QFLP基金提供全生命周期的服务，除了提供基金托管之外，商业银行还可以针对QFLP基金的募集、投资、退出等环节开展多种业务。调查结果显示，43.3%的银行家未来希望利用境内外合作优势来辅助QFLP基金落地，有37.8%的银行家把跨境人民币业务作为未来重点业务，更好地为QFLP基金服务。增值服务与主要业务可以互相渗透，有助于业务创新，增加营收。业务产品同质化的情况下，重视增值服务可以提高银行的竞争力。现有的增值服务主要集中在募集后和退出前，包括IPO辅导、税务顾问、外汇政策咨询、绩效评估、并购贷款、资质报批和远期结售汇等。调查结果显示，47.4%的银行家提供了外汇政策咨询服务，42.6%的银行家提供了远期结售汇服务。

图3-20 银行业QFLP业务重点发展领域

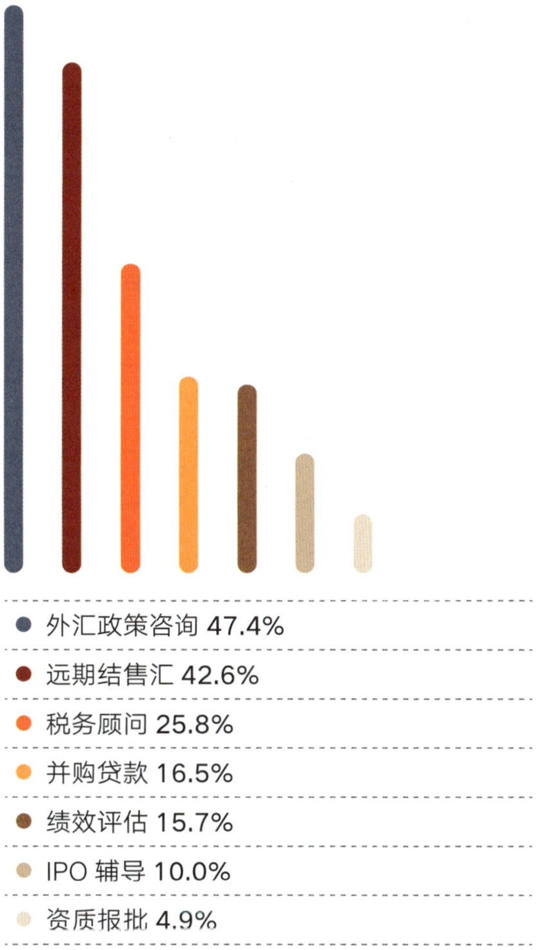

图3-21 银行业在QFLP业务中提供的增值服务

十三、积累境内外合作业务经验和资源成为银行开展QDLP和QFLP业务的最大挑战

银行在开展QDLP和QFLP业务时也面临一些挑战，既包括银行内部的业务经验积累，也包括外部的市场主体能力和相关政策。银行家普遍认为银行展业的主要挑战在于内部，58.6%的银行家认为银行需要境内外合作业务经验和资源的积累。银行家对于QDLP和QFLP的政策、试点范围、境内外市场主体和基础设施信心良好，普遍认为这些问题并不会对QDLP和QFLP业务开展产生大的影响。

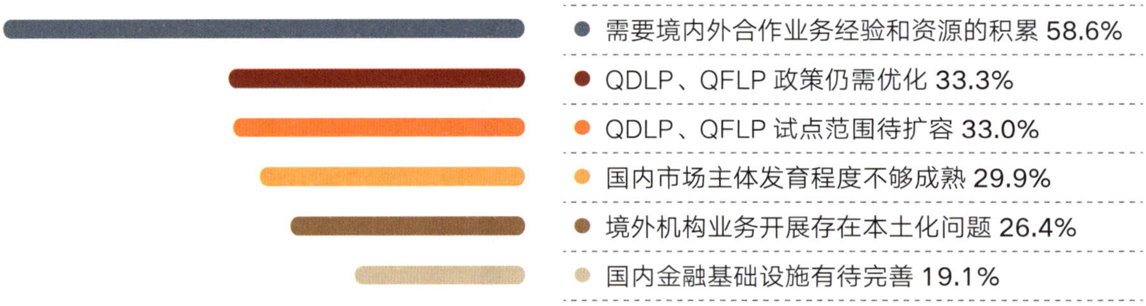

图3-22 银行业QDLP和QFLP业务面临的挑战

第四部分

风险内控与营运管理

2022年，面对风高浪急的国际环境和疫情反复冲击的国内形势，中国银行业经营环境变得十分复杂，银行业风险内控与中后台营运管理进一步受到关注。在风险管理方面，银行业对风险管理重视度普遍提升，信用风险关注度进一步上升。此外，流动性风险管理能力明显提升。在内部控制方面，银行家倾向加强内控文化与组织体系建设，着力构建内控管理长效机制。在人力资源管理方面，银行家对未来银行业员工数量增长保持乐观，不同类型银行分化明显。此外，近八成银行家认为中国银行业推行混合制灵活办公具备可行性，但实施过程存在困难。在资产负债管理方面，多数银行家认为信贷类资产占比将进一步上升，结构性存款作为负债持续下降或与上年持平；为缓解资本压力，银行家加大金融工具创新力度，多渠道进行资本补充。

一、银行家对风险管理重视度普遍提升，信用风险关注度进一步上升

习近平总书记在党的二十大报告中指出：“要加强和完善现代金融监管，强化金融稳定保障体系，依法将各类金融活动全部纳入监管，守住不发生系统性风险底线”。根据2022年度银行家对所在银行的风险关注度给出的评分结果（1分表示风险关注度最低，5分表示风险关注度最高），信用风险作为银行业最基础、最重要的风险，关注度得分为3.20分，显著高于其他类型风险。市场风险（3.12分）和合规风险（3.10分）的风险关注度分别位列第二位和第三位。

2022年末，银行业保持健康稳健运行，银行业金融机构不良贷款率1.71%，同比下降0.09个百分点。值得注意的是，调查结果显示，2022年各类风险关注度平均分为3.02，较2021年增加21.9%，表明银行业对风险管理重视度普遍提升，重点领域风险得到有效防控。2022年中央经济工作会议强调要更好统筹疫情防控和经济社会发展，随着国内经济持续修复，银行信用风险压力有望减缓。但是，鉴于目前全球经济尚未全面恢复，疫情演化尚存在不确定性，加之受国内外复杂环境冲击导致的风险暴露具有一定的滞后性，后续信用风险仍然需要重点关注。

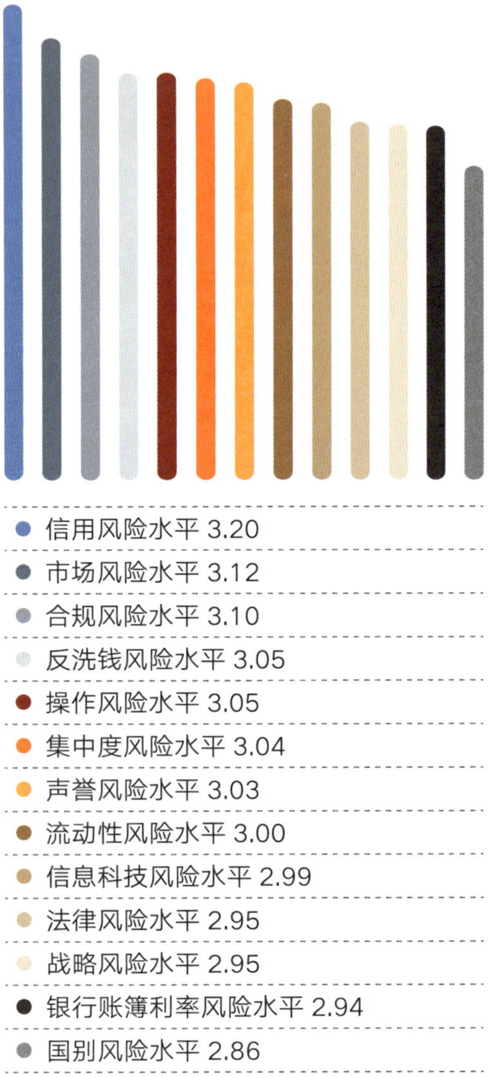

图4-1　2022年中国银行业风险关注度评价

2022年，按照党中央关于打好防范化解重大风险攻坚战的战略部署，银行业风险防范意识普遍提升，银行家对所在银行风险管控能力的满意度也相对较高。在银行家对所

在银行风险管理能力的自评调查中（1分表示满意程度最低，5分表示满意程度最高），各项风险管理水平的平均得分为4.07分。结合2021年的调查结果，流动性风险管理能力满意程度从第六位上升到第二位，这可能是由于2022年以来中国加大了货币政策实施力度，货币流动性合理充裕，货币市场资金利率持续下行，银行流动性管理压力较小。而信用风险管理能力满意程度较2021年下降三位，在所有风险管理能力中满意程度最低。这可能是受到国内外复杂环境影响，部分重点行业、重点领域风险持续演化，对银行信用风险管理能力提出考验，未来需进一步加强完善信用风险风控体系。

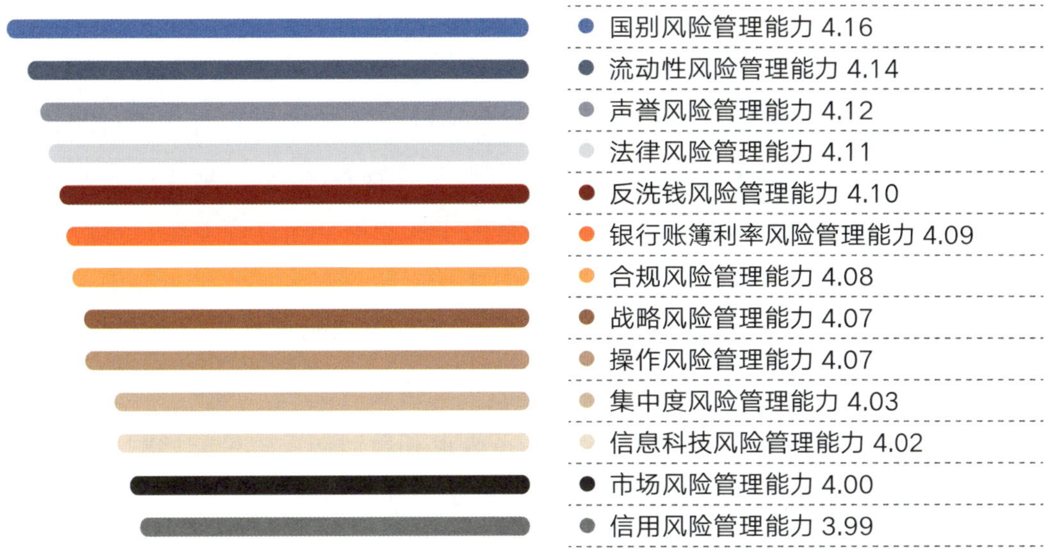

图4-2　2022年中国银行业风险管理能力评价

二、近半数的银行家认为其所在银行的拨备覆盖率基本与上一年持平

在对银行业拨备覆盖率的调查中，近半数（49.0%）的银行家预测其所在银行2022年的拨备覆盖率基本与上一年持平，部分（35.1%）银行家预测其所在银行2022年的拨备覆盖率较上一年小幅上升。总体看，当前国内外宏观经济形势依然严峻，疫情影响叠加下，商业银行整体资产质量仍面临较大压力，特别是中小银行风险抵御能力仍需提升。

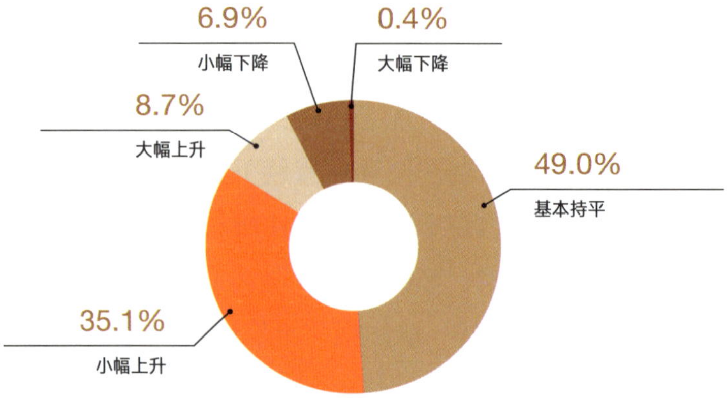

图4-3　受访银行2022年拨备覆盖率预期

从不同类型银行来看，超半数全国性商业银行银行家预测其所在银行2022年拨备覆盖率与2021年基本持平（开发性金融机构和政策性银行66.7%，全国性大型商业银行49.7%，全国性股份制银行49.4%），这可能是由于2022年全国性商业银行资产质量企稳向好，经营业绩稳定增长，拨备覆盖率预计基本持平；农村商业银行近半数银行家认为其所在的银行拨备覆盖率上升（13.7%大幅上升，34.3%小幅上升），明显高于其他类型银行金融机构。这可能是由于农村商业银行肩负支持地方经济、服务“三农”的使命，业务模式相对单一而集中，更易受到全球经济衰退和新冠病毒感染的影响。在当前经济形势下，仍需进一步夯实资本、提升风险抵御能力，加大拨备计提力度。

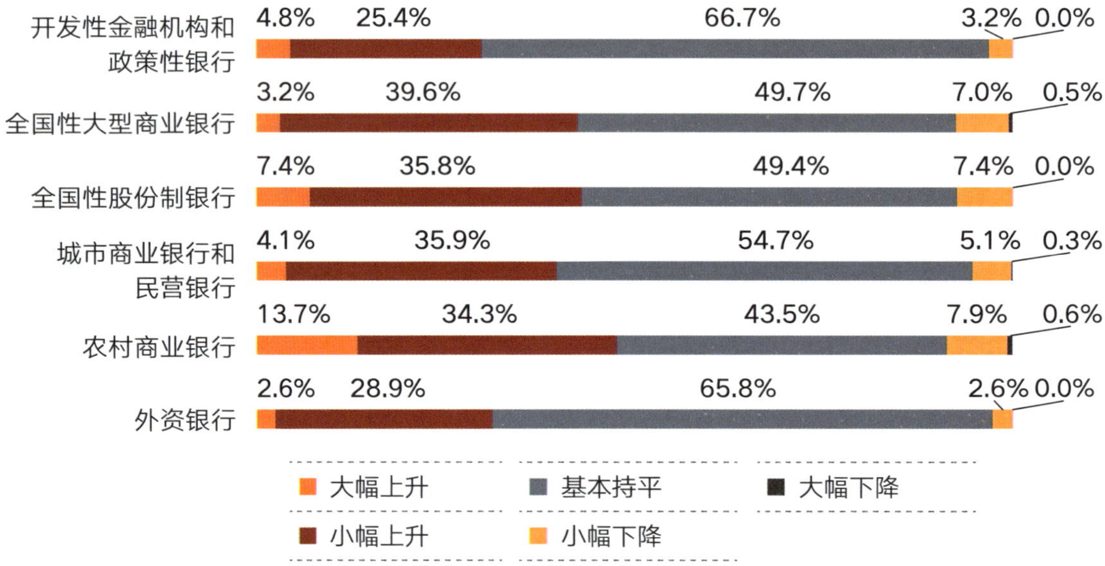

图4-4　不同类别银行2022年拨备覆盖率预期

三、超四成银行家认为防范科技外包风险的重点在于对服务提供商深入开展尽职调查

2021年12月30日，银保监会正式发布《银行保险机构信息科技外包风险监管办法》，对银行防范信息科技外包风险提出了具体的工作要求。调查结果显示，45.3%的银行家认为对服务提供商深入开展尽职调查是防范科技外包风险的重点，42.9%的银行家认为应明确服务提供商的准入标准，这都反映出加强对科技外包服务提供商的监管将是银行业防范科技外包风险的重要举措。此外，建立信息科技外包活动分类管理机制（33.7%）也是银行业防范科技外包风险的主要方向。

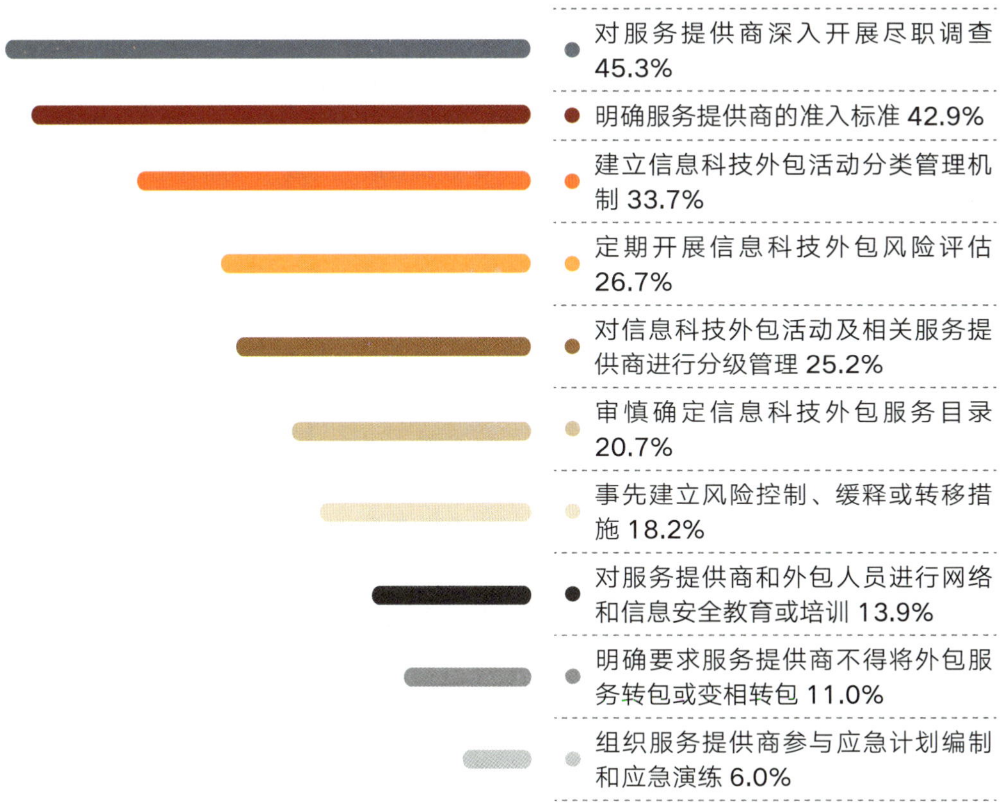

图4-5　防范科技外包风险的重点

四、近六成银行家认为银行业需重点防范房地产行业的信用风险

受疫情反复、经济下行压力加大、行业监管趋严等多重因素影响，银行对不同行业的风险关注度提升。调查结果显示，房地产行业的信用风险仍最受银行家关注（59.8%）。2022年，在中央发布的关于房地产市场的各项政策长效机制影响下，房地产市场逐步企稳回升，但受到政策时滞性、区域差异化及房地产企业业务重构等影响，房地产企业资金压力依然突出，银行在房地产相关业务领域及其上下游供应链企业的信用风险防范压力不减。此外，疫情反复对生产、消费、物流、外贸等方面造成持续影响，对住宿餐饮、旅游等服务行业冲击较大，银行业需重点防范信用风险上升。

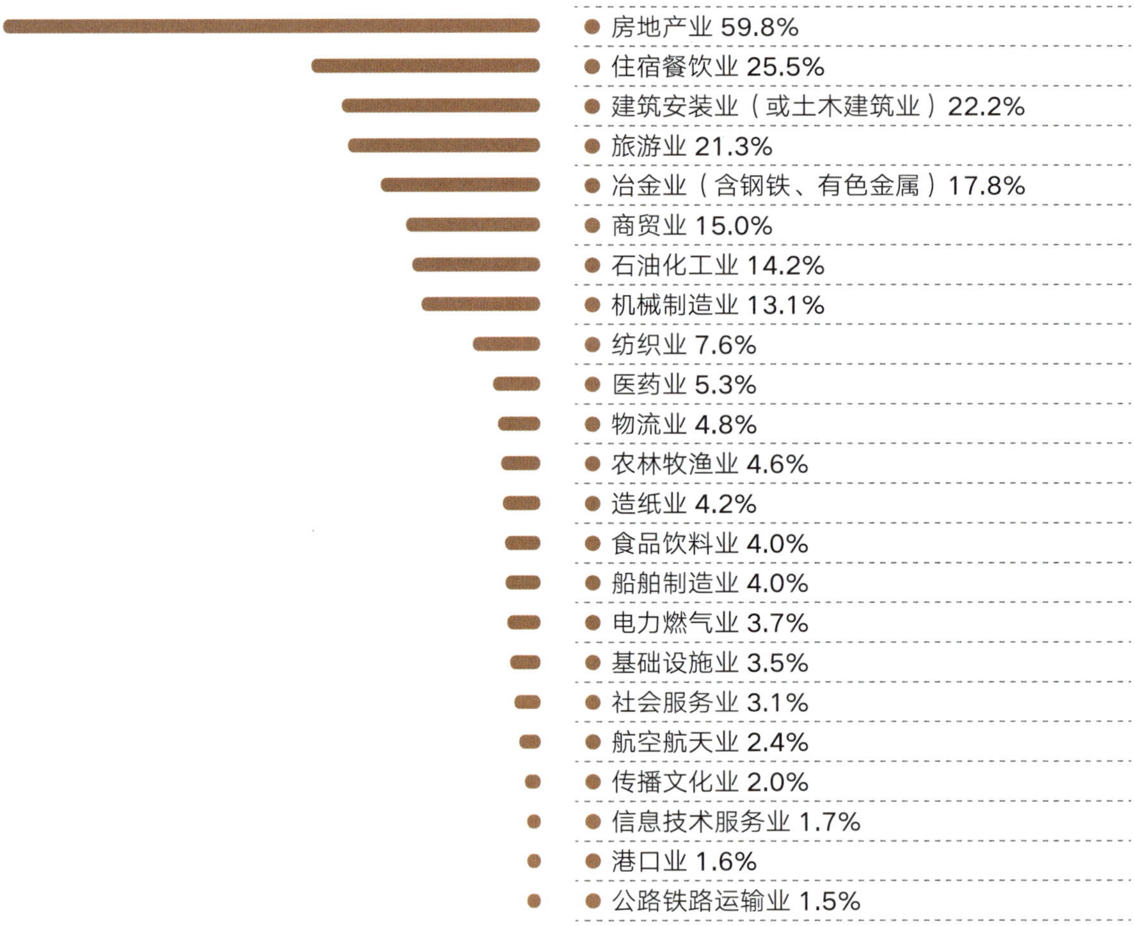

图4-6　2022年银行业需重点防范信用风险的行业

五、超五成银行家认为加强内控合规管理建设的重点在于加强内控文化建设

2022年，银保监系统对银行业机构共开出2223张罚单，合计罚没金额高达约15.85亿元，商业银行面临较大的合规压力。调查结果显示，55.6%的银行家认为加强内部控制的重点在于加强内控文化的建设，53.5%的银行家认为应构建权责明晰的内部控制组织体系，这一比例较2021年（49.7%）有所上升，说明银行内部合规管理建设在重点加强内控文化建设的同时，还重视组织体系建设，着力构建内控管理长效机制。此外，完善管理信息和内部控制系统（31.5%）也是内控合规管理建设的方向。

图4-7 加强内部控制的重点

六、银行家对未来三年员工数量增长保持乐观，不同类型银行分化明显

关于未来三年中国银行业员工数量的变化，调查结果显示，56.0%的银行家认为员工数量将会增加。其中，超四成（41.4%）的银行家认为增长幅度在0~10%。与此同时，

29.4%的银行家认为未来三年员工数量基本不变，14.5%的银行家认为未来三年员工数量会有所减少。过去五年，商业银行竞争力普遍提升，受金融科技迅速发展和数字化转型的驱动，商业银行网点和员工数量也经过了多番调整。综合2017年至2022年的调查数据可以看出，银行家对未来银行业员工的数量增长预期经历了高增长、维持现状、下降后持续回升的周期性波动。未来，中国银行业仍面临市场不确定因素带来的业务转型压力和挑战，加之数字化转型的持续推进，数字人民币的推广，银行业在调整业务结构的同时，持续优化人员结构、降低人员成本的前瞻性布局意识也显著提升。

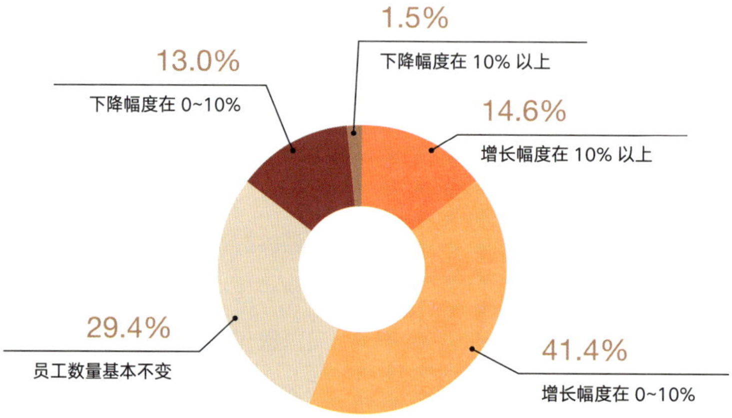

图4-8　中国银行业未来三年员工数量变化

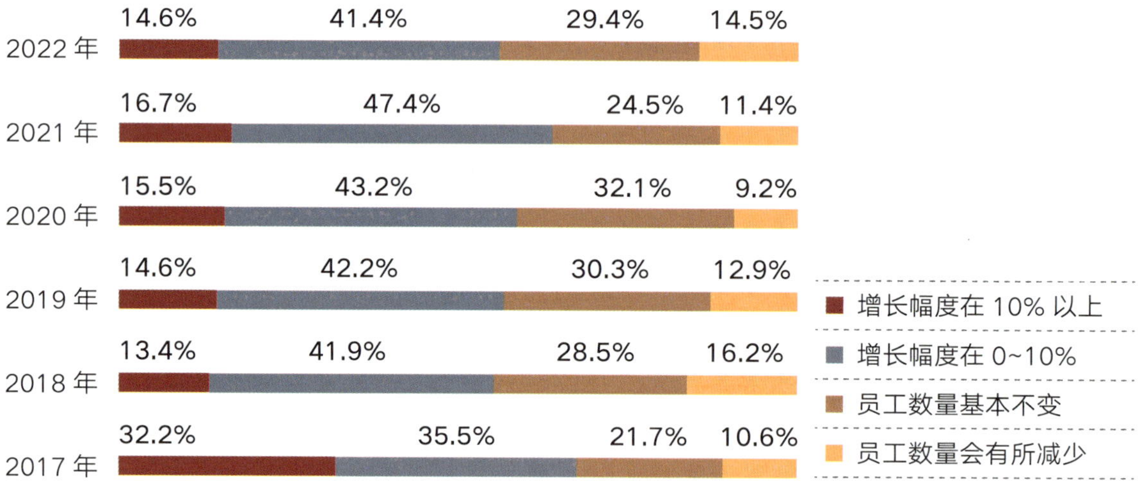

图4-9　未来三年中国银行业员工数量变化预期对比（2017—2022）

分银行类型的调查结果显示，来自不同银行机构类型的银行家对未来三年员工数量变化的看法出现了较为明显的差异。以全国性大型商业银行为例，超三分之二（70.0%）的银行家认为未来三年员工数量将与当前员工数量基本持平，其中还有部分银行家认为全国性大型商业银行人数整体将小幅下滑。一方面，全国性大型商业银行建行时间早，人员基数大，近年来持续向全国性股份制商业银行、城商行输出人才，一定程度上将减少国有大行的员工数量；另一方面，全国性大型商业银行营业网点分布广泛，数字化、智能化、网络化转型进程也较为领先，很多需要在柜台办理、人工处理的业务都可以实现线上便捷操作，业务模式的转型及银行网点的减少也带动了员工人数的下降，未来也将成为商业银行降本提效的一项重要措施。与全国性大型商业银行形成对比，超半数银行家认为全国性股份制银行（62.2%）、城市商业银行和民营银行（72.0%）未来三年员工数量会增加。这可能是此类银行大部分处于业务扩张期，扩大机构规模、加速网点布局、优化员工结构及提升特色化经营质量均带动了银行员工数量的提升。

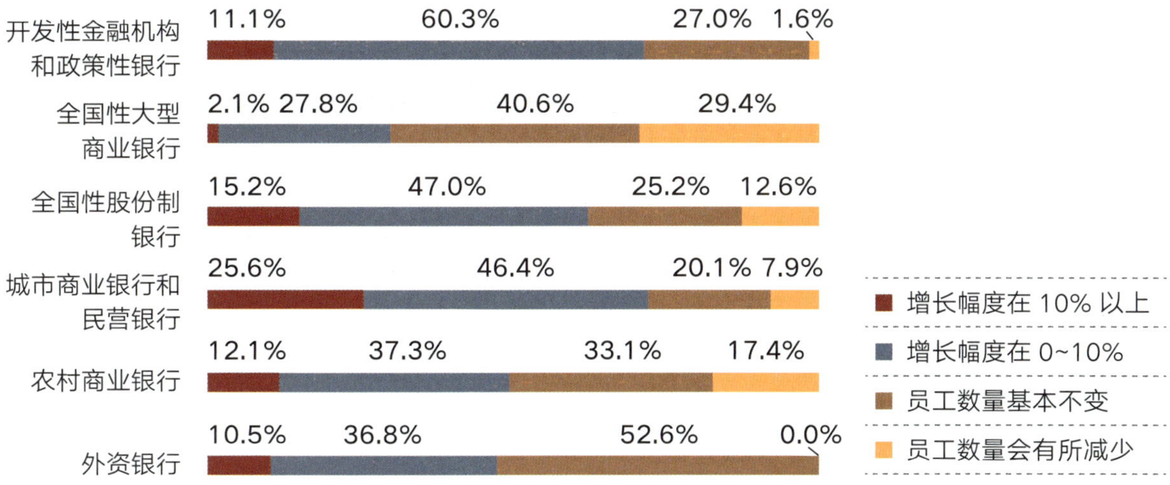

图4-10　不同类型银行未来三年员工数量变化情况比较

面对银行业数字化转型的挑战，银行家积极探索有效的人才管理路径，不断优化金融科技人才的引进与培养机制。调查结果显示，分别有58.8%和57.8%的银行家认为应当“强化技术与业务跨部门人才交流，培养金融科技复合人才”和“开展常态化招聘，丰富招聘途径”。56.7%的银行家表示“完善信息科技通用序列，优化科技人员发展路径”是未来强化金融科技人才开发的重要途径。除此以外，还有部分银行家认为“建立科技人才专项薪酬激励体系和考核机制”（33.0%）和“与高校、科研机构合作，加强对科技人才培训力度”（30.0%）等方式一定程度上也可以优化金融科技人才的培养机制。可见，从银行家视角出发，从员工内部挖掘人才进行复合型培养与外部常态化吸收人才均是引进金融科技人才的主要途径，而优化发展路径和建立专项激励机制也是强化金融科技人才培养的重要措施。

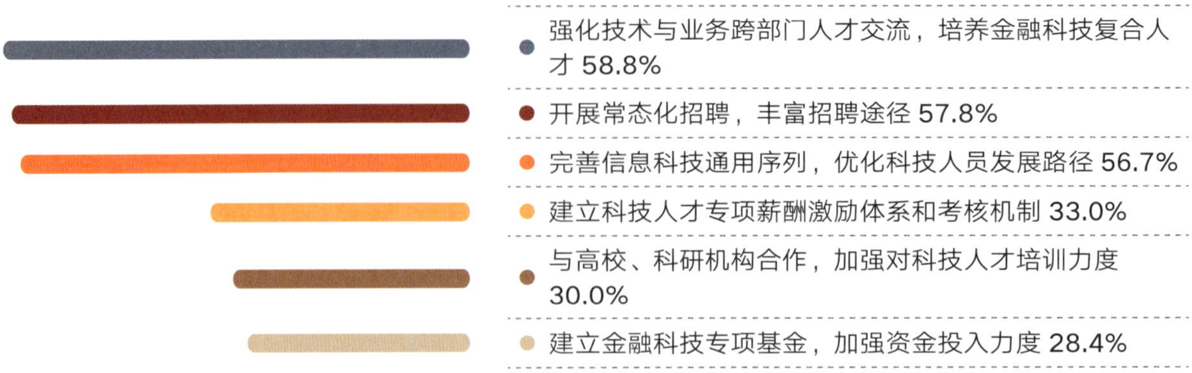

图4-11　中国银行业金融科技人才有效引进与培养的措施

七、近八成银行家认为中国银行业推行混合制灵活办公具备可行性，但实施过程存在困难

在全球疫情不断加速蔓延的大背景下，为保障业务持续运转和节约运营成本，一些外资银行逐步推行混合制灵活办公模式（混合制灵活办公模式是指企业对符合居家办公条件的岗位员工进行灵活工作安排，即每周到岗办公与居家办公的不同天数组合模式）。国内商业银行在积极配合国家常态化疫情防控政策的过程中，也开始尝试这一新型办公模式。调查结果显示，95.8%的银行家认为中国银行业推行混合制灵活办公模式具备可行性。其中，近八成（79.4%）的银行家认为虽然混合制灵活办公模式具备一定可行性，但对银行员工整体管理提出了更高要求。

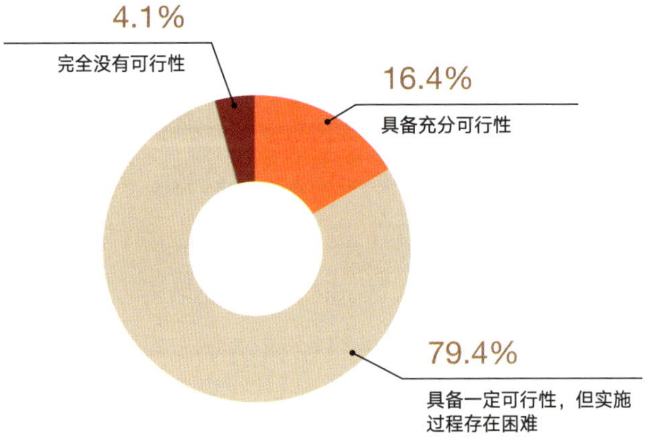

图4-12　中国银行业推行混合制灵活办公模式的可行性

对于中国银行业实施混合制灵活办公模式的难点，分别有60.6%和55.7%的银行家认为该办公模式下“统一管理难度增加，难以保证员工工作效率”和“信息泄露风险提升，家庭网络的安全防护能力不足”。同时，45.6%的银行家表示“绩效考核难度增加，难以量化员工阶段性工作成果”对商业银行人力资源管理创新和转型提出了更高要求。此外，还有部分银行家认为“同事间双向反馈效率降低，工作沟通与协调速度减慢”（38.4%）和“员工家庭与工作界限模糊，给工作投入带来困扰”（35.7%）等也一定程度上给银行业推行混合制灵活办公带来挑战。

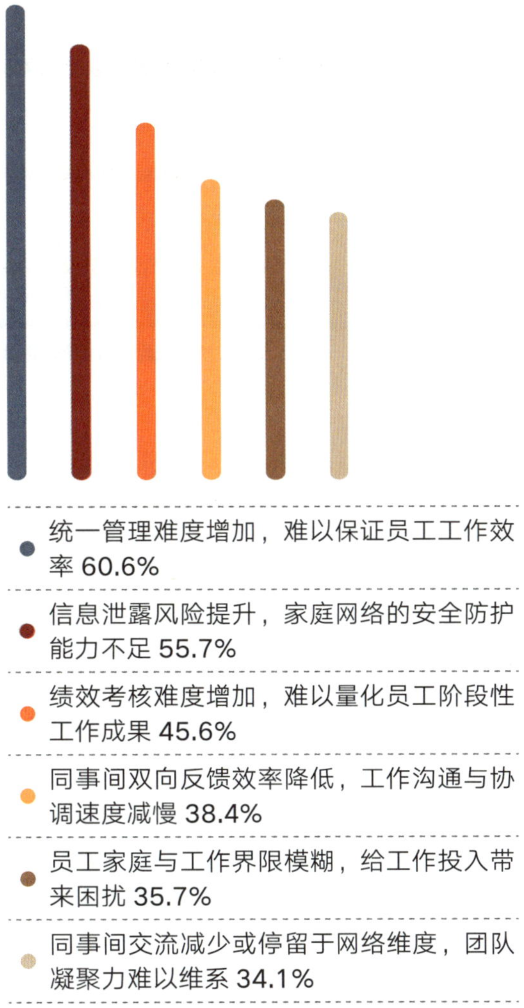

图4-13 中国银行业推行混合制灵活办公模式的难点

为进一步衡量银行业推行混合制灵活办公模式的可行性，积极应对该办公模式给银行业人力资源管理带来的挑战，银行家提出一些解决方案。调查结果显示，超七成的银行家认为应当“建设和完善人力资源数字化管理平台和协同办公工具，提升办公智能化水平”（74.7%），其次是“尽可能量化各项工作目标，精细化管理员工的工作效率和劳动定额”（57.0%）和“提高员工绩效考核与精细化管理机制的匹配度，例如将员工工作目标完成度与绩效奖金深度挂钩”（54.3%）。此外，“建立适当的居家办公考勤机制，包括打卡考勤、工作纪律、定期工作汇报等形式”（38.2%）、“建立刚性的信息双向反馈机制，提升员工部门间或跨部门的沟通与协调效率”（37.6%）也为提升混合办公人员办公效率和完善便捷化办公提供了保障。

图4-14　提升混合制灵活办公模式下的人力资源管理效率

八、多数银行家认为信贷类资产占比将进一步上升，结构性存款作为负债持续下降或与上年持平

党的二十大对经济金融工作作出新部署、提出新要求，要继续保持货币信贷总量合理增长，维护币值稳定，加大金融对稳经济大盘重点领域支持力度，促进经济高质量发展。调查结果显示，选择所在行贷款类资产配置比重将上升的银行家占比为74.9%，超半数银行家认为长期股权投资、现金和存放人民银行资产、衍生金融资产及同业存单投资未来一年资产占比与2021年持平。

近年来，监管部门持续规范存款业务创新，优化存款利率监管机制，存款市场发展秩序向好。调查结果显示，分别有67.6%、58.0%和43.5%的银行家认为未来一年活期存款、定期存款和大额存单的比重将上升。结构性存款从阶段性压降转入常态化规范管理，全国性大型商业银行减少了相关产品发行，同时下调结构性存款利率，26.9%的银行家预期未来一年结构性存款作为负债会进一步下降。

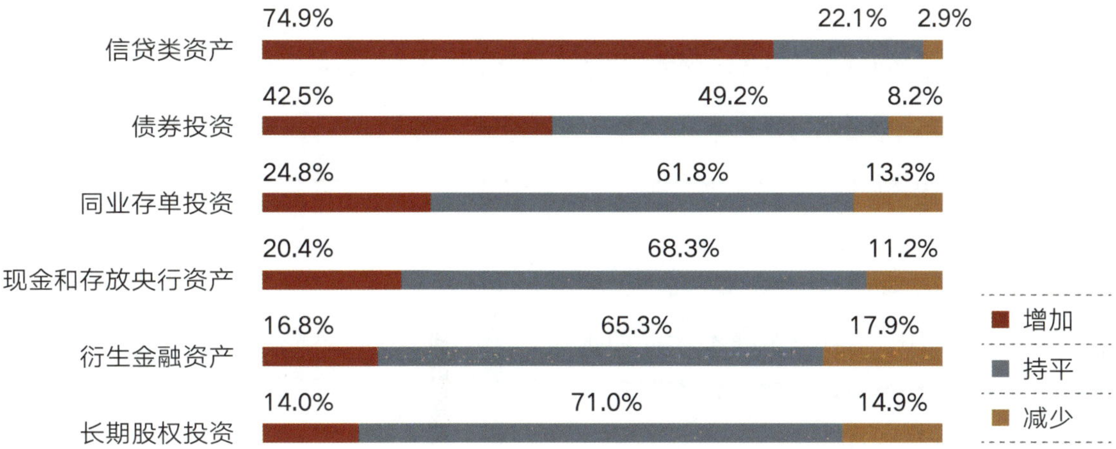

图4-15　未来一年中国银行业资产配置比重变化图

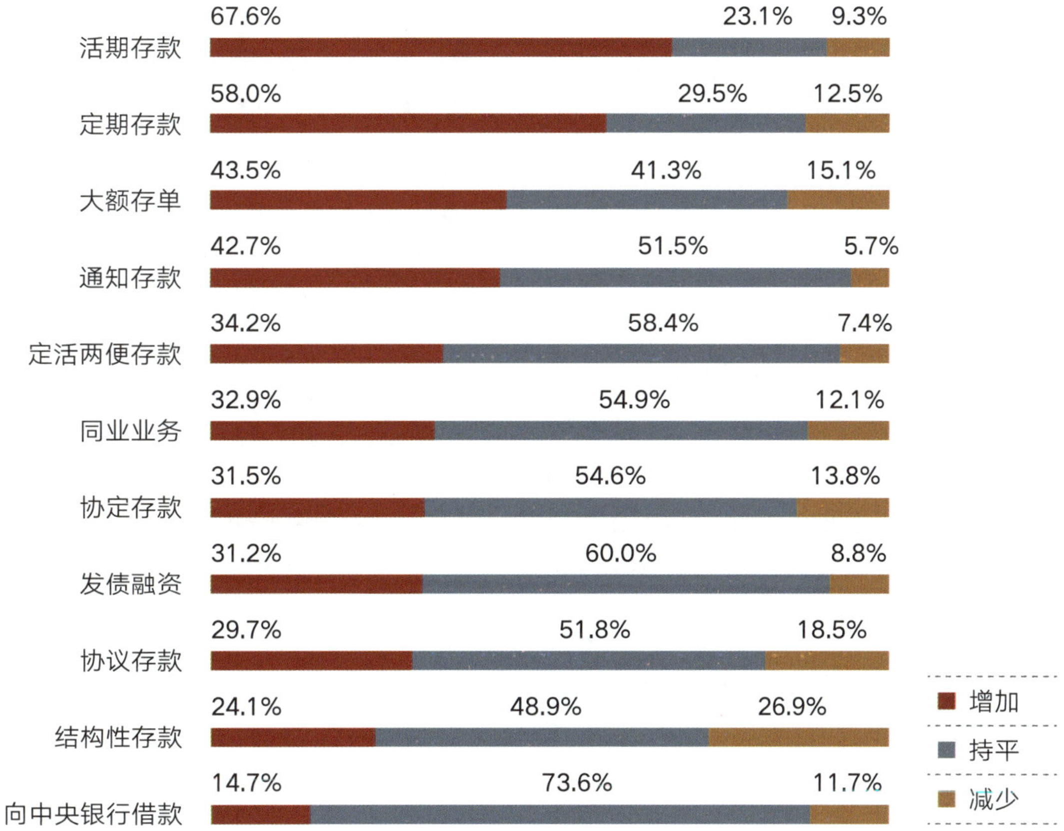

图4-16　未来一年中国银行业负债来源比重变化图

九、银行家加大金融工具创新力度，多措并举提高资本补充能力

近年来，面对资本监管不断加强，为了缓解资本压力，金融政策在不断推动永续债、二级资本债等新型资本补充工具的创新，以支持银行通过多渠道补充资本。关于银行资本工具创新方向，三至四成的银行家选择通过发行转股型一级资本债券（39.0%）、减记型一级资本债券（35.8%）补充一级资本。除此之外，得益于政策支持力度较强，永续债虽起步较晚但发展迅速，超两成银行家表示将通过发行减记型永续债（23.9%）及转股型永续债（22.0%）进行资本补充。

近年来，银行业因行施策以健全可持续的资本补充机制。调查结果显示，提高资产质量控制能力（60.9%）、向轻资产业务结构转变（55.2%）是大部分银行家认为未来提升资本补充能力的主要努力方向。除此之外，超三成银行家认为需要合理平衡资产规模增长带来的收益与资本损耗（36.1%）、灵活调整利润留存机制（34.4%）。

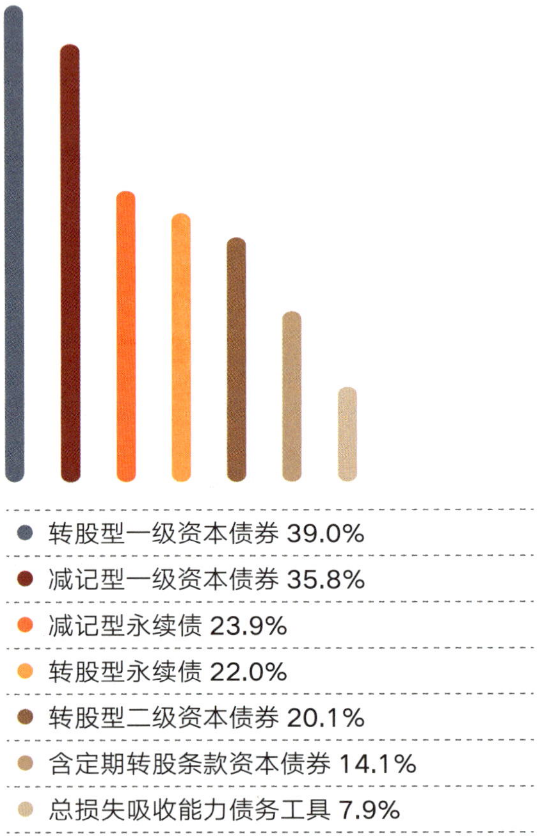

图4-17　银行未来对资本工具的创新拓展方向

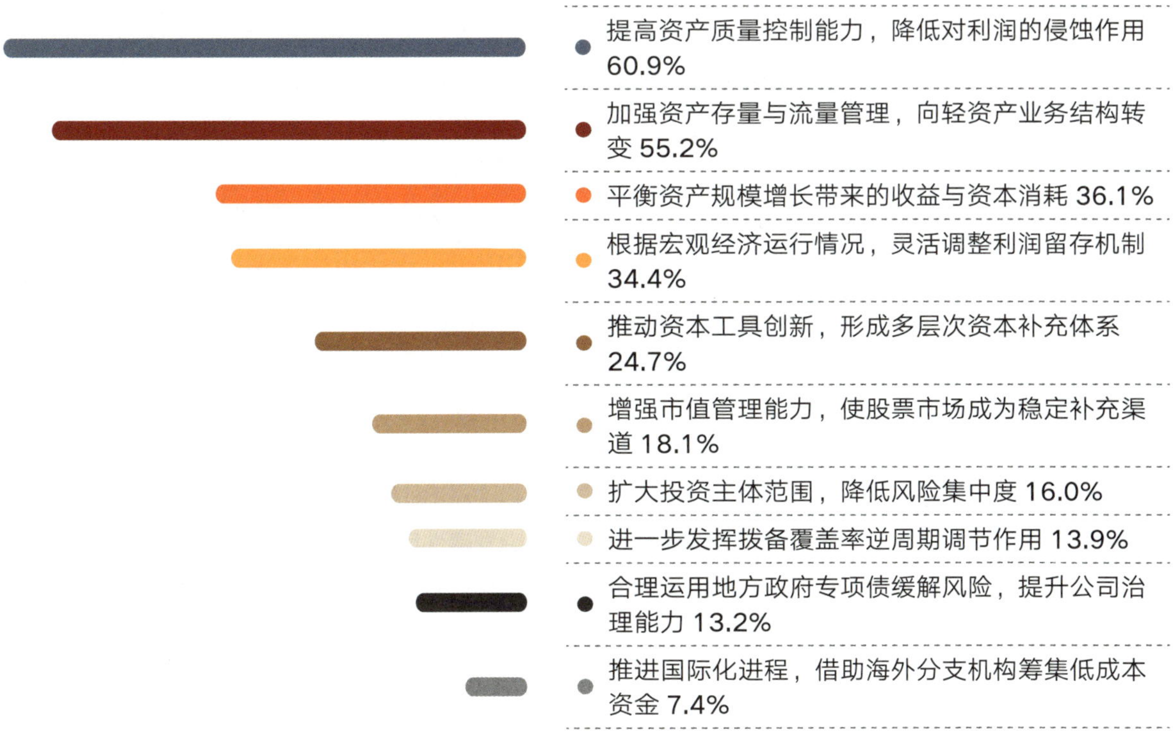

图4-18　银行提高资本补充能力的举措

十、超四成银行家认为产品资金成本难以被量化分摊为FTP主要应用难点

为达成科学评价绩效、进一步优化资源配置，并通过合理引导定价等方式集中管理风险，部分银行开始实行内部资金转移定价（FTP）管理模式。调查结果显示，产品资金成本难以被量化分摊（46.7%）、现有FTP定价机制市场化程度不高（39.1%）以及司库集中管理与各分行自主管理存在利益冲突（36.0%）是目前主要的应用难点，未来尚需逐步发展优化。

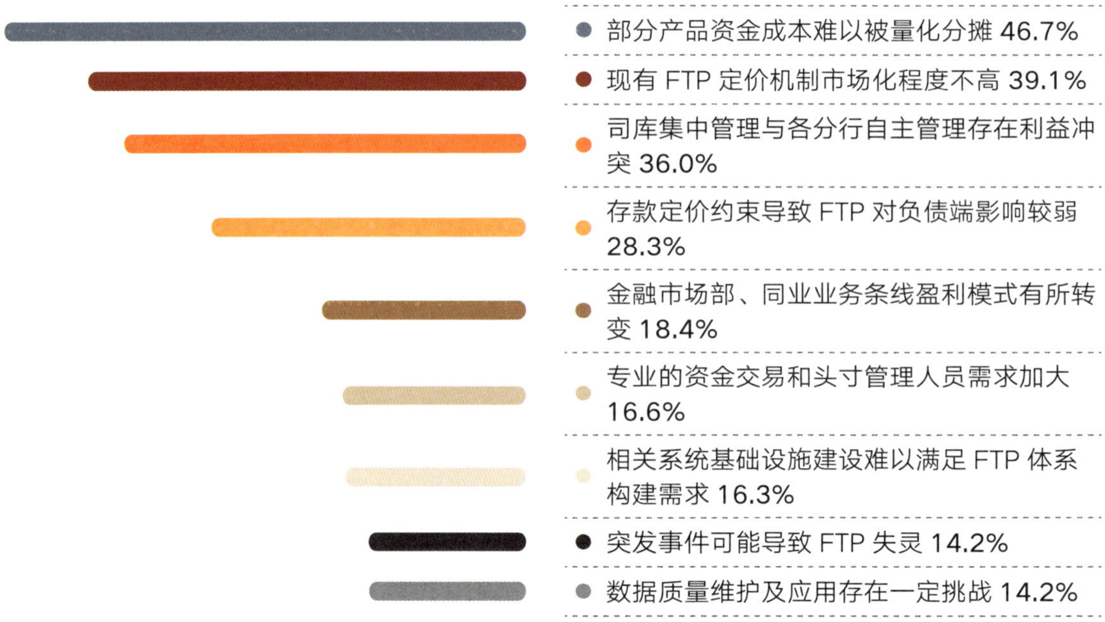

图4-19　银行实行FTP应用难点

第五部分

金融科技

党的二十大报告指出，“加快发展数字经济，促进数字经济和实体经济深度融合”。2022年初，监管机构先后出台《金融科技发展规划（2022—2025年）》和《关于银行业保险业数字化转型的指导意见》，擘画了银行数字化转型的蓝图，引领和指导金融科技发展。

银行家普遍认为2022年中国银行业正沿着蓝图，在金融科技方面持续投入，但财务投入和人力投入相较2021年略有下降；将大数据发展战略和云化基础设施管理作为提升数据能力建设和科技能力建设的重点；以跨职能、跨部门、跨条线的任务型团队打造敏捷化创新体系，快速响应用户金融需求；同时，金融科技风险管理关注度提升：外包集中度风险、供应链风险等跃居银行与三方科技公司合作时的首要考虑因素；提高风控模型开发能力、明确商业模式等被选为探索开放银行的主要挑战。

一、银行家认为近三年金融科技投入占营业收入比重有所回落

在银行业数字化转型推进过程中，银行业对金融科技整体持续投入，但相较2021年，2022年，金融科技投入占营业收入比重、金融科技人员占总人数比重两个主要数据调查结果略有下降，呈现冲高回落的态势。这点可能与银行过去几年普遍启动数字化转型、启动重大项目，2022年逐步走向数字化转型平稳状态有关。

调查结果显示，2022年，整体上金融科技投入占比在3%~5%（不含）区间最为集中，为24.6%。超六成（66.6%）银行家表示其所在银行近三年金融科技投入占营业收入比重超2%。这一数据从2020年的60.7%增长到2021年的75.8%，而2022年较2021年下降9.2个百分点，出现下滑现象。金融科技投入占比达到5%以上的数据从2020年的16.9%，增长到2021年的25.5%，2022年回落至19.4%。2022年比例达到10%以上的数据占比为5.9%，较2021年的8.2%亦有所回落。

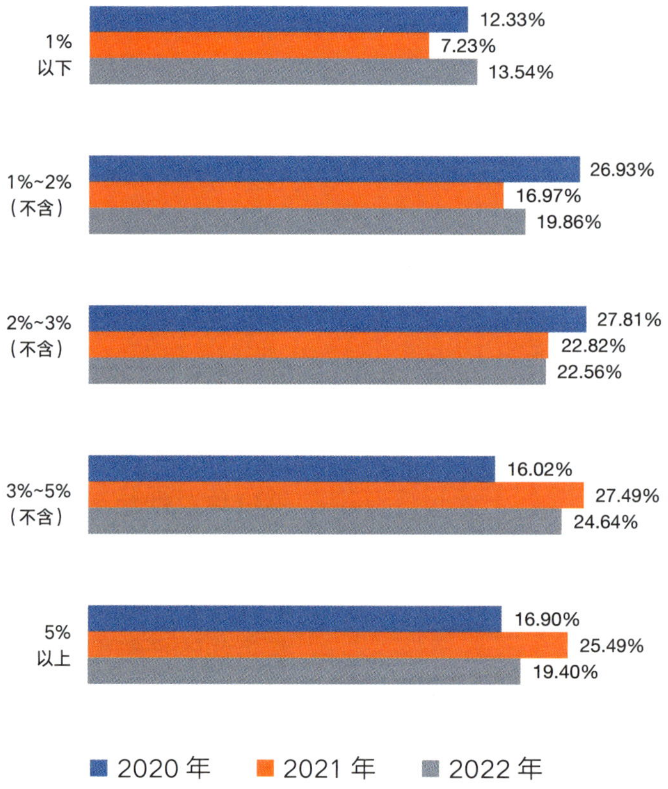

图5-1　近三年银行金融科技投入占营业收入比重纵向对比

二、银行家认为本行金融科技人数[①]占总人数比重略有下降

伴随银行业对金融科技投入水平下降的还有金融科技人数在员工总数比重的回落。调查结果显示，2022年，约七成银行家（70.2%）表示本行的金融科技人数占员工总数比重不低于2%，低于2021年的78.7%。较高人数投入的数据也出现下滑，科技员工占比在8%~10%（不含）的为6.1%，较2021年的7.5%略有下滑；占比超过10%的为4.9%，低于2021年的5.7%。2022年金融科技员工占总数比重在2%~4%（不含）区间最为集中，为30.7%，与2021年相仿。科技人数占比不足2%的比例增加，从2021年的21.3%跃升至2022年的29.8%。

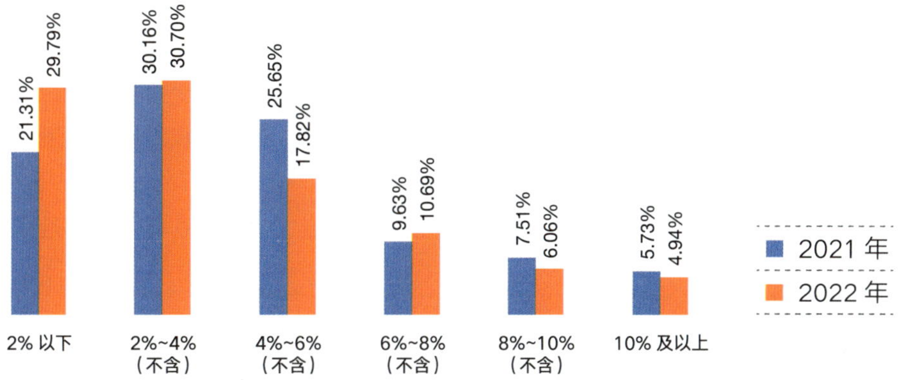

图5-2　银行金融科技人数占员工总数比重纵向对比

近五成银行家认为应通过任务型团队促进建立敏捷化创新体系。数字化程度持续提升促使用户的金融需求更加个性化、高频化和即时化，商业银行必须积极构建敏捷化创新体系快速响应市场和客户需求，加快金融科技创新成果转化。调查结果显示，49.5%的银行家认为应通过建立跨职能、跨部门、跨条线的任务型团队促进敏捷化创新体系的形成；41.1%的银行家认为应探索扁平化、网格式金融科技创新管理模式；约1/3的银行家认为"科学设置技术与业务相融合的岗位与部门（34.5%）"、"建立能够快速响应需求的敏捷研发运维体系（33.2%）"和"建立技业联动、前中后台协作、决策与执行相统一的

① 本章的金融科技人员仅包含母公司科技人员数量，不含子公司和兄弟公司。

企业级内部创新协同网络（31.1%）”是构建敏捷化创新体系的重要举措。相较而言，银行家对于通过“建立健全拨备资金、保险计划等创新风险补偿机制（3.8%）”构建敏捷化创新体系的认可度较低。

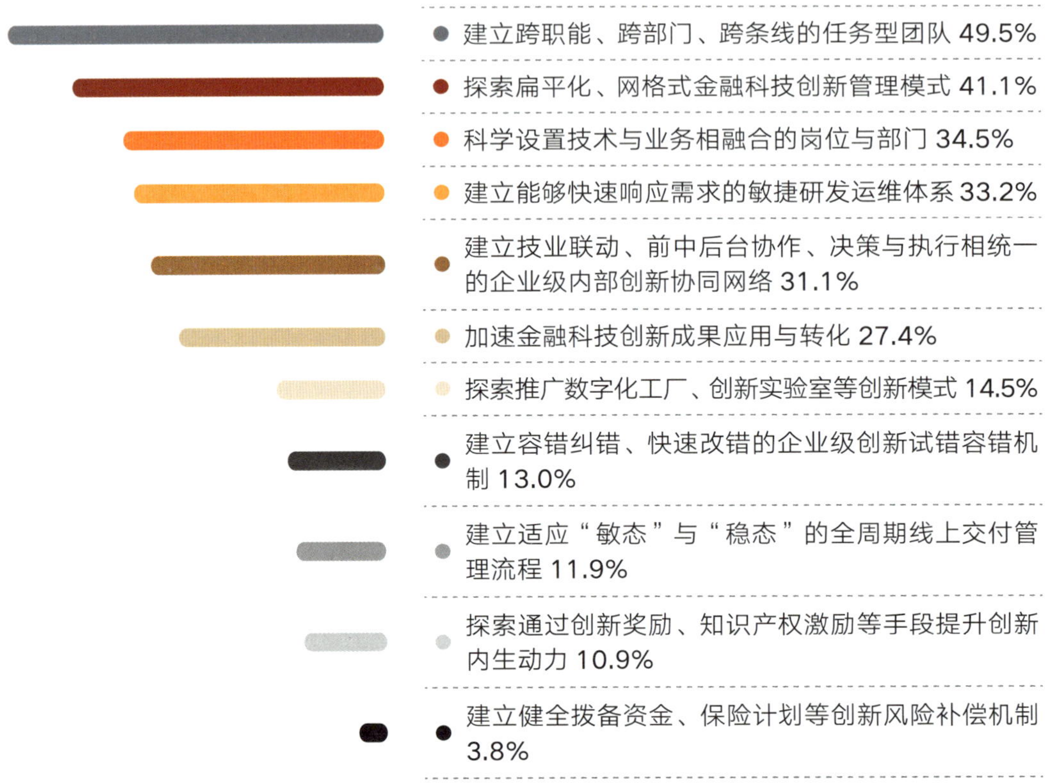

图5-3　构建敏捷化创新体系的举措

三、关注大数据技术的银行家占比最高，超四成银行家认为场景金融是金融科技最重要的应用领域

各家银行在金融科技关键底层技术的布局力度持续加码，以5G、人工智能、区块链、云计算、大数据、边缘计算（“5ABCDE”）为代表的前沿科技与金融业务深度融合，推动了商业银行的创新与发展。调查结果显示，大数据技术连续三年成为银行家最关注

的技术前沿（44.1%）；移动通信技术［5G技术、NFC（近距离无线通讯）技术等］的关注度（38.9%）由2021年的第四位跃升至2022年的第二位；云计算的关注度（34.5%）仍保持第三位。除此之外，银行家对开放接口技术（API、SDK、H5）（30.3%）、区块链技术（29.5%）与人工智能技术（28.8%）也保持一定的关注度。相较而言，银行家对量子科技（10.3%）、物联网（9.5%）、基于位置的服务（LBS）（6.3%）、社交网络（4.7%）等技术的关注度较低。

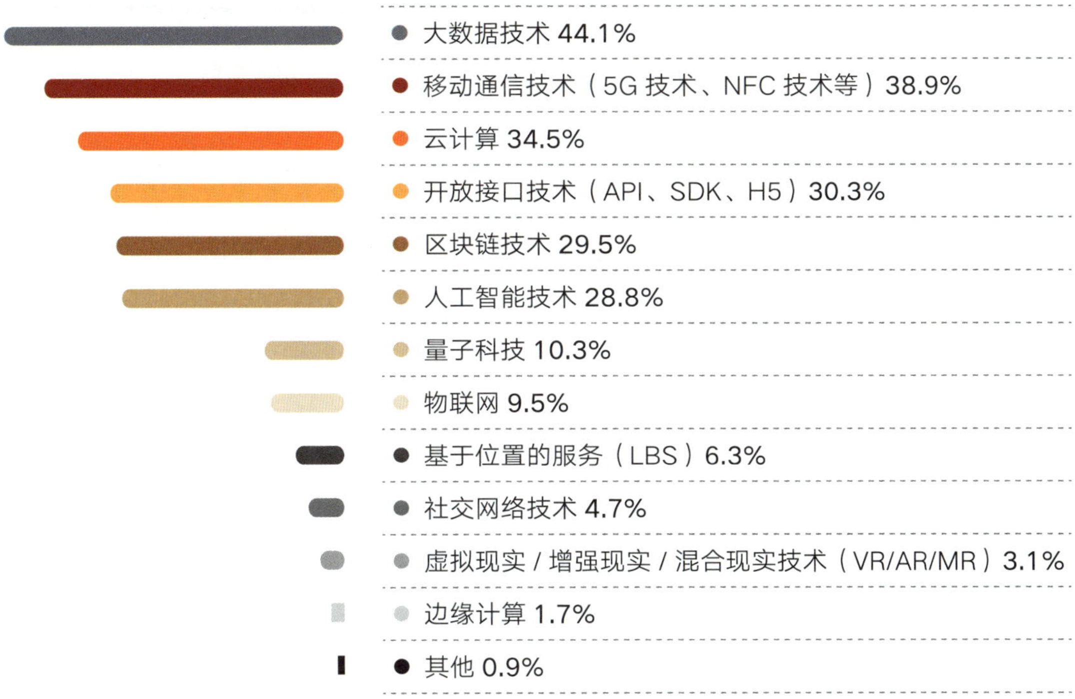

图5-4　银行家重点关注的金融科技技术

对于整体关注度较高的前五类技术，各类型银行的关注点存在一定差异。分银行类型来看，对于大数据技术普遍接受度较高，外资银行、开发性金融机构和政策性银行、城市商业银行和民营银行、全国性大型商业银行、全国性股份制银行、农村商业银行，关注度分别为60.5%、52.4%、49.6%、48.7%、48.1%、36.2%。对于云计算技术关注度最高的全国性大型商业银行和外资银行，关注度分别为47.6%和47.4%；外资银行和全国性股份制银行对区块链技术保持较高关注，关注度分别为50.0%和40.6%；农村商业银行、城市商业银行和民营银行对移动通信技术（5G技术、NFC技术等）保持较高关注，关注度分别为46.3%和40.9%；全国性股份制银行和外资银行对开放接口技术（API、SDK、H5）保持较高关注，关注度分别为34.5%和34.2%。

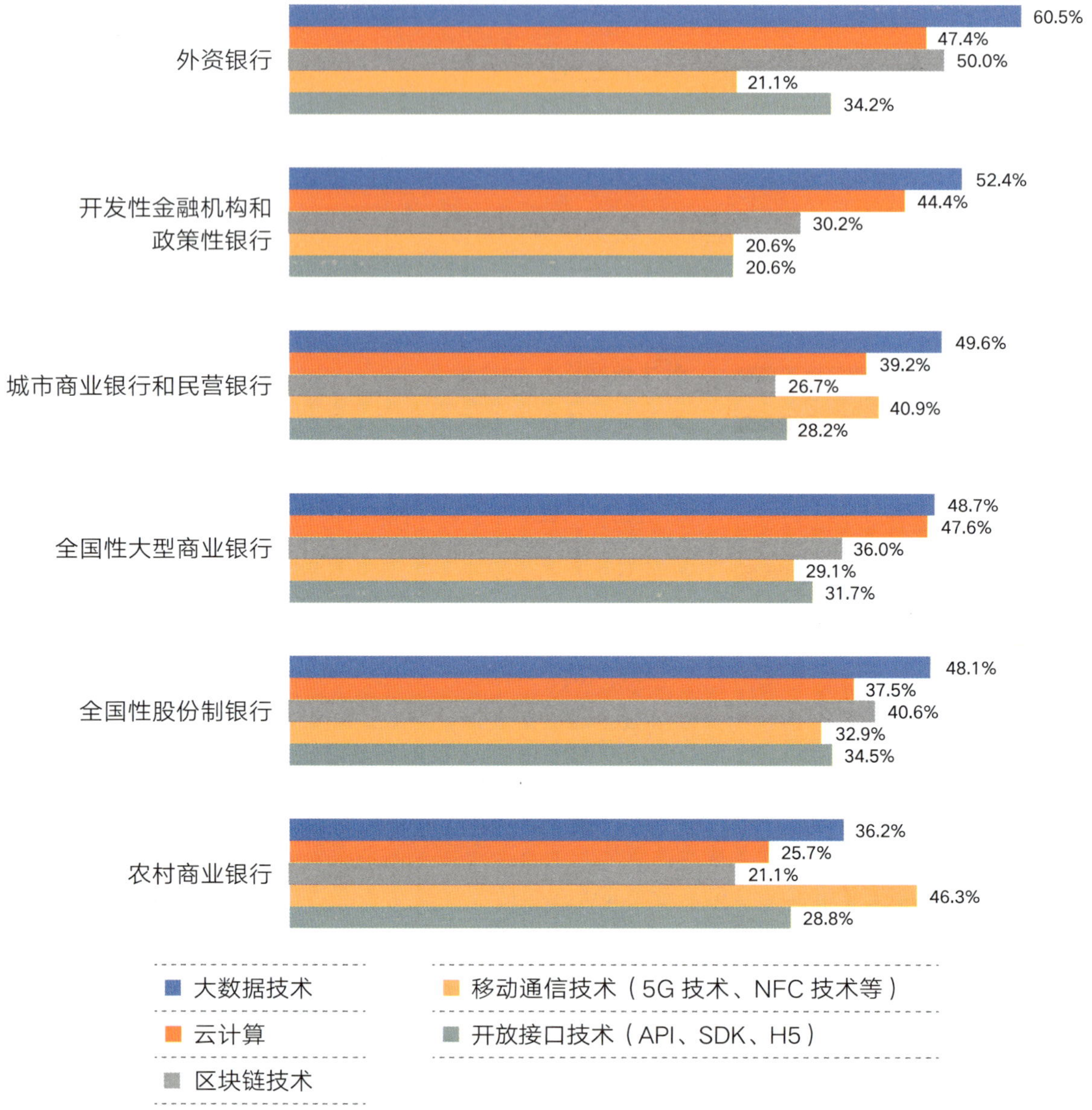

图5-5　不同类型银行重点关注的金融科技技术

在金融科技应用领域方面，越来越多的银行尝试探索金融场景化布局。调查结果显示，44.9%的银行家认为场景金融是金融科技最重要的应用领域。除此之外，小微金融（33.4%）、移动支付（29.6%）、直销银行（25.9%）、大数据风控和反洗钱（24.2%）也是金融与科技融合的重要领域。相比而言，银行家认为金融科技在合规管理（6.0%）、贸易金融（4.9%）、智能投顾（3.0%）、私域流量运营（0.7%）领域的应用程度相对较低。

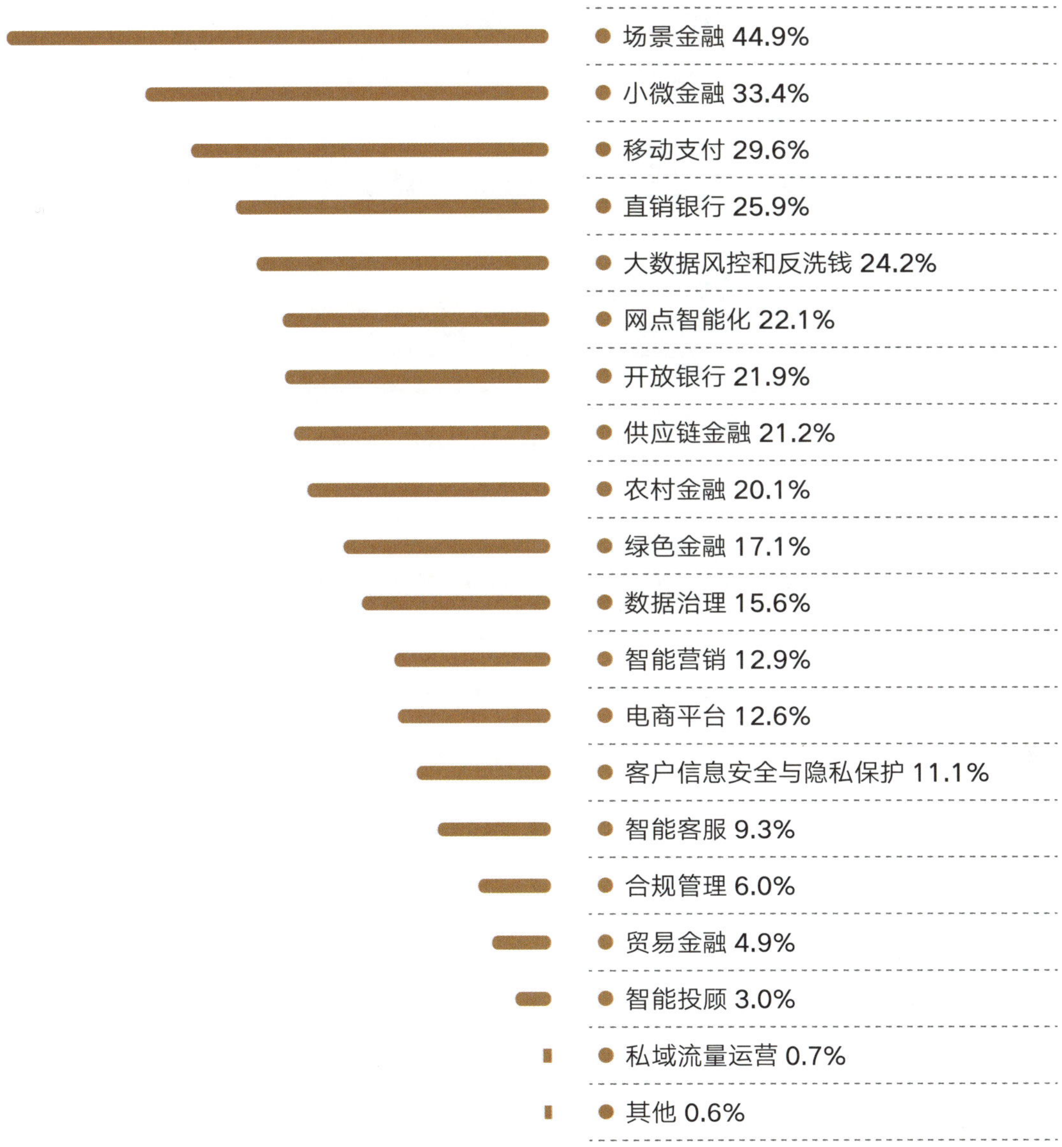

图5-6　金融科技重点应用领域

不同类型银行由于体量大小和展业范围不同，自身的发展环境、战略规划、资金实力等方面也不尽相同，因此，对金融科技应用领域的探索表现出一定的差异性。调查结果显示，开发性金融机构和政策性银行重点将金融科技应用于数据治理（52.4%），而全国性大型商业银行（72.0%）、全国性股份制银行（50.7%）、城市商业银行和民营银行（44.1%）均将场景金融作为金融科技重点应用领域，农村商业银行重点关注金融科技在小微金融（39.8%）领域的应用，外资银行重点关注金融科技在大数据风控和反洗钱（47.4%）领域的应用。

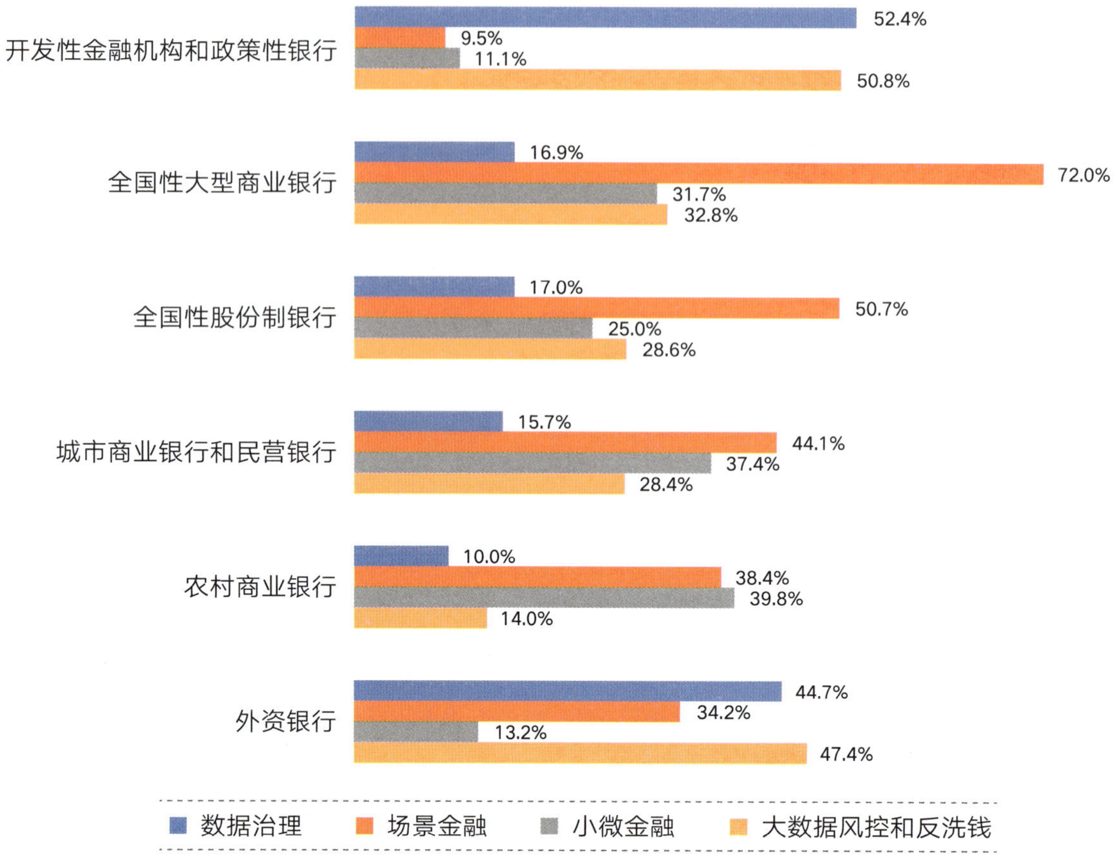

图5-7　不同类型银行金融科技重点应用领域

四、银行家认为数字人民币最大机遇是降低银行日常经营成本，最大挑战是数据安全与信息保护难度大

随着数字人民币试点进程逐步推进，“2.0”流通层运营机构[①]持续创新各类特色化场景，更多“2.5”层合作机构[②]相继接入数字人民币系统并推动各类应用场景落地。在

① “2.0”流通层运营机构指官方指定的数字人民币运营机构。

② “2.5”层合作机构指依托运营机构的数字人民币钱包，从而参与数字人民币的推广、流通的金融机构。

数字人民币应用和推广的过程中，银行业面临许多机遇和挑战。调查结果显示，主要机遇中位列前三位的分别是：显著降低银行日常经营成本[①]（49.7%）、降低反洗钱风险（43.6%）和推动IT技术在安全存储方面的应用（38.8%）。除此之外，还包括拓展和丰富业务场景和业务类型（31.6%）、增加获客量（24.8%）和提升客户黏性（22.9%）等。

在商业银行应用推广数字人民币面临的众多挑战中，位列前三位的分别是：数据安全与信息保护难度大（43.5%）、现有技术难以支撑数字人民币大范围使用（40.5%）和用户观念与习惯难以快速转变（39.2%）。还有部分银行家认为研发投入成本高风险大（30.9%）、应用场景构建任务繁重（30.3%）、移动终端环境构建尚未成熟（25.1%)和数字人民币监管体系尚待完善（21.8%）同样是商业银行应用推广数字人民币的掣肘之处。

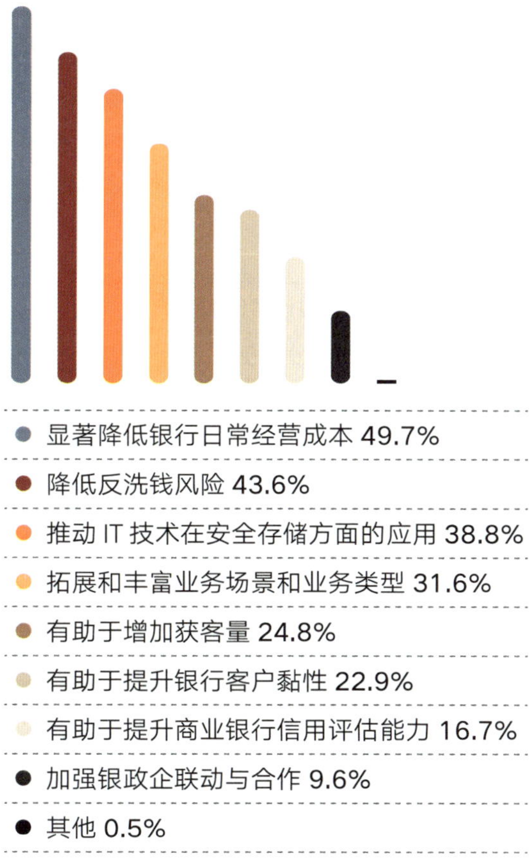

图5-8 数字人民币为商业银行带来的发展机遇

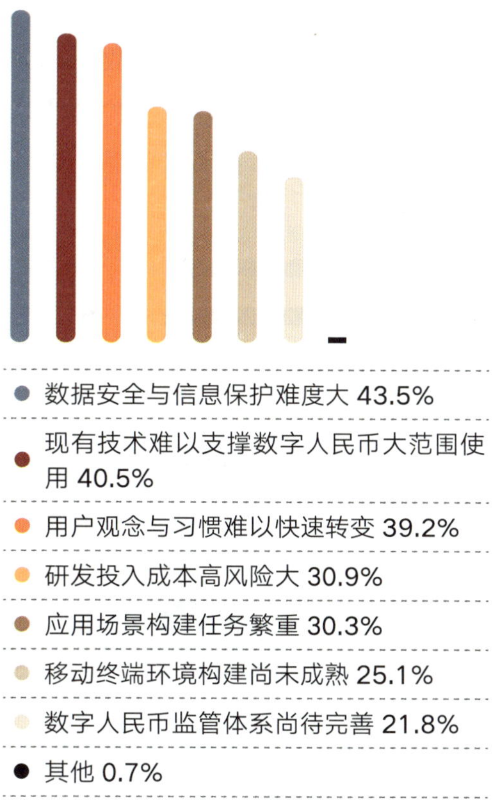

图5-9 商业银行在数字人民币的应用推广过程中面临的挑战

① 一般认为，数字人民币因其非物理实体性，能够在现金的收付兑换、运输转运以及保管环节减少费用支出，从而降低商业银行日常经营成本。

五、银行家关注数据治理和数据中心基础设施建设

数据作为一种生产要素，对其进行全方位的治理、管理及应用，将促进释放数据潜在价值。科学技术的发展提高了数据处理的效率，进一步推动数据成为关键生产要素。因此，银行业作为数据密集型行业，数据能力和科技能力尤为重要，是打造数字银行新优势的重要着力点。

银行家结合自身数字化发展要求，在以下重点方面开展数据能力建设。在治理体系上，银行家认为主要应完善大数据发展战略及其配套的组织建设（46.4%），同时健全数据治理的检查、监督与问责等考核评价机制（36.3%）；在数据管理能力上，银行家认为重点应实现全域数据的统一管理、集中开发和融合共享（45.0%）；在数据应用能力上，银行家看中提高大数据分析在业务、风险、管理等方面的应用能力（35.0%）。

图5-10 加强数据能力建设的重点

调查结果显示，银行家在加大数据中心基础设施弹性供给、推动科技管理敏捷转型、提高科技架构支撑能力等三个方面多个细分领域重点发力建设自身科技能力。在数据中心基础设施弹性供给方面，银行家最重视构建和加强“‘前端敏态、后端稳态’运行的虚拟化、云化基础设施管理”（46.1%），关注谋篇“具有持续和弹性供给能力的数据中心布局”（39.2%），着力提高基础设施资源弹性和持续供给能力；在科技管理敏捷转

型方面，30.0%的银行家关注建立“快速响应需求的敏捷研发运维体系”，下功夫推动科技管理转型；在科技架构支撑能力方面，29.8%的银行家注重推进“传统架构向分布式架构转型”，26.0%的银行家注重打造“共性业务功能标准化、模块化的企业级业务平台”，可见提高科技架构支撑能力工作同样备受关注。

图5-11　加强科技能力建设的重点

六、近六成银行家认为培养人才队伍是银行数字安全生态建设重点

在银行数字化转型背景下，数字安全成为银行业面临的新挑战。中国人民银行印发的《金融科技发展规划（2022—2025年）》指出“践行安全发展观，运用数字化手段不断增强风险识别监测、分析预警能力，切实防范算法、数据、网络安全风险，共建数字安全生态。”关于建设银行数字安全生态过程中面临的挑战，多数银行家认为“缺乏信息安全管理复合型人才”是其面临的首要问题（35.5%）。同时，“缺乏防范信息数据被内部泄露的机制和工具”也是银行数字安全生态建设过程中的一大挑战（34.4%）。此外，31.6%的银行家关注“大数据场景下数据加密难度增加”，大数据场景下数据总量急剧增加，数据多渠道汇聚融合，信息所处环境变得更加复杂，数据类型更加多样化，这对数据加密提出了更高的要求。

关于建设银行数字安全生态，银行家主要聚焦于人才队伍、基础设施以及技术手段等方面。58.4%的银行家认为推进数字安全生态的重点是加快推进信息安全管理人才队伍建设。《金融科技发展规划（2022—2025年）》中提出要“做好金融科技人才培养”，传统人才培养难以满足银行数字化转型需求，搭建专业的信息安全管理人才队伍是银行实现数字化转型的核心动力。50.5%的银行家认为应当“夯实网络安全基础设施建设”，通过完善数字基础设施来保证数字经济的平稳运行。此外，银行家通过技术手段建设银行数字安全生态，29.1%的银行家认为应当“提升敏感重要数据加密保护技术水平”，25.7%的银行家表示应“充分运用新技术应对新型信息安全问题”。

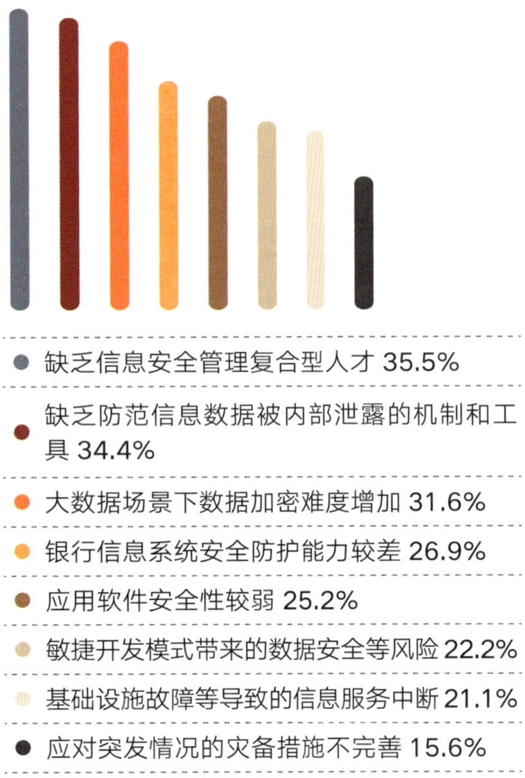

图5-12 银行数字安全面临的挑战

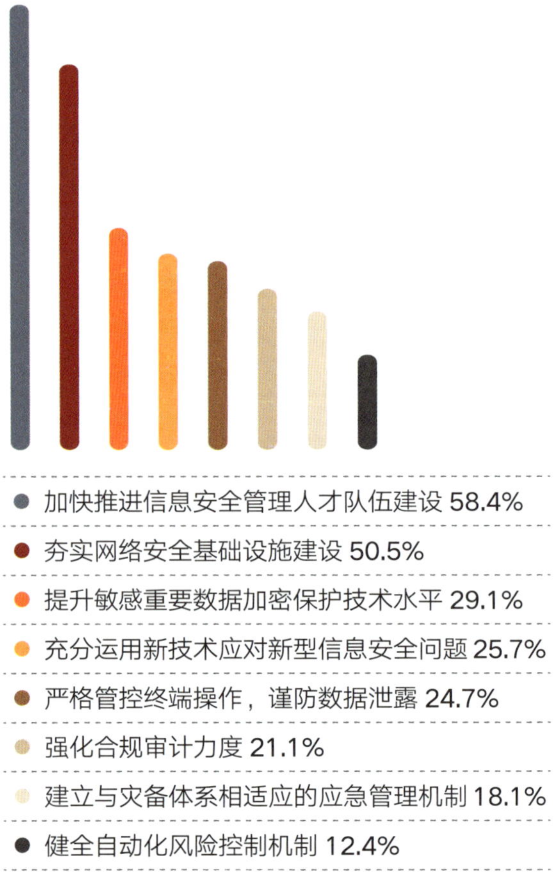

图5-13 建设银行数字安全生态的重点措施

七、近五成银行家认为模型开发能力与商业模式是建设开放银行面临的重要挑战

银行家持续关注开放银行风险和价值产出，认为推进开放银行最大的挑战在于风控模型开发能力不足、商业模式不明晰。调查结果显示，43.8%的银行家认为“风控和模型开发能力弱”是首要问题，开放银行需要利用开放API技术实现银行与第三方之间数据共享，在提升金融服务效能的同时，安全风险敞口也随之变多，这要求银行对风控系统及模型进行修正与调整，建成完整配套的安全体系。同时，不够明确与成熟的商业模式也是重要挑战（42.5%），从银行类型来看，持有该观点的银行家主要来自于农商行（42.8%）与全国性股份制银行（26.6%），来自城商行与民营银行的银行家占比17.3%，来自全国性大型商业银行的银行家占比10%，说明农商行在明确开放银行商业模式上面临更大的挑战。

开放银行“数据开放共享边界模糊”问题不再突出，关注度由2021年的排名第一（50.2%）降至2022年的排名第四（28.5%）。此外，36.7%的银行家认为“自建平台系统技术不足”也是建设开放银行过程中面临的一大问题，对于技术相对薄弱以及资金支持相对不足的中小银行，自建API平台对其技术储备提出了更高要求。

随着技术与金融的逐渐融合，发展场景金融是银行变革的重要方向。场景金融将金融服务融入各类金融场景，更直接高频地触及客户。关于拓展金融场景面临的挑战，超半数银行家认为“金融场景的技术迭代速度有待提升”（50.4%），金融场景的建设要求技术更新迭代快，但当前银行在技术迭代过程中往往审批流程较长，在提高响应市场需求的速度上有较大提升空间。同时有39.4%的银行家认为“权益保护审慎性与服务便利性不平衡”，各大银行仍需探索如何在保护金融消费者权益的同时，实现对金融场景的高效运营。30.1%的银行家认为“金融与非金融业务风险隔离不到位”，目前金融场景拓展过程中各方责任有待更清晰界定、业务管理边界需更加明确，尚未实现严格的风险隔离。

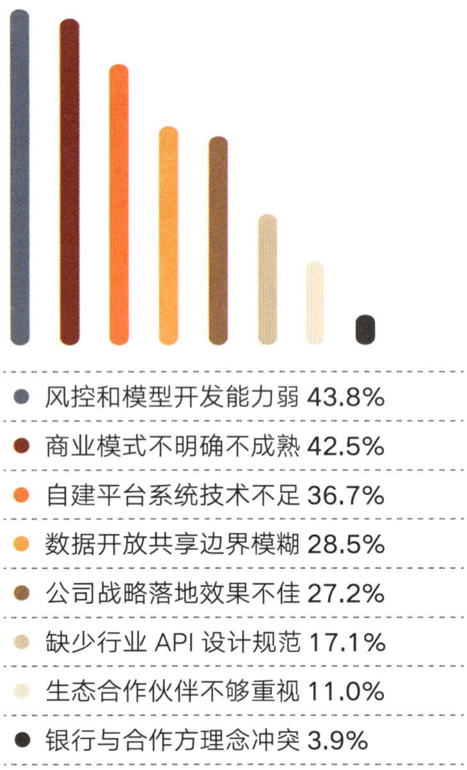

图5-14 建设开放银行面临的挑战

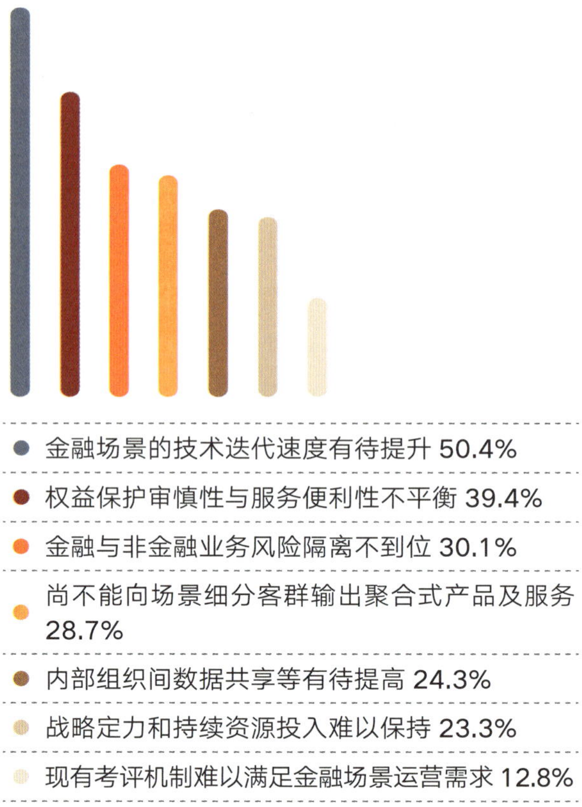

图5-15 拓展金融场景面临的挑战

八、超五成银行家认为与第三方机构合作时要考虑外包集中度风险、供应链风险

在数字化转型过程中，银行机构借助科技企业长项，持续开展外部合作，推动自身稳步转型。但近年来部分银行机构业务中断、敏感信息泄露等事件时有发生，一些领域外包服务提供商高度集中，形成行业集中度风险。监管部门高度关注并出台《银行保险机构信息科技外包风险监管办法》，弥补短板、强化监管，银行机构亦适时作出行为调整。

调查结果显示，银行家普遍迅速适应监管要求，在与第三方机构合作时最优先考虑外包集中度风险、供应链风险（51.5%），致力于做好业务连续性规划和应急管理，保障关键外部合作方的可替代性。银行家对外部公司的科技实力（40.6%）、风控措施（35.7%）较为重视，对外部公司的项目实施经验（33.5%）与后续运营服务质量（21.0%）亦有相当考量。

多数银行家已对提升银行信息科技水平的迫切诉求形成了共识，正积极扩展信息科技外包业务。调查结果显示，20.8%的银行家认为将在未来三年显著增加信息科技外包业务范围和人员规模，认为将稳步增加外包力度或保持现有水平的银行家分别为48.7%和25.3%。

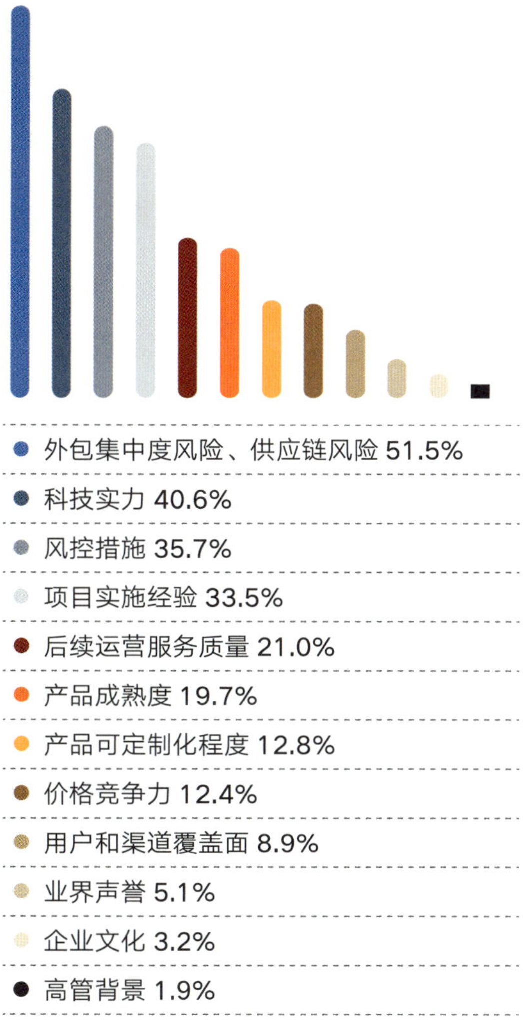

图5-16　银行对外部公司关注的重点

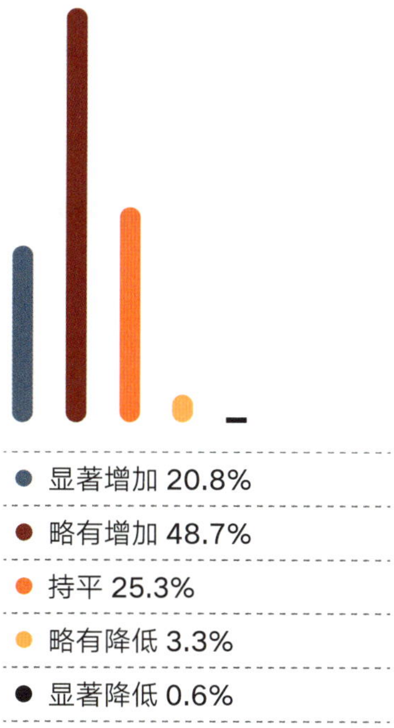

图5-17　未来三年信息科技外包的业务范围和人员规模变化

银行家谈隐私计算问题

一、课题组：银行业发挥着数据生产要素的作用，平衡好金融数据融合应用与数据安全保护两者关系这一问题近年来受到监管和业界的广泛关注。人民银行2022年初发布了《金融科技发展规划（2022—2025年）》，提出要探索建立跨主体数据安全共享隐私计算平台，在保障原始数据不出域前提下规范开展数据共享应用。您认为银行业看中了隐私计算技术的哪些具体优势，它满足了银行的哪些现实需求？

常征（中国建设银行数据管理部副总经理）：近年来，金融行业监管部门高度重视个人金融信息保护工作，严格要求商业银行落实数据安全法律法规和标准规范要求，明确需在用户充分知情的前提下开展数据收集使用，避免数据过度误用、滥用。隐私计算技术在当前数据监管体系下有着先天优势，能够保障在共享数据的过程中原始数据不出域，确保数据交互安全、使用合规、范围可控，实现数据可用不可见，促进数据的有序流动，充分释放数据潜能。

目前应用隐私计算技术可以主要实现的需求有：

一是联合风控，包括金融机构间的数据合作风控、金融机构同政务数据的合作风控、金融机构同运营商的数据合作风控、金融机构同互联网公司的数据合作风控。

二是联合营销，包括金融机构间的数据合作精准营销、金融机构同政务数据合作精准营销、金融机构同运营商数据合作精准营销、金融机构同互联网公司数据合作精准营销。

三是智能运营，包括集团内不同子公司互通实现智能运营等。

四是反欺诈，包括风险名单共享等。

郭汉利（中国建设银行金融科技部副总经理）：数据作为重要生产要素，更是银行业的重要资产。隐私计算技术是近几年被广泛关注，并逐步认可为趋于成熟的、可推广应用的数据安全类技术，用于数据共享交换等应用场景，促进数据要素的流通使用，同时又能有效地保护数据隐私安全，兼顾了安全与发展。隐私计算技术包括联邦学习、多方安全计算等技术，通过同态加密、秘密分享等方式，实现联合查询、联合运算、联合建模多种核心数据融合功能，支持机构间的数据隐私共享及不同金融场景的应用建模，实现数据可用不可见，既保证了数据安全又能促进数据融合共享。在场景应用上，隐私计算可以应用在金融行业的智能风控、智能营销、智能运营、隐私查询、供应链金融、反洗钱、反欺诈、集团内数据共享等方面。

陈海宁（上海浦东发展银行信息科技部总经理）：近年来，随着大数据、人工智能、云计算等数字技术的蓬勃发展，全球数据体量已进入指数级增长阶段。国家《“十四五”数字经济发展规划》指出，数字经济是继农业经济、工业经济之后的主要经济形态，是以数据资源为关键要素的新经济形态，数据资产正在逐渐演变成为国家的战略资源和核心能力。

然而，以数据资源为核心的数字经济在带来新机遇、新业态、新增长的同时，也面临着包括数据孤岛、隐私泄露、合规风险等在内的种种难题。在此背景下，隐私计算技术应运而生，这种将数据以密态形式在主体间流动和计算的合作模式，正在逐渐成为各行业数字化建设领域的核心竞争力。

相较于其他行业，银行机构对于数据安全以及相关技术的落地有着更高的要求，不仅需要实现数据可用性和安全性的科学平衡，又需要覆盖法律、管理、业务、技术等专业领域。结合浦发银行在数据生态合作方向上的实际业务需求，隐私计算的主要技术优势有以下三点：

1．打破数据孤岛，增强跨机构、行业协作

由于各机构的数据多集中于其专精领域，例如，浦发银行具备客户的金融属性、通信运营商机构具备客户的通信属性、政府部门具备客户的社会属性等，而对于其他维度的客户属性往往存在视野盲区。在当今对于风控水平、营销手段和场景化应用建设要求不断提高的情况下，通过隐私计算技术能够将科技直接作用于数据价值挖掘本身，为浦发银行及外部合作方提供安全的数据分析调研、数据价值共享及数据资产交易渠道，打破数据孤岛，拓展广域高价值数据，从而增强跨机构、跨行业的各类业务协作，实现多个合作方间的互惠共赢。

2．保护数据隐私，降低数据合作合规风险

目前，全球已有近100个国家和地区制定了数据安全保护相关的法律法规，而站在我国视角来看，2021年6月颁布的《中华人民共和国数据安全法》以及2021年8月颁布的《中华人民共和国个人信息保护法》无疑昭示了国家对于保护数据隐私和数据安全的决心。

在金融业务场景中，数据隐私和数据安全也是银行业重点关注的问题，而以下三类主流的隐私计算技术从硬件层面和软件层面形成了一套完整可行的隐私计算技术体系，能够最大化降低数据合作的合规风险：

一是以多方安全计算为代表的基于密码学的隐私计算技术，可以实现在不泄露各方原始数据情况下，对隐私数据利用不经意传输、秘密共享等技术参与保密计算，多方协同完成隐匿查询、联合分析等约定运算任务。

二是以联邦学习为代表的人工智能与隐私保护融合衍生的技术，利用分散在各参与方的数据集，通过“数据不动、模型动”的模式，运用同态加密、差分隐私等技术，在各方数据不出域的情况下完成多方联合建模。

三是以可信执行环境为代表的基于可信硬件的隐私计算技术，在物理层面将可信计算的“安全区域”和“正常区域”完全分隔开来，精细地控制数据使用权、所允许的算法和使用方式等，杜绝敏感数据泄露。

3．探索业务创新，促进政银企数字化转型

浦发银行基于隐私计算技术，带动了多项跨领域企业数据合作，例如，与政府部门进行企业贷中经营状况评估、与通信运营商进行线上联合电信反欺诈、与互联网企业进行联合精准营销等合作等，突破性促进核心生产要素安全流通，减少因缺少外部维度客户属性所带来的视野盲区，解决数据获取难、安全共享难、数据分析和价值挖掘难等一系列行业、领域共性痛点。

同时，隐私计算技术作为一种通过封装数据、算法和场景形成综合产品的新型数据服务方式，使得数据提供者能够安全合规地与数据运营方展开合作，将数据纳入封装了技术、算法模型及多方数据的数据智能产品，进而向数据使用者提供数据智能产品的调用服务，达到多方共赢的结果。该模式能够在合规数据合作需求日益增长的情况下加速数据服务模式的变革，减少对明文数据的直接使用，减少各大平台对用户数据的过度采集或收集，有效推进数据密态下的价值发挥。由此，浦发银行积极完善数字经济领域多双边交流合作机制，助力政银企建设数字化智能应用体系，形成全域联合数字经济体，推动社会全面数字化转型。

目前，银行业对于隐私计算技术的应用仍在探索和试验阶段，在实践过程中逐步挖掘隐私计算技术带来的巨大业务潜能，为了能够快速推进创新成果有效转化，应贯彻落实“政、产、学、研、用”的理念，与高校、研究院、权威机构合作，达到金融创新业务突破的目的。

对于浦发银行而言，我们正在构建科研、教育、生产在隐私计算领域的协同集约模式，旨在不断扩充数据合作生态资源池：一是利用浦发银行自身专业的隐私计算自研团队，及时跟进业内最新技术动向、及时总结实践项目经验，不断对自研隐私计算产品进行迭代优化；

二是持续推进与各高校、研究院在隐私计算算法、性能、安全领域的深入研究。浦发银行未来将继续大力促进与金融科技企业在隐私计算技术对接和数据对接上的合作，深度打通隐私计算研究、开发、生产服务链路，积极完善数字经济领域合作机制，形成全域联合数字经济体。

二、课题组：以当前隐私计算技术水平，您观察它在银行机构的应用广泛程度如何？目前业界在哪些具体银行业务领域有较多应用实践？我们关注到贵行在2020年就已经运用联邦学习探索集团一体化建模，实现了银行与基金子公司之间金融产品的智能营销，贵行还运用多方安全计算和区块链，打造了信盟链—风险信息协同共享平台，请问贵行在诸多应用领域上有何独特心得？

常征（中国建设银行数据管理部副总经理）：当前隐私技术在我行主要应用在两方客户隐私求交、联合营销等场景。业界比较成熟的应用领域还有黑名单查询、联合风控等。目前各银行机构已从研究和探索阶段，逐步进入场景应用和落地实践中，随着各类国家以及行业标准和规范的出台和不断完善，落地的场景和应用一定会越来越广泛。

2020年，通过前期的研究和调研，结合集团内子公司和母行联合开展业务的迫切需求，建设银行启动了联邦机器学习的探索应用。由于建设银行与部分子公司客户范围重叠度高，数据维度各自都比较丰富，经过充分的前期论证，双方决定构建建行—子公司“母子联邦”，在不暴露各自隐私数据的前提下，融合双方数据进行模型训练和预测，生成精准营销客户清单，针对“速盈”产品开展营销。相对于之前的单边营销模型，联邦模型的客群响应率提升了34%，同时也满足了客户隐私数据的安全要求。本次“母子联邦”的构建，不仅加强了建行母子合作，推动产品的销售，还实现了隐私计算的试点落地，为未来建行与其他子公司以及外部公司开展安全数据合作建立了基础，也验证了隐私计算技术在联合营销场景中的可行性。

郭汉利（中国建设银行金融科技部副总经理）：从行业观察来看，隐私计算技术前两年在技术探索方面开展得如火如荼，同业基本都做了相关的技术概念验证测试，并通过小样本数据在部分应用场景上做了探索和尝试。目前，各银行机构多使用隐私计算技术应用在单一的业务场景中，如单一风控、营销、数据查询等。

建设银行高度重视隐私计算这一新兴技术的落地应用，打造了企业级数据共享安全计算平台，确保数据安全不出域、管理可控可追溯、操作行为防抵赖，试点应用后量子密码技术，提升平台抗量子攻击能力，满足了金融机构的强监管要求；通过模块化任务配置、数据和模型市场的智能产品货架的设计模式，促进不同业务场景下的数据融合应用。该平台独创了基于区块链的离线存证审计技术，实现了对任务数据、过程、结果以及配置等全流程数据可追溯，解决了信任与监管痛点；设计了算子可插拔的开放式架构，实现了异构隐私计算平台的互联互通，支持跨平台算子组合计算。

建设银行与建设银行子公司在2020年就创新探索使用隐私计算技术解决集团内部不同法人主体之间的数据交换的问题，通过企业级数据共享安全计算平台，利用隐私计算技术，融合子公司的基金交易信息和建设银行的客户信息，进行纵向联邦建模，有效提升了营销效果。

使用区块链技术和隐私计算技术构建的信盟链—风险信息共享平台主要是为了解决集团一体化中总行与子公司之间信息协同效率和安全性的平衡。平台构建数据可信共享、风险协同分析、穿透式数据监管三大功能，在保障客户信息安全的同时，高效共享各机构风险数据，全面识别隐藏风险，并在业务应用中进行全流程数据监督。

建设银行将积极探索新技术与业务应用领域的创新融合，持续发挥技术对业务的支撑作用，实现金融科技等三大战略。

王勇（中国建设银行风险管理部总经理）：结合业务场景特征和实际需求，信盟链产品从设计初衷，就始终贯彻落实习近平总书记讲话精神，紧跟监管政策导向，持续围绕促进数据共享、建设可信体系等，拓展信盟链应用场景，积极赋能风险管理新需求。目前，信盟链产品已在建设银行集团内外积极开展应用：

一是构建建行集团母子信用链，推进集团一体化风险信息共享和防控联动。根据目前已有需求，共享数据范围主要基于企业主体的信用风险数据、黑名单风险数据、司法涉案数据、行政处罚数据等。目前，该应用场景已完成技术实施、数据分析等工作，2022年第四季度已投产上线首批次数据上链共享，产生实际业务效果。

二是依托技术平台，满足外部机构搭建定制化的区域或场景联盟的需求。例如，协助某外部机构构建账户风险信息共享系统。该系统旨在构建监管指导和管理下的账户开立、交易等环节风险信息共享平台，有效提升辖内机构反欺诈能力，防范打击电信网络诈骗犯罪。

同时，信盟链产品始终秉承创新与稳健并重，坚持对标法律法规和监管要求，技术安全性得到认证，运行机制保持稳定，及时响应市场需求，正积极在风险管理多个领域，以及乡村振兴、绿色金融等新业务领域推进应用研究。

三、课题组：隐私计算是保护数据安全的关键技术之一，银行业作为数据密集型行业，率先在隐私计算方面展开试点。作为数字安全生态的重要一环，目前贵行在推进隐私计算试点应用中现状如何？面临哪些问题与挑战？有哪些政策建议？

常征（中国建设银行数据管理部副总经理）：建设银行目前主要开展两方面隐私计算试点工作：一是搭建集团一体化数据安全共享平台，目前已经完成的部分子公司的隐私计算探索。在企业级隐私计算平台构建的同时，建设银行持续推进建设数据安全共享的标准化流程及应用规范。二是逐步探索与集团外数据提供方的数据安全共享应用落地，已在推进的有和第三方企业的商户准入及授信的联合建模等。

基于建行的前期探索试点工作，目前遇到的主要问题是隐私计算的标准和技术产品统一的问题。在与外部机构开展合作的时候，往往各家机构都有自己的一套隐私计算平台或产品，而目前不同平台之间还无法实现有效的互联互通。双方出于维护成本和技术保护的考虑难以达成一致的部署和应用模式，这给不同机构之间的合作造成了障碍。期待隐私计算技术在行业内能尽快形成统一的互联互通标准，为后续各家机构间的合作提供更好的技术保障。

郭汉利（中国建设银行金融科技部副总经理）：目前，建设银行已经完成企业级数据共享安全计算平台的搭建，并逐步推进隐私计算应用试点，重点应用在集团一体化领域。目前正在有部分子公司与总行之间的隐私计算场景正在推进中。

当前隐私计算技术还有几个痛点需要解决：一个是由于数据保护的加密算法的复杂性造成的数据处理效率降低。在数据实时查询场景方面效率和性能仍需要提升。二是关于应用这一技术是否满足了匿名化这一法律法规层面的解释还在探索中暂未明确，导致很多机构在对外使用该技术时缺少有效的法律背书。三是由于技术路线不同，多方异构隐私计算平台在互联互通层面仍需要行业共同推进，特别是行业主管部门的牵头统筹。

当然，目前也有更多的金融机构和科技公司加入进来，共同提升隐私计算技术能力并做了很多互联互通的尝试。就政策建议方面，希望能通过技术标准建立以及试点应用的推广等方式逐步鼓励更多应用场景的探索。

陈海宁（上海浦东发展银行信息科技部总经理）：浦发银行基于自研波赛冬隐私计算产品，秉承“构建开放链接数据合作生态体系”的总体建设目标，大力推进隐私数据生态合作，主要涉及精准营销、智能风控、客户洞察等多个场景，形成体系化的场景解决方案，提供包含联邦学习、多方安全计算以及可信执行环境在内的三大类隐私计算核心能力，内置70多个核心算法，兼容业界前沿异构隐私计算系统互联互通能力，持续为总分行部门与外部合作方的各类数据合作保驾护航。截至目前，在集团协作、政务合作、渠道互联以及企业赋能四大场景化应用领域，在建隐私计算数据合作项目50余项。

浦发银行也积极参与各项外部隐私计算机构测评认证和外部奖项评选，目前已获中国信通院、中国金融认证中心等权威机构四项隐私计算测评认证，以及中国人工智能产业发展联盟、赛迪顾问等组织颁发的《2022年可信人工智能实践标杆案例》、“2022中国金融数字化转型最佳创新应用项目TOP30”、“2022年大数据星河案例隐私计算标杆案例”等奖项，旨在不断促进金融科技高质量发展，充分展现出浦发银行作为科技自主自强先行者的责任担当；同时也积极参与了中国信通院组织的各类隐私计算场景应用标准编制，其中牵头编写中国信通院《多方数据联合风控应用能力评估方法》《隐私计算白皮书（2022年）》，联合编写中国信通院《联邦学习业务质量评估方法标准》《隐私计算技术应用合规指南》《隐私计算与区块链技术融合研究报告》《区块链隐私计算参考框架》《隐私计算跨平台互联互通第1部分：总体框架》《隐私计算一体机技术要求》《可信隐私计算研究报告》《隐私计算应用面向金融场景的应用规范及测试方法》等隐私计算行业级评估标准和应用要求，旨在与行业合作伙伴分享有价值的案例与实操经验，并持续提升隐私计算合作在各垂类领域的应用规范性和合作效率。

当前，隐私计算技术正处于快速迭代的发展阶段，2022年是隐私计算商业落地的元年，随着《个人信息保护法》《数据安全法》等法律法规政策的发布和实施，隐私计算技术巨大的市场潜力正在逐步显现，但在应用过程中仍面临诸多困境。如在技术实施方面，目前业内隐私计算相关产品百花齐放，如何将异构隐私计算平台互联互通，打破技术孤岛，提升性能效率，是需要攻克的难点之一，而且由于隐私计算技术路线多，在合作时的开发成本较高，存在繁琐、重复的开发工作，亟需隐私计算技术应用的标准产品化；在业务方面，传统业务开展方式与隐私计算输出的结合和优化改造需要大量的时间和人力投入，仍需普及隐私计算业务场景开展的目的、作用及实施方法，确保业务价值得以充分体现；在数据合作的合规方面，虽然国内已有信息安全、数据安全等法规的实施，但各个国家要求存在差异，且相对应的业务实施细则和参考指南仍未出台，导致部分地区及部分隐私计算场景仍无法大规模应用和落地。

针对以上挑战和问题，首先，浦发银行与中国信通院积极推进《隐私计算技术应用合规指南》等相关标准撰写，为业内提供法律、法规及合规标准的指导，与各界协同推进隐私合规应用。其次，在开源框架方面，开源隐私计算硬件、软件也应遵循相应的业务应用规范、技术应用标准、法律法规及知识产权等要求，对未来隐私计算的规范起到积极的促进作用，平衡和兼顾隐私计算安全、成本、效率和性能，带动金融行业业务和技术合作，打造创新技术互促发展的良好环境。最后，在真实的业务场景中，从数据处理到客户触达的链路非常长，而隐私计算建模只是流程中的一个环节，如数据加工或应用时效性不高，则同一个模型也会带来不同的业务成效，所以未来需要针对业务不同周期的不同需求持续提高可用性、易用性和稳定性，要求各机构协同实现灰度化，保障隐私计算在线服务的连续性；同时，各行业的业务实施规范需要紧跟政策变化而优化更新，推动隐私计算场景应用落地，为业务开展保驾护航。

四、课题组：隐私计算是协调推进银行数字化转型战略布局的关键环节，据了解，贵行在2021年已启动隐私计算商业合作，2022年在全景银行背景下积极推进隐私计算创新应用探索与实践。请问贵行在应用隐私计算技术过程中有何应对措施？未来面对复杂多变的形势，贵行将如何更好地发挥隐私计算技术的优势，促进银行数字化转型？

陈海宁（上海浦东发展银行信息科技部总经理）：自2019年以来，浦发银行践行“构建数据合作生态，创造数据价值”的理念，通过“引数据、强应用，创价值”的三步走模式，在集团合作、渠道互联、数字政务、产业合作四个领域进行数据合作生态深耕和场景应用建设。在隐私计算技术应用过程中，浦发银行主要采取了如下应对措施：

1．企业级隐私计算平台体系建设

浦发银行结合自身技术优势，打造覆盖主流隐私计算路线的波塞冬隐私计算产品，集成联邦学习、多方安全计算和可信执行环境技术，能够在不同数据生态合作项目中选择最适用的隐私计算技术路线，打破数据孤岛、实现数据可用不可见，赋能浦发银行内外部数据资产高效外延和安全流通。

2．支撑大数据高性能安全融合的产品架构设计

浦发银行结合业务场景需求，积极拓展隐私计算产品功能，为支撑大规模高纬度数据建模应用，在满足密码学算法安全性的同时优化模型训练性能。在功能、性能、安全及金融场景应用能力方面，波塞冬隐私计算产品先后获得中国信通院联邦学习基础能力、性能、安全专项认证，并作为行业首家银行通过中国金融认证中心联邦学习金融应用测评认证，在产品建设和技术实力方面获得多项权威认证，得到行业广泛的认可。

3．隐私计算技术互联互通能力探索

浦发银行积极探索隐私计算技术创新和课题研究，参与多项包括隐私计算联盟由中国信通院牵头和北京金融科技产业联盟由中国银联牵头的隐私计算异构互联互通标准制定，针对包括基于管理面互联、黑盒组件迁移、中间件互联在内的主流隐私计算异构互联互通方案进行实践验证，不断提升波塞冬隐私计算产品兼容拓展能力，打破隐私计算技术生态壁垒，缓解技术孤岛难题。

未来，浦发银行将聚焦隐私计算技术的深度研发和应用拓展，在安全合规的前提下，继续探索与政务机构、运营商、渠道商及核心企业的数据合作模式，实现数据要素更加高效安全的“引进来”和“走出去”，构建数据生态、创造数据价值，促进浦发银行数字化转型。

首先，继续推进浦发银行隐私计算技术多路线并行深度研发模式，同步积极构建异构互联互通技术能力，拓展数据流通场景需求的技术覆盖。浦发银行波塞冬隐私计算产品当前已

具备联邦学习、多方安全计算和可信执行环境三大主流隐私计算技术，构建了覆盖主流技术路线的数据流通共享技术基础。同步实现了波塞冬隐私计算产品基于管理面、黑盒组件迁移和中间件的异构互联互通能力。未来随着密码学、隐私计算技术和异构互联互通的进一步发展，浦发银行将同步推进不同路线技术研发和创新，并同步实现对新技术的融合集成，拓展浦发银行隐私计算技术能力布局，打破隐私计算技术壁垒，全面覆盖未来复杂多变的数据流通应用场景需求。

同时，对浦发银行现有隐私计算技术进行安全加固和性能提升，在保证数据流通高安全性基础上，进行隐私计算性能效率提升。随着隐私计算技术的蓬勃发展，基于隐私计算技术进行多方数据融合共享的实际场景对于数据融合的安全性和效率要求越来越高。浦发银行将从算法创新、软硬件结合和资源提升等角度，对浦发银行波塞冬隐私计算产品的协议层、引擎层、通信层、算法层、管理层和服务层进行全面安全加固和性能升级，提升波塞冬隐私计算产品支撑大数据、高纬度数据融合场景的安全性和性能水平。

进而，推动浦发银行隐私计算技术与其他大数据、人工智能技术的交叉融合，从技术交叉融合层面实现技术创新和算法拓展，提升数据生态场景建设能力，促进浦发银行数字化转型。当前，浦发银行基于波塞冬隐私计算产品隐私求交、联合分析、匿踪查询、联合特征工程、联邦建模等能力进行数据合作场景建设，构建数据合作生态。未来，浦发银行将促进隐私计算技术与营销、风控、运营等领域传统数据挖掘技术的技术融合，构建联邦场景下营销、风控、运营等领域的新型算法和场景解决方案，提升数字化经营能力，促进浦发银行数字化转型。

第六部分

公司治理与社会责任

2022年，公司治理部分的调查重点聚焦于银行业公司治理内容评价以及如何推进公司治理与党的领导有效融合等方面。调查结果显示，中国银行业公司治理水平整体较高，其中对党的领导评价最高。

与此同时，2022年，中国银行业在各领域积极履行社会责任。在普惠金融领域，银行业支持将发展重点从“量”转向“质”；绿色金融方面，积极响应、持续有序推进绿色金融工作，构建ESG生态体系。

CHINESE BANKERS SURVEY

中国银行家调查报告

一、银行业公司治理整体评价有所下滑，仍需持续深化公司治理改革

近年来，经济全球化遭遇逆流，给我国经济稳定性带来严峻挑战，同时，对银行业的公司治理提出了更高的要求。调查结果显示，2022年，银行家对中国银行业公司治理水平较为满意，各项指标得分均在4.2分以上（满分为5分），但总体相较2021年略有下降。指标评分由高到低依次为：党的领导（4.56分）、监事会和高管层治理（4.40分）、董事会治理（4.39分）、风险内控（4.39分）、股东治理（4.34分）、关联交易治理（4.33分）、市场约束（4.31分）和其他利益相关者治理（4.24分）。其中，党的领导评价较高，反映出中国银行业切实加强党的领导，充分发挥了党的核心领导作用。

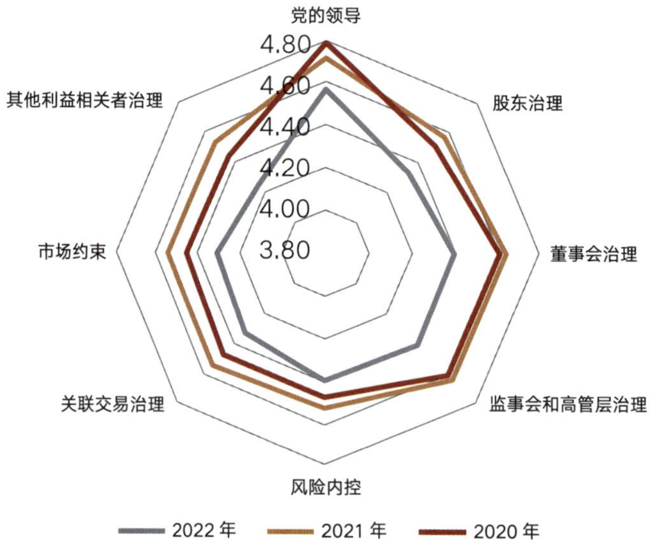

图6-1　银行家对中国银行业公司治理的评价

与此同时，中国银行业公司治理水平仍有待提高，调查结果显示，分别有34.3%、32.1%和29.9%的银行家认为中国银行业的风险管理体系、两会一层运作模式及股东行为监管仍需进一步改善。相较于往年情况，风险管理与两会一层的相关问题仍是银行家长期关注的重点，同时以股东为核心的相关问题也在2022年得到重视。

此外，加强机构股权管理（23.9%）、加强机构合规内控审查（22.2%）、健全机构关联交易管理机制与监督机制（20.9%）、提高利益相关者参与和保护程度（13.2%）、引导机构信息披露主动性与准确性（10.8%）也是提高公司治理水平的重要举措。而在调查

中，仅有一成（11.9%）银行家认为各方面均已完善，相较于往年结果有所下降，一定程度上说明中国银行业公司治理仍存在许多短板，仍需持续深化公司治理改革。

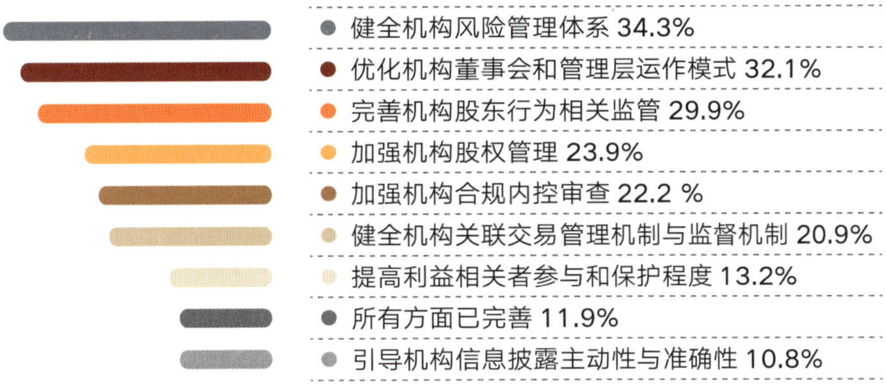

图6-2 银行业公司治理有待改进的方面

二、银行家高度赞同要进一步推进公司治理与党的领导有效融合

党的二十大报告指出，“推进国有企业、金融企业在完善公司治理中加强党的领导”，中国银行业要完善有效制衡的公司治理机制，将党的领导与公司治理深入融合。调查结果显示，超半数的银行家认为需要进一步完善权责明晰的决策机制确保发挥党组织领导作用，并且要以常态化政治建设机制保证正确发展方向。45.1%的银行家认为企业文化建设将对党的领导融入公司治理具有重大作用。此外，部分银行家认为以市场化选贤任能机制提供高素质人才支撑（29.2%）、以内控监督长效机制营造廉洁合规氛围（27.0%）对进一步推进党的领导具有重要作用。

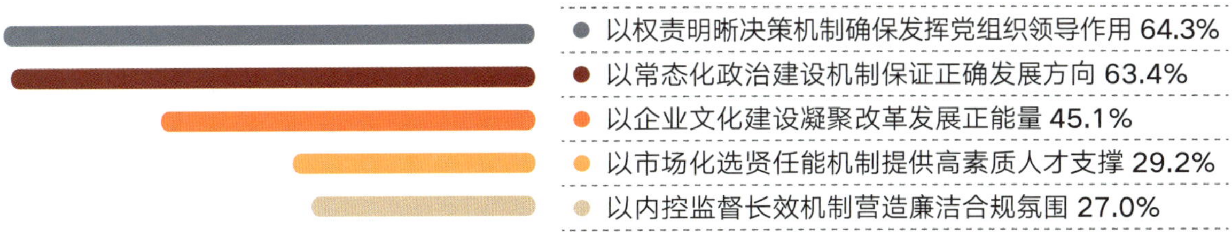

图6-3 银行业将党的领导与公司治理深入融合的举措

三、银行家认为应支持小微企业、巩固脱贫攻坚成果同乡村振兴有效衔接

2022年《政府工作报告》强调要加强金融对实体经济的有效支持，特别是对小微企业、绿色低碳发展的支持。在经济金融领域，小微金融服务、绿色金融服务依旧是中国银行业履行社会责任的着力点。调查结果显示，79.4%的银行家表示在加强重点领域和薄弱环节小微企业的金融支持，助力畅通国民经济循环方面履行了更多社会责任。银行业积极响应碳达峰、碳中和战略决策，将绿色金融作为重点发展方向，超七成（70.7%）的银行家认为应该持续拓展绿色金融业务，大力支持经济社会低碳转型。超半数（56.0%）银行家认为应加大在“三农”领域金融支持，与2021年调查结果相比增长11.6个百分点，反映出银行业在推进乡村振兴、稳定宏观经济大盘方面更加积极地履行社会责任。与2021年调查结果相比，金融消费者权益（24.6%）、社区金融（12.3%）、老龄金融（7.7%）等占比基本持平。

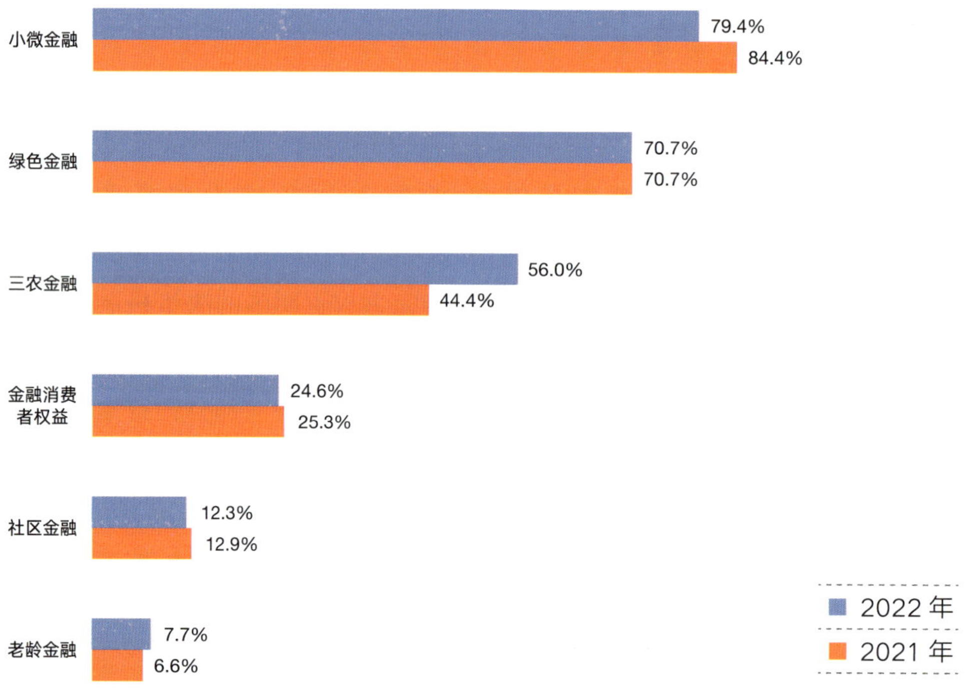

图6-4　2021—2022年银行业在经济金融领域履行社会责任的占比

在社会领域，49.5%的银行家表示，2022年在推进巩固脱贫攻坚成果同乡村振兴有效衔接方面履行了较多的社会责任，但这一占比相较于上一年下降了10.9个百分点。调查结果显示，社会公益慈善事业（37.2%）、灾难援助（24.6%）等占比相较于2021年调查结果均有所下降，而银行业在环境保护（35.5%）、志愿服务（30.0%）、特殊群体关怀（16.7%）和科教文卫体等活动（14.7%）领域履行了更多的社会责任，优化服务与环境、切实改善民生。

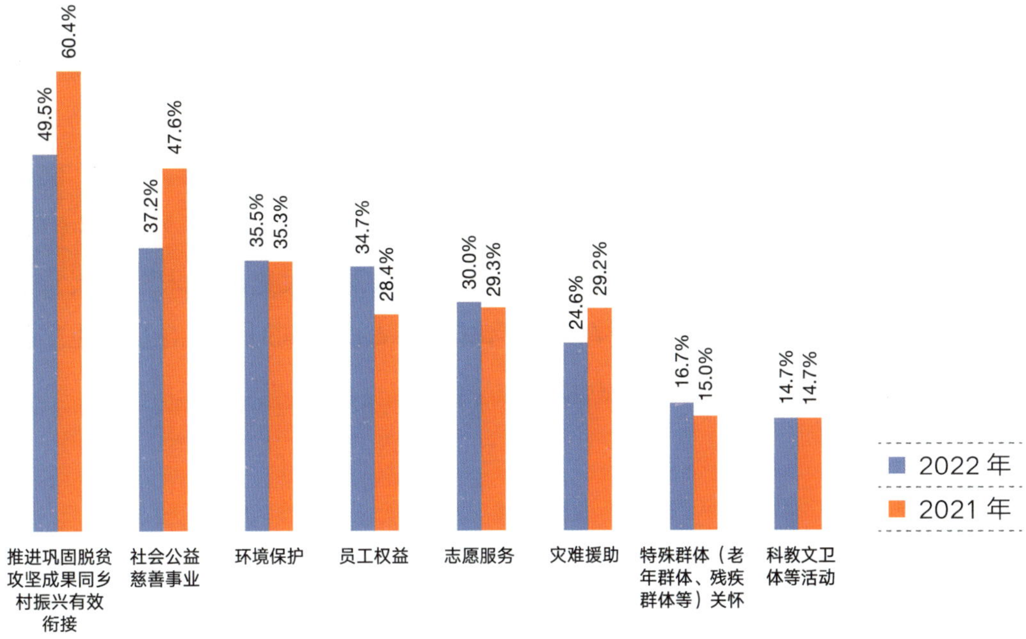

图6-5　2021—2022年银行业在社会领域履行社会责任的占比

四、近半数银行家认为加大信贷支持力度是推进普惠金融发展的重点

中国银行业响应国家“十四五”期间金融支持小微企业发展的决策部署，持续做好对小微制造业企业的金融服务。中国银保监会发布的《关于2022年进一步强化金融支持小微企业发展工作的通知》从多个方面对银行机构进一步强化金融支持小微企业减负纾困、恢复发展提出要求。

调查结果显示，近半数（45.2%）银行家认为中国银行业应提升信贷支持力度、提高信用贷款发放效率。同时，进一步优化金融产品设计，加大信贷产品创新力度，灵活运用数字金融创新。此外，银行家认为在贷款利率定价机制（39.0%）、不良贷款处置渠道与风险化解机制（32.2%）、贷款精准投放（28.8%）、内控合规管理（27.2%）、信用评价与授信审批体系（26.0%）方面也有待进一步完善。

2019年起，政府工作报告连续3年对国有大行提出普惠小微企业贷款增速要求，其中在2019年提出“国有大型商业银行小微企业贷款要增长30%以上”，2020年提出“大型商业银行普惠型小微企业贷款增速要高于40%”，2021年对大型商业银行普惠小微企业贷款的增速要求再次回到30%，而2022年政府工作报告对此不再量化。调查结果显示，32.7%的银行家认为2022年银行业普惠型小微企业贷款发放增速在20%~25%（含），略低于过去十年年均增速25.5%。31.3%的银行家认为增速在10%~20%（含），24.5%的银行家认为增速在25%~30%（含）。我国在普惠金融领域已经取得较大进展，未来发展重点应从“量”转向“质”，银行等金融机构应在提高信贷支持力度的同时，引导资金更多流向重点领域和薄弱环节，扩大普惠金融覆盖面。

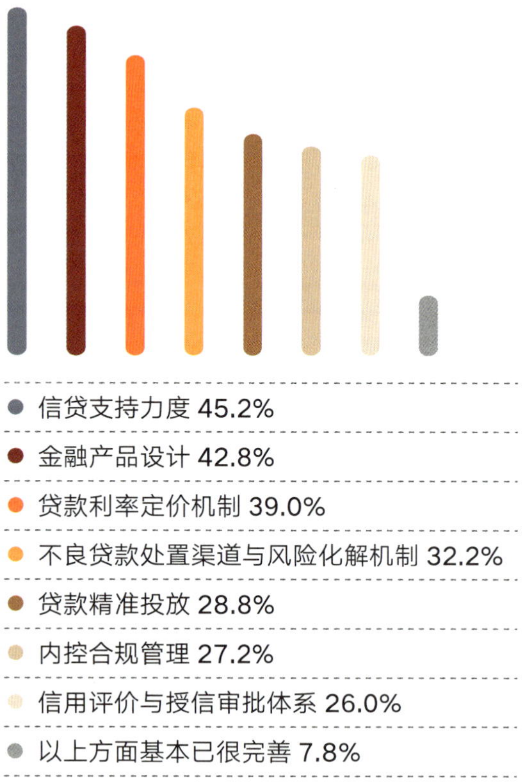

图6-6 银行业推进普惠金融发展有待优化完善的方面

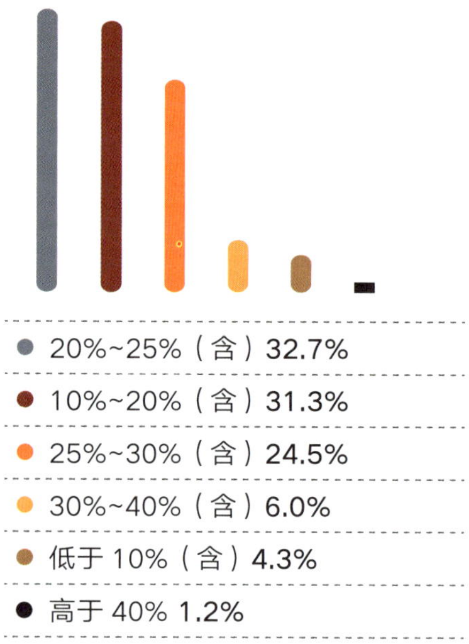

图6-7 2022年银行业普惠型小微企业贷款发放增长速度

五、银行家普遍认为中国银行业应积极创新绿色金融产品体系

为鼓励、引导中国银行业发展绿色金融，有序推进碳达峰、碳中和工作，中国银保监会印发《银行业保险业绿色金融指引》，于2022年6月1日起执行，中国银行业积极响应、持续有序推进绿色金融工作。调查结果显示，银行家对中国银行业绿色金融工作开展情况评价良好，得分均在3.8分以上（满分为5分）。各项指标得分由高到低依次为：顶层设计（4.16分）、实施力度（4.14分）、覆盖范围（4.04分）、业务规模（3.84分）、产品创新（3.82分）、人才培养（3.82分）。相较而言，产品创新与人才培养评分较低，银行业应积极发展和创新多元化的绿色金融产品体系，加强绿色金融人才培养。

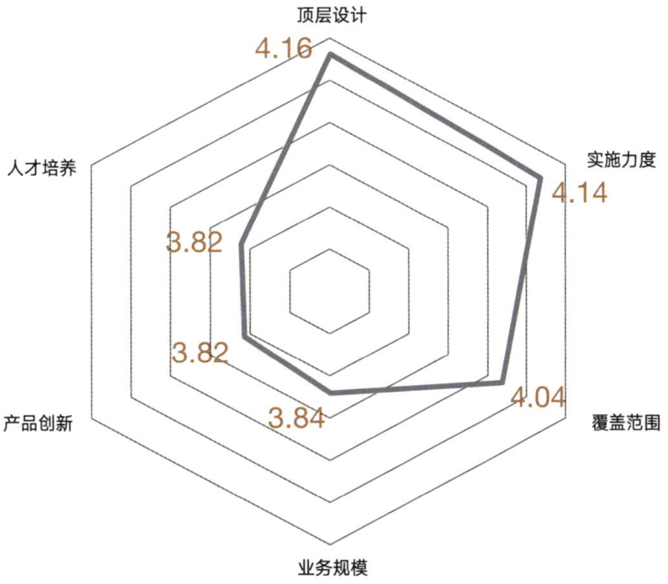

图6-8　银行绿色金融工作开展情况

六、超半数银行家认为构建ESG生态体系需优先完善整体制度框架和数据基础设施建设

银保监会要求银行应将环境、社会、治理（ESG）要求纳入管理流程和全面风险管理体系，强化信息披露和与利益相关者的交流互动，完善相关政策制度和流程管理。调查结果显示，在构建ESG生态体系、实行ESG管理理念的过程中，超过半数（53.8%）的银行家认为应完善ESG整体制度框架和数据基础设施建设。强化ESG信息披露（34.1%），创新ESG金融产品和服务（30.0%），增配ESG评级较高的资产（27.6%），制定ESG目标、部署ESG工作方案（25.1%）也是银行家主要采取的可行措施。将ESG纳入管理流程和全面风险管理体系这一措施目前占比偏低（23.1%），反映出目前银行业的ESG生态体系仍有较多调整空间，应进一步完善制度、基础设施等建设，尽快将ESG要求纳入授信全流程。

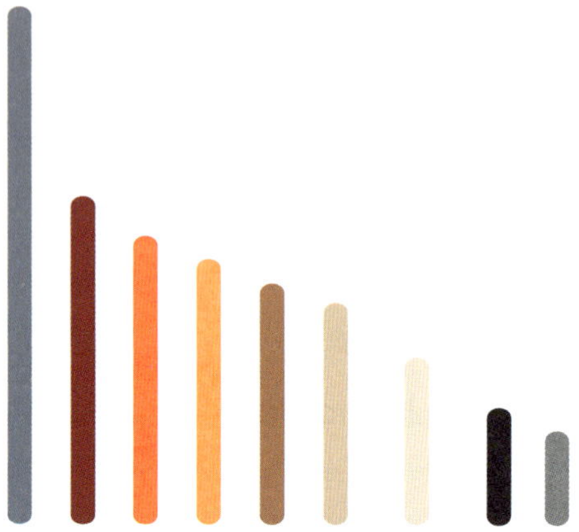

- 完善 ESG 整体制度框架和数据基础设施建设 53.8%
- 强化 ESG 信息披露 34.1%
- 创新 ESG 金融产品和服务 30.0%
- 增配 ESG 评级较高的资产 27.6%
- 制定 ESG 目标、部署 ESG 工作方案 25.1%
- ESG 纳入管理流程和全面风险管理体系 23.1%
- 储备 ESG 专业人才，将 ESG 评价适当纳入考核与激励机制 17.4%
- 增加与利益相关者的关于 ESG 的双向互动 12.2%
- 暂无相关措施 9.8%

图6-9　银行业构建ESG生态体系、实行ESG管理理念采取的措施

七、近半数银行家认为应健全消费者权益保护审查机制和信息披露机制

2022年5月，银保监会起草《银行保险机构消费者权益保护管理办法（征求意见稿）》并向社会公开征求意见。《办法》强调银行业承担保护消费者合法权益的主体责任，应当采取适当措施在业务往来的各个阶段公平、公正和诚信地对待消费者。对照《办法》要求，近半数（49.7%）的银行家认为应健全消费者权益保护审查机制、信息披露机制，将消费者权益保护审查和强化信息披露纳入业务全流程。40.6%的银行家认为应提高投诉处理与纠纷化解能力，以客户需求为核心优化客户体验。可回溯管理与合作机构管控（30.0%）、消费者风险意识教育（25.8%）、消费者信息安全及财产安全保护（23.7%）、消费者知情权与自由选择权保护（23.7%）也是银行家认为需要改善的重点方面。银行业应不断强化内控合规管理建设、加强依法合规经营意识，将消费者权益保护纳入公司治理、经营发展战略和企业文化建设。

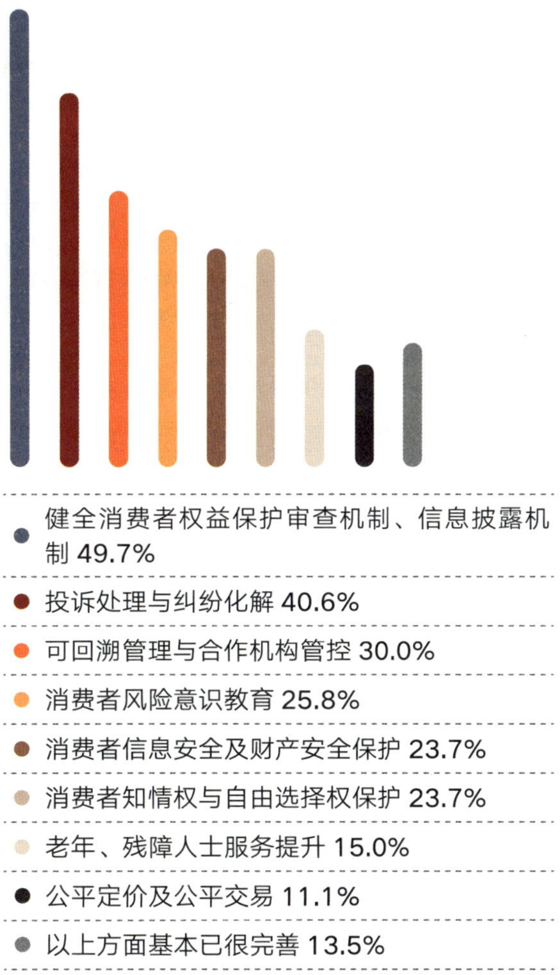

图6-10　银行业为提高金融消费者权益保护采取的措施

八、超六成银行家认为应加大信贷产品与金融服务创新力度支持小微企业发展

疫情对实体企业经营造成巨大冲击，相比于大中型企业，小微企业因其规模有限、抗风险能力弱，受冲击更为明显。银行业为更好地向小微企业提供信贷供给和金融服务，支持小微企业纾困恢复，超六成（63.8%）的银行家认为应加大信贷产品与金融服务创新力度，进一步增强小微企业贷款可获得性，提高贷款发放效率。同时，银行业应该加强风险管理与数据治理（38.8%）、严格落实收费和服务价格管理（36.2%），提升小微企业金融服务的便利度、针对性改进信用评价和授信管理（30.4%），做好延期还本政策接续和贷款期限管理（28.1%）并以此促进小微企业融资成本合理下降。另外，银行业应该进一步加强与中央及地方政府的沟通合作，推动建立企业信用信息共享机制，立足于小微企业高度本地化的特点，创新信贷产品，优化融资服务模式。

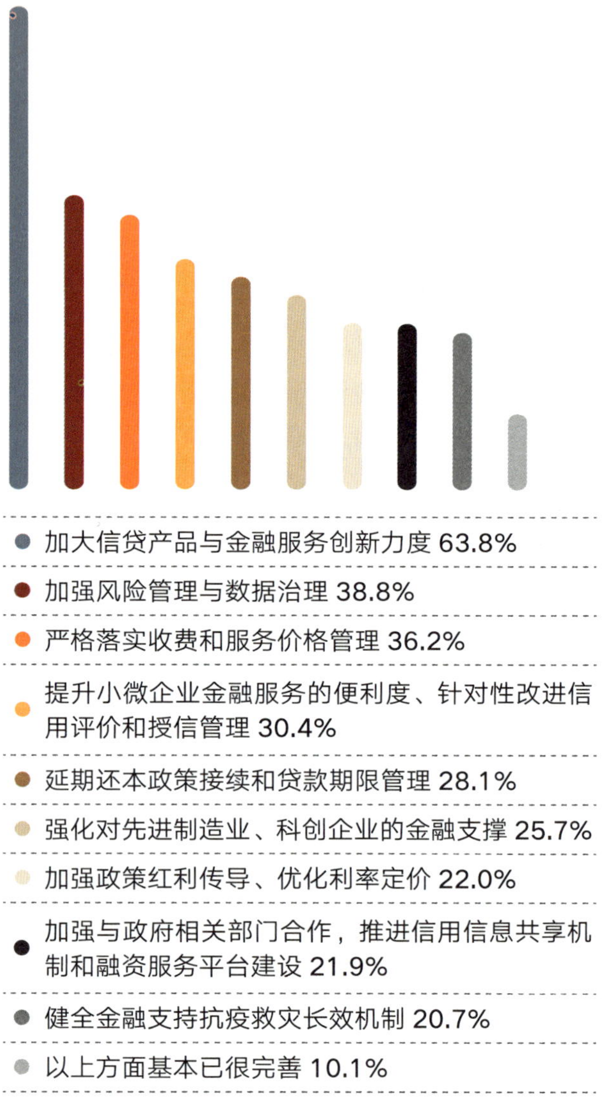

图6-11　银行业加强金融支持小微企业采取的措施

九、超七成银行家表示将加大涉农信贷投放力度，全面推进乡村振兴

为应对百年未有之大变局和新冠病毒感染，推动经济社会平稳健康发展，中央强调需要稳住农业基本盘、做好“三农”工作，接续全面推进乡村振兴。中国银行业积极布局，将服务乡村振兴与自身发展战略相结合，在巩固脱贫攻坚成果、助力乡村振兴领域提供支持。

调查结果显示，超七成（74.1%）银行家表示将加大涉农信贷投放力度，提高涉农信贷比例，优先向乡村振兴领域配置低成本资金。48.3%的银行家支持加大首贷户拓展力度，积极拓展普惠金融覆盖范围，填补农村金融服务的空白。此外，降低涉农贷款实际贷款利率（46.2%）、创新涉农金融产品设计（38.2%）、落实涉农信贷尽职免责制度（32.3%）也是中国银行业加强普惠金融供给的重要措施。

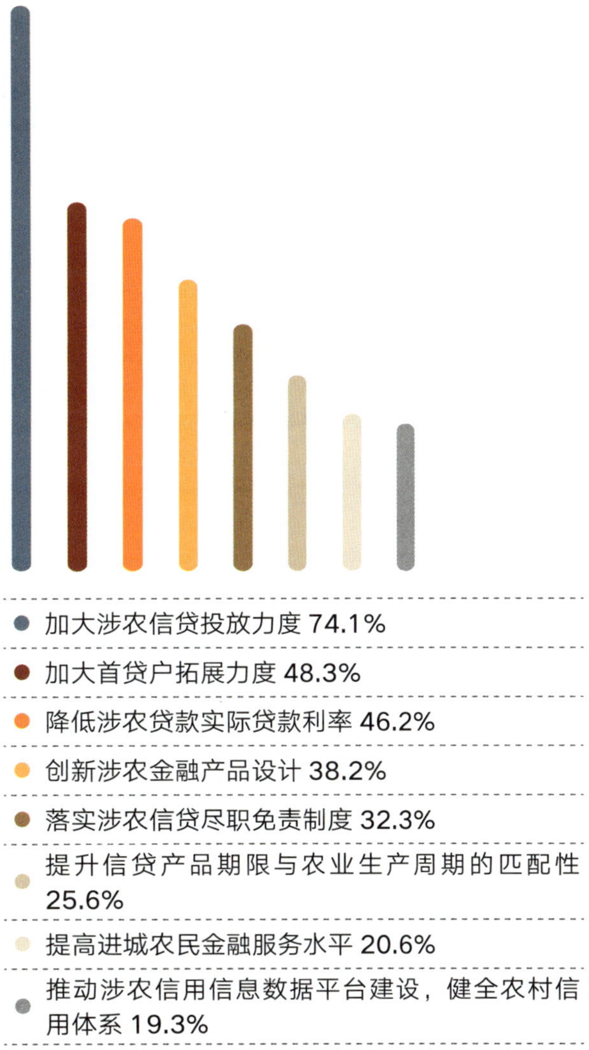

图6-12　银行业推进乡村振兴采取的措施

第七部分

监管评价

过去的一年，银行业受到疫情反复、国际政治局势等多因素扰动，但监管层始终保持定力，防范化解重大金融风险，积极应对复杂多变的经济金融环境。银行家对于监管指标、手段及各项举措整体评价较高。监管层持续完善监管制度框架、提高依法监管能力和水平，银行家认为内部控制和风险管理方面监管制度建设成效显著。与此同时，经过一年的内控合规整治，超半数银行家认为银行业内控组织架构及问责制度得到完善。总结党的十九大以来银行业监管取得的突出成就，银行家认为最突出成就是夯实防范化解金融风险长效机制。未来，数字化转型已成为银行业战略转型最重要的驱动力，银行家表示将重点关注数据、技术和网络信息等领域机制建设与风险防控。

一、银行家对监管指标与手段整体评价较高

2022年，受疫情反复、国内经济下行压力和国际地缘政治局势紧张等因素影响，银行业经营环境更加严峻复杂，监管层毫不松懈防范化解重大金融风险，积极应对复杂多变的经济金融环境。调查结果显示，银行家对主要监管指标总体评价较高，体现出银行家对现行监管指标设计和监管成效的认可。其中，资本充足率作为银行监管的核心指标，是银行持续经营的基本保障，银行家普遍对资本充足率（4.34分）、核心一级资本充足率（4.34分）、一级资本充足率（4.34分）指标的评价较高。在给定的主要监管指标选项中，资本充足率指标连续十年评价最高，表明银行家对资本约束原则的重视，资本充足作为银行经营管理的底线要求，已经取得了良好的监管成效。另外，银行家对拨备覆盖率（4.27分）、贷款拨备率（4.26分）、流动性比例（4.25分）等指标的评价也较高。然而，与2021年相比，银行家对主要监管指标的评价均有小幅下滑，表明在经济增速放缓、银行业分化加大的情况下，银行家期待监管层对银行业加强风险抵御能力的监管举措能有更多差异化的部署，推动银行业支持实体经济能力进一步提升。

表7-1　主要监管指标评价（单项满分为5分）

指标	评分
资本充足率	4.34
核心一级资本充足率	4.34
一级资本充足率	4.34
拨备覆盖率	4.27
贷款拨备率	4.26
流动性比例	4.25
杠杆率	4.24
流动性匹配率	4.23
不良贷款率	4.22
流动性覆盖率	4.21
大额风险暴露	4.20

续表

指标	评分
优质流动性资产充足率	4.20
净稳定资金比例	4.19
银行账簿经济价值变动与一级资本比例	4.13
操作风险损失率	4.13
利率风险敏感度	4.11
累计外汇敞口头寸比例	4.09
小微企业申贷通过率	4.09
平均得分	**4.35**

表7-2　近五年主要监管指标评价（单项满分为5分）

指标	2022年	2021年	2020年	2019年	2018年
资本充足率	4.34	4.52	4.4	4.37	4.39
拨备覆盖率	4.27	4.41	4.3	4.35	4.33
拨贷比	4.26	4.37	4.28	4.34	4.25
杠杆率	4.24	4.38	4.24	4.16	4.12
流动性覆盖率	4.21	4.36	4.17	4.22	4.22
净稳定资金比例	4.19	4.34	4.13	4.21	4.19
平均得分	**4.25**	**4.35**	**4.22**	**4.24**	**4.21**

注：上表中仅列示往年持续调查的主要监管指标评价情况。

主要监管手段评价方面，“监管评级”手段的评分连续三年居于首位（4.34分）。自2021年9月银保监会正式发布《商业银行监管评级办法》以来，银行监管评级体系进一步完善，监管评级的标准、流程和操作要求得到了进一步明确，并强化了评级结果的应用。调查结果显示，银行家对本轮监管评级体系升级表示认可，认为监管机构可以通过采用监管评级手段，实现对风险的早发现、早介入、早处置。

银行家对“监管政策制定”（4.32分）手段的评价也较高。近年来，监管层不断推出弥补监管制度短板的各项举措，2022年11月11日，银保监会发布《中华人民共和国银行业监督管理法（修订草案征求意见稿）》，为16年来该法规的首次修订，旨在加强和完善现代金融监管，提升金融监管透明度和法治化水平。监管政策的不断完善，不仅有力推动了监管体系建设和优化，同时有效助力提升金融服务实体经济能力，在防范化解金融风险、切实保护金融消费者合法权益等方面也显示出了积极的成效，受到银行家的广泛肯定。

此外，“监管问责”（4.34分）、“市场准入”（4.32分）、“行政处罚”（4.30分）和“现场检查”（4.30分）等手段得分较高。近年来，监管层通过持续的监管检查、严厉的监管处罚和对相关责任人的问责，有效遏制了金融市场乱象，推进了银行业审慎稳健经营，取得的监管效果获得了银行家普遍认可。

“主动信息公开”（4.24分）与“跨业跨境监管交流合作”（4.16分）两项评价依然排名末位，反映出银行家希望能够获得更多公开监管信息、监管政策解释以及要求监管层增强国际监管合作和跨业监管交流力度的诉求。

整体来看，银行家对主要监管手段的评价均较上年有所下滑，可能是受当前疫情经济环境影响，银行家认为监管层应采取更多市场化的手段，加强对银行经营和风险管理的导向作用。

表7-3　主要监管手段评价（单项满分为5分）

	2022年	2021年	2020年	2019年	2018年
监管评级	4.34	4.48	4.34	—	—
监管问责	4.34	4.47	4.34	4.29	4.29
监管政策制定	4.32	4.47	4.34	4.25	4.26
市场准入	4.32	4.46	4.36	4.28	4.28
现场检查	4.30	4.46	4.33	4.26	4.28
行政处罚	4.30	4.45	4.31	4.25	4.26
金融风险处置	4.27	4.41	4.29	4.22	4.19
非现场监管	4.27	4.41	4.28	4.21	4.24
窗口指导	4.26	4.41	4.25	—	—
主动信息公开	4.24	4.36	4.21	4.15	4.13
跨业跨境监管交流合作	4.16	4.27	4.1	4.08	4.07
平均得分	**4.32**	**4.42**	**4.28**	**4.22**	**4.21**

二、超五成银行家认为面临不良贷款率上升压力，资产质量持续承压

截至2022年末，商业银行（法人口径）不良贷款余额3万亿元，较上季末减少83亿元；商业银行不良贷款率1.63%，较上季末下降0.02个百分点。资产质量总体趋于稳定。但受内外部不利因素影响，部分重点行业、重点领域风险持续演化，银行业风险防控压力较大。超五成银行家（53.5%）认为不良贷款率对所在银行的经营造成一定压力。自2021年监管层出台政策推动银行业加快不良处置以来，商业银行普遍加大了不良核销的力度，银行家认为不良率压力较2021年（55.7%）有所缓解。

同时，截至2022年末，商业银行整体净息差为1.91%，各项利润指标承压。因此，相比于2021年（37.9%），44.4%的银行家认为资本充足率在银行经营过程中面临较大压力。特别是由于核心一级资本的补充渠道相对有限，32.0%的银行家认为核心一级资本充足率给银行经营带来较大压力。

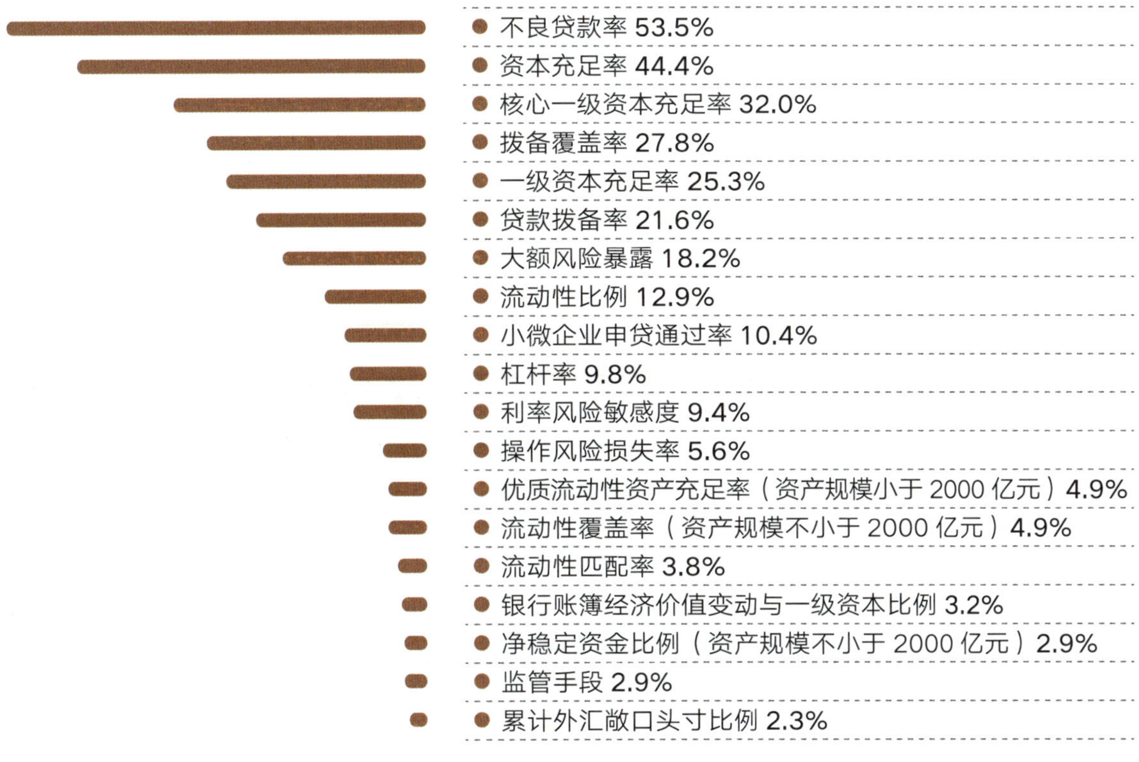

图7-1　对银行经营造成压力的监管指标

银行业不良资产指标承压，需要推进银行业加快不良化解、提升资产质量。同时，助力银行支持实体经济发展，加大对民营、小微企业等的金融支持，均需要监管层的大力扶持。58.7%的银行家希望监管拓宽不良贷款处置渠道，引导银行加大处置力度；43.7%的银行家希望压实资产分类，做好对不良贷款暴露的应对准备；37.0%的银行家希望适度提升对不良贷款监管指标的容忍度。此外，银行家认为监管应在引导银行健全风险治理架构（27.9%）及增强监管差异性（27.1%）作出适当调整。

- 拓宽不良贷款处置渠道，引导银行加大处置力度 58.7%
- 压实资产分类，做好对不良贷款暴露的应对准备 43.7%
- 适度提升对不良贷款监管指标的容忍度 37.0%
- 引导银行健全风险治理架构 27.9%
- 增强监管差异性 27.1%
- 引导银行构建匹配发展目标的风险偏好 20.6%
- 协调地方政府给予政策扶持 18.1%
- 保持流动性适度充裕 16.1%
- 拓展银行业资本补充渠道 14.7%
- 提升结构性货币政策工具使用力度 10.3%

图7-2　银行家希望得到监管的扶持

三、超六成银行家认为贷款业务存在较大合规压力

疫情发生以来，银行业加强普惠金融服务力度，支持国民经济复苏。与此同时，国内外监管形势严峻复杂，对中国银行业合规经营与管理能力的提升提出了更高的要求。从合规压力来源上看，超六成银行家认为贷款业务的合规压力较大（63.7%），与

2021年数据（44.8%）相比有明显上升。根据银保监会行政处罚公开披露信息数据显示，“贷款三查不尽职”“贷款管理不到位”等是商业银行罚款总额长期排名靠前的违法违规事由。

26.5%的银行家认为存款业务存在合规压力。一是近年来监管部门反洗钱要求提高，自2022年3月1日起施行的《金融机构客户尽职调查和客户身份资料及交易记录保存管理办法》进一步明确要求机构建立清晰的客户接纳政策，完善并强调持续尽职调查规定，要求将客户全生命周期管理融入持续尽职调查的要求中；二是商业银行处于数字化转型的过程中，一方面，新技术在运用过程中存在一定的操作风险，如老年客户服务场景中，无纸化应用的推广加大了代客操作的风险等；另一方面，监管部门出台的互联网个人存款的监管要求，限制了部分创新揽存手段。因此，存款业务面临比较高的合规风险。

19.2%的银行家认为互联网金融业务也面临一定的合规压力。为规范互联网金融业务发展，推动《商业银行互联网贷款管理暂行办法》有效实施，2022年7月，银保监会发布了《关于加强商业银行互联网贷款业务管理提升金融服务质效的通知》，进一步细化明确商业银行贷款管理和自主风控要求，要求商业银行履行贷款管理主体责任，主动加强贷款资金管理，推动商业银行和合作机构规范开展业务合作，促进互联网贷款业务高质量发展。随着监管要求的不断明确，商业银行在互联网贷款的合规管理方面也面临新的挑战。

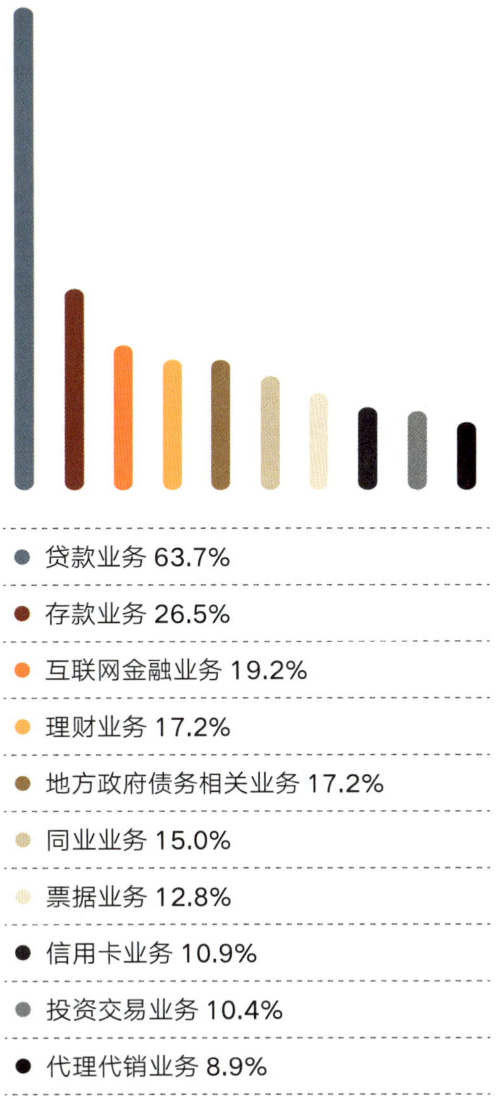

图7-3　银行合规压力较大业务领域

四、超半数银行家认为银行业内控组织架构及问责制度得到完善

近年来，银保监会以强化金融监管为重点，以防范系统性金融风险为底线，持续加大行政处罚力度，从严打击重点领域的违法违规行为。银行业普遍聚焦重点、强化整治、补齐短板，将狠抓内控合规管理与提升金融风险防控能力、服务实体经济高质量发展紧密结合，取得了阶段性成效。本次调查结果显示，超半数的银行家认为银行已经“主动完善内部控制组织架构”（58.7%）、“强化流程管控，完善责任追究制度”（58.5%），反映出“严监管、重处罚、强问责”的监管基调推动了银行明确组织架构职责分工，筑牢业务管理、风险合规和审计监督“三道防线”堡垒，夯实机构稳健合规运营的根基，并建立健全了行内的责任追究制度，实现了全流程监督。

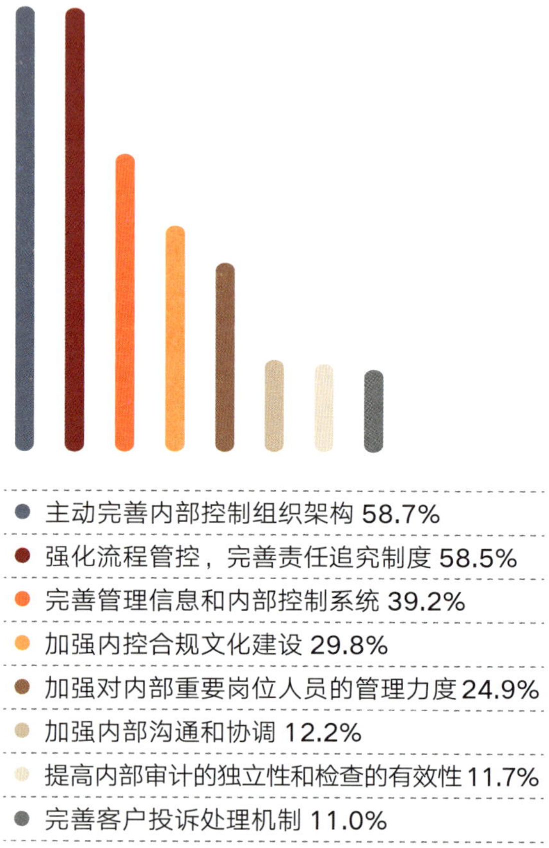

图7-4 银行内控合规建设成效

五、银行家对监管部门出台的服务实体经济各项政策给予较高评价

普惠小微、民营企业是国民经济和社会发展的重要基础，做好普惠小微、民营企业的金融服务是稳增长、调结构、稳就业、惠民生的重要举措，也是监管层和银行业服务

实体经济、服务人民群众、实现共同富裕的重要体现。近年来，监管层出台多项政策文件，从信贷投放、机构准入、资金募集、监管指标、贷款服务方式、风险管理等方面提出多项措施，优化普惠小微、民营企业金融外部环境。截至2022年底，我国普惠型小微企业贷款余额已超过23万亿元，近五年平均增速约为25%，远高于其他国家，贷款利率持续下降。调查结果显示，银行家普遍认可政策层面对普惠小微、民营企业金融服务的扶持力度（4.41分），充分肯定了政策推动小微、民营企业金融服务的效果（4.39分）。此外，2022年我国涉农贷款在总量上稳中有增，重点聚焦粮食安全、巩固脱贫攻坚、乡村建设等“三农”重点领域，进一步增强了信贷期限与农业生产周期、农村基础设施建设周期的匹配性，因此，乡村振兴金融相关政策力度和效果也得到了银行家高度肯定。

从政策效果和政策力度比较来看，银行家对于金融支持新型基础设施建设以及消费金融服务两方面政策实施效果给予超过政策力度的评价。为对冲疫情影响、稳住经济大盘、加快数字经济发展和传统产业转型升级奠定基础，保障新市民在创业、就业、住房、教育、医疗、养老等重点领域的金融需求，2022年，监管部门积极出台政策鼓励金融机构加大对新基础设施建设和新市民金融服务的支持力度。在新基础设施方面，监管层本年度新增8000亿元政策性银行信贷额度，通过银团贷款、购买专项债券、PPP模式等，支持新型基础设施建设；在新市民金融服务方面，根据银保监会统计，截至2022年7月末，1798家银行保险机构共有2.88万个金融产品覆盖新市民。调查结果显示，银行家高度肯定认可这两方面政策实施效果。

表7-4　对目前服务实体经济的监管政策力度及效果评价（单项满分为5分）

请对目前金融服务实体经济监管考核政策的力度和效果打分	政策力度	政策效果
普惠小微、民营企业金融服务	4.41	4.39
乡村振兴金融服务	4.37	4.34
绿色金融服务	4.36	4.33
“专精特新”企业金融服务	4.32	4.31
新型产业、成长型制造业金融服务	4.30	4.28
金融支持新型基础设施建设	4.26	4.27
消费金融服务	4.23	4.25
外贸企业金融服务	4.09	4.09

六、银行家认为内部控制和风险管理方面监管制度建设成效显著

近年来，监管层从完善监管制度框架、提高依法监管水平，到着力服务实体经济、防范化解金融风险，再到推动银行业保险业改革开放，不断提升监管前瞻性和有效性，维护经济金融安全稳定运行。

在监管制度建设方面，2023年2月18日，银保监会、人民银行就《商业银行资本管理办法（征求意见稿）》向社会公开征求意见，以进一步完善商业银行资本监管规则，推动银行提升风险管理水平，提升银行服务实体经济的质效。2022年11月11日，银保监会就《中华人民共和国银行业监督管理法（修订草案征求意见稿）》向社会公开征求意见。监管层先后出台了金融资产风险分类办法、绿色金融服务指引、预期信用损失法实施管理办法、消费者权益保护管理办法、互联网贷款业务管理、理财公司内部控制管理办法等相关政策，不断填补监管空白。超六成的银行家认为监管补短板工作在“内部控制和风险管理”（62.5%）方面取得了突出成效。44.9%的银行家认为在“公司治理”方面成效显著，29.6%的银行家认为在“消费者权益保护”方面监管制度建设明显提升。

针对银行业面临的各类风险和存在的突出问题，未来监管层仍会将补齐监管制度短板作为重点工作，加快提升金融监管的专业化和有效性。对此，超三成（34.5%）银行家认为仍应加强“内部控制和风险管理”方面的监管制度建设，同时，银行家指出在“产品创新管理”（29.9%）和“公司治理”（25.1%）方面也需加强指引。此外，还有25.0%的银行家认为应在“金融科技监管”方面加强制度短板的建设。

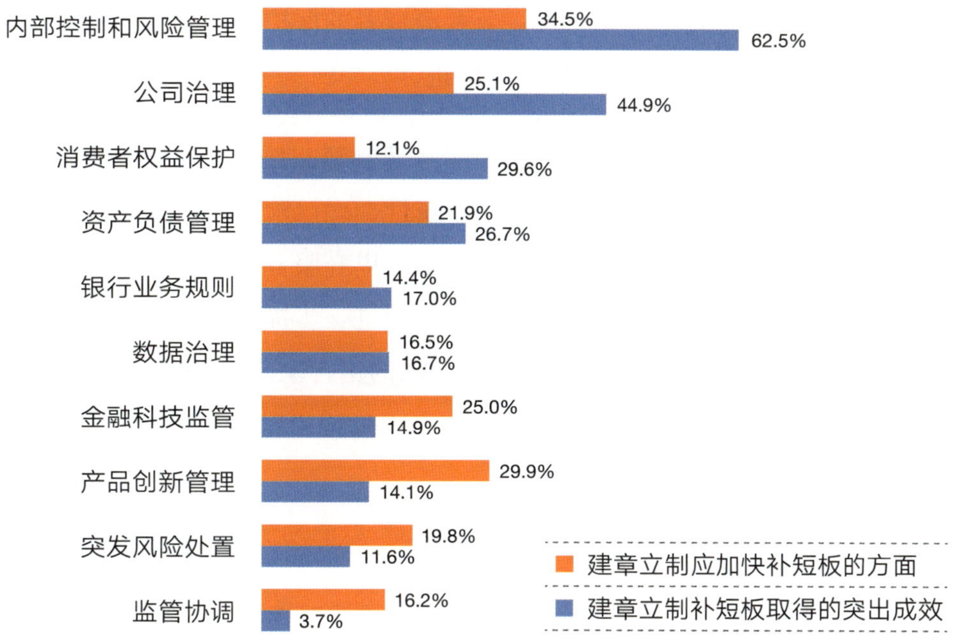

图7-5　监管制度取得突出成效以及需要补短板的领域

七、银行家认为党的十九大以来银行业监管取得最突出成就是夯实防范化解金融风险长效机制

党的十九大以来，面对复杂多变的国内外经济金融形势，银行业监管坚持以习近平新时代中国特色社会主义思想为指导，认真贯彻落实党中央、国务院决策部署，防控金融风险，引导银行业服务实体经济高质量发展。

银行家高度肯定银行业监管取得的突出成就，尤其对防范化解金融风险长效机制逐步夯实（64.4%）和银行业服务实体经济质效显著提升（63.3%）两个方面的认可度显著高于其他。值得关注的是，银行家认为党的领导与公司治理有机融合持续推进（32.8%）。在过往金融风险事件中，相当多的金融机构不同程度地存在党的领导逐级弱化、股权关系不透明、股东行为不审慎、关联交易不合规等问题，加强党的领导和公司治理的有效融合将对上述问题形成有效遏制。此外，四成以上的银行家认为党的十九大以来消费者权益保护机制逐步建立完善，金融消费者的保护受到空前重视，这将与金融机构行为规范及监督管理规则完善形成双向促进。

党的二十大报告中指出要加强和完善现代金融监管，强化金融稳定保障体系，依法将各类金融活动全部纳入监管，守住不发生系统性金融风险底线，这对银行业监管提质增效提出了更高要求，未来在防范化解金融风险、提升服务实体经济质效等方面持续发力，逐步完善金融安全网和风险处置长效机制。为进一步提升监管效能，近四成的银行家（39.7%）认为应“强化监管制度建设”，38.3%的银行家建议“提高监管透明度”，明确监管执行标准，加强市场沟通。此外，也有37.9%的银行家认为应“加强对风险源头的研判和遏制”。

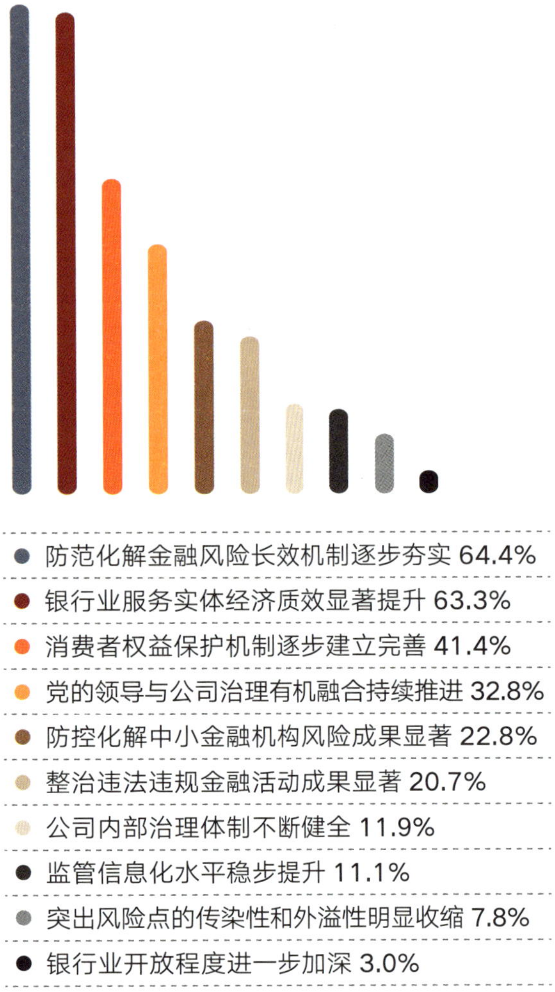

图7-6　党的十九大以来银行业监管取得的突出成就

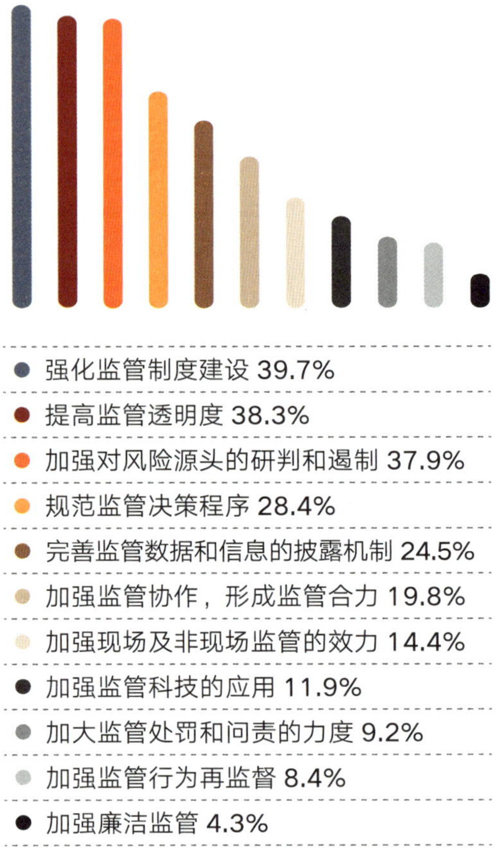

图7-7　银行家对进一步提升监管效能的建议

八、银行家重点关注数据、技术和网络信息等领域标准建设与风险防控

数字化转型已成为银行业战略转型最重要的驱动力。2021年末，人民银行下发《金融科技发展规划（2022—2025年）》，银保监会下发《关于银行业保险业数字化转型的指导意见》，从数字化转型原则、工作框架及标准等方面给予银行业金融机构更为明确的工作指引。为推动银行业数字化转型的良性发展、打造银行业数字生态，监管机构需要在多个维度明确数字化建设标准，银行家重点关注技术、数据和网络信息等领域。其中，超半数的银行家（53.1%）认为监管机构应尽快明确“金融科技技术研发和使用标准”，48.7%的银行家认为应加强“数据采集及应用规范”，另有31.9%的银行家认为应尽快建立完善“网络信息安全防护标准”。

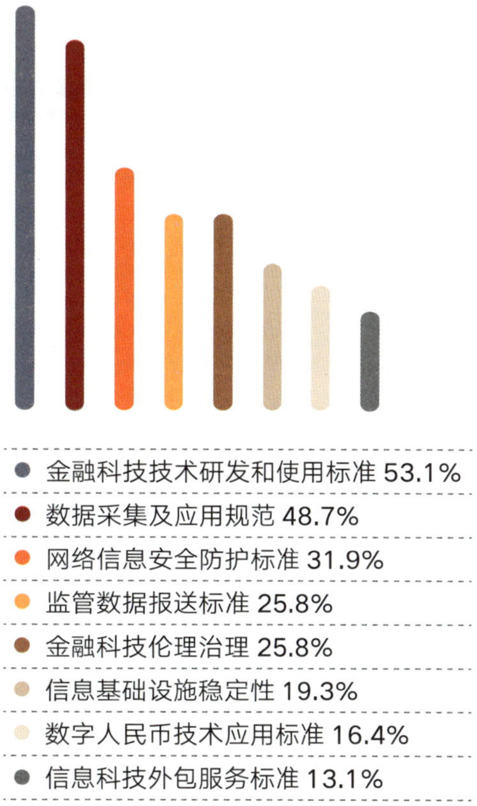

图7-8 银行业数字生态标准化建设应重点关注的方面

随着技术在金融领域的广泛应用，金融科技已在剧烈改变着传统金融经营模式和监管范式，面对新形势和新挑战，监管机构积极探索创新技术在监管合规领域的应用，以实现提高监管效率、降低合规成本、控制金融风险、适应并引领金融科技创新的目的。首先，数据是金融科技与监管科技发展的基础，为持续推进监管科技发展，超半数的银行家（54.3%）认为监管机构需要进一步“完善数据标准化建设”；其次，30.9%的银行家认为应强化“信息非对称风险防控”；在监管机构和市场主体依托算法模型为监管和经营决策提供依据的同时，算法模型隐含的复杂性和“黑箱问题”值得警惕，28.0%的银行家认为在推进监管科技的过程中需做好“算法模型风险防控”。

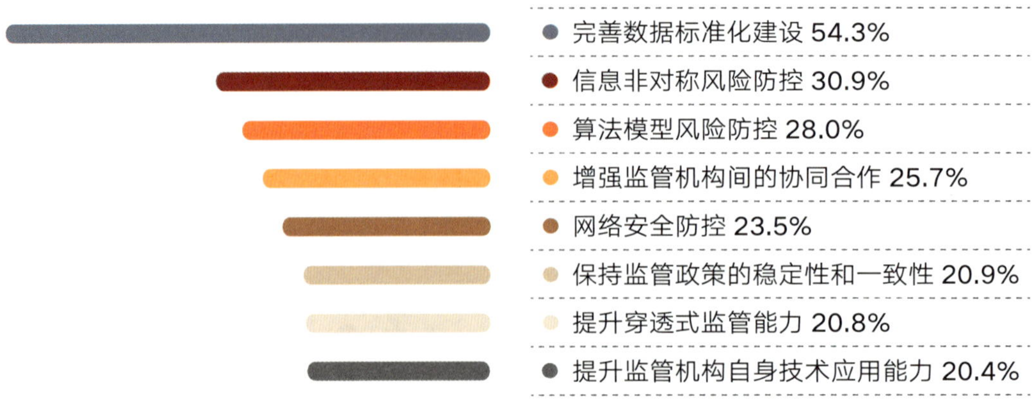

图7-9　监管科技发展应重点关注的方面

第八部分

发展前瞻

2022年，面对新冠病毒感染新形势新变化，经济下行压力未减。调查结果显示，整体来看，银行家对银行业未来五年的整体营业收入与利润仍然持乐观态度。接近九成的银行家认为未来五年银行业整体不良贷款率低于2%。近九成的银行家认为银行业拨备覆盖率保持在150%以上。超过五成的银行家认为资本充足率高于12%。

一、银行家对未来五年银行业整体营业收入与利润增速保持乐观态度

调查结果显示，近四成银行家认为，未来五年银行的营业收入增长率维持在5%~10%的水平，两成左右的银行家认为这一比率将维持在10%以上，近五成银行家则认为未来五年银行的营业成本增长率将维持在0~5%的水平，这一结果与往年调查结果基本一致。总体来看，银行家对未来五年银行业的整体营业收入以及成本保持积极向好的预期。

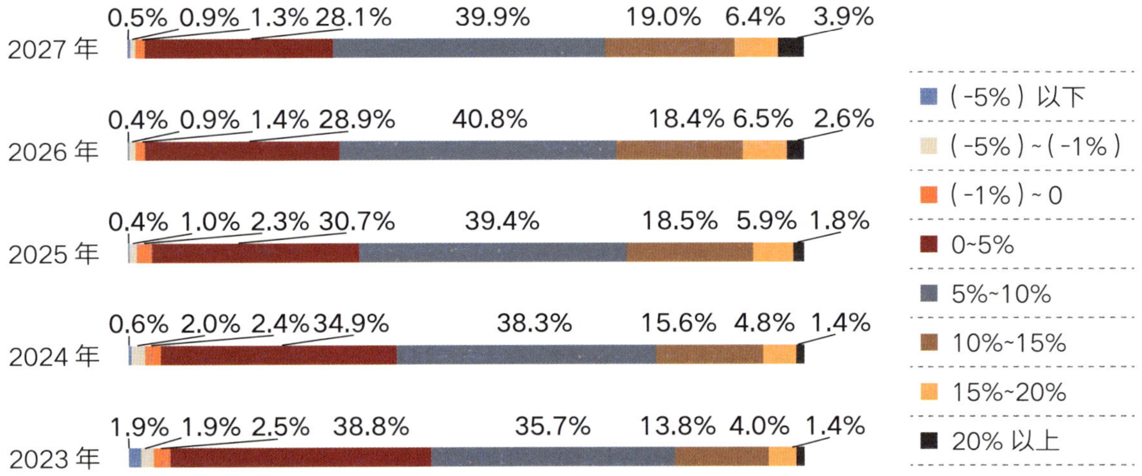

图8-1　未来五年银行营业收入增长率预计

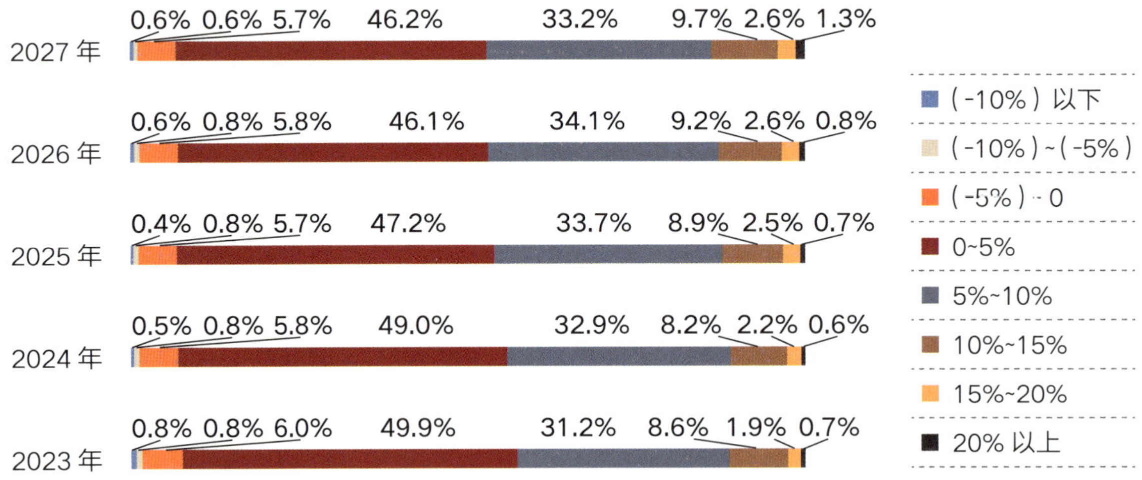

图8-2　未来五年银行营业成本增长预计

二、超过七成的银行家认为未来五年银行业整体不良贷款率低于2%

从银行家对银行业未来五年的不良贷款率预期来看，超过七成的银行家认为未来五年银行业整体不良贷款率维持在2%以下，而2021年的调查结果显示，接近九成的银行家认为未来五年银行业不良贷款率低于2%。国际环境和疫情反复冲击的内外部形势，使得中国银行业经营环境日益复杂且充满了不确定性，银行家对银行业未来经营性风险上升和资产质量下滑预期有所增加。

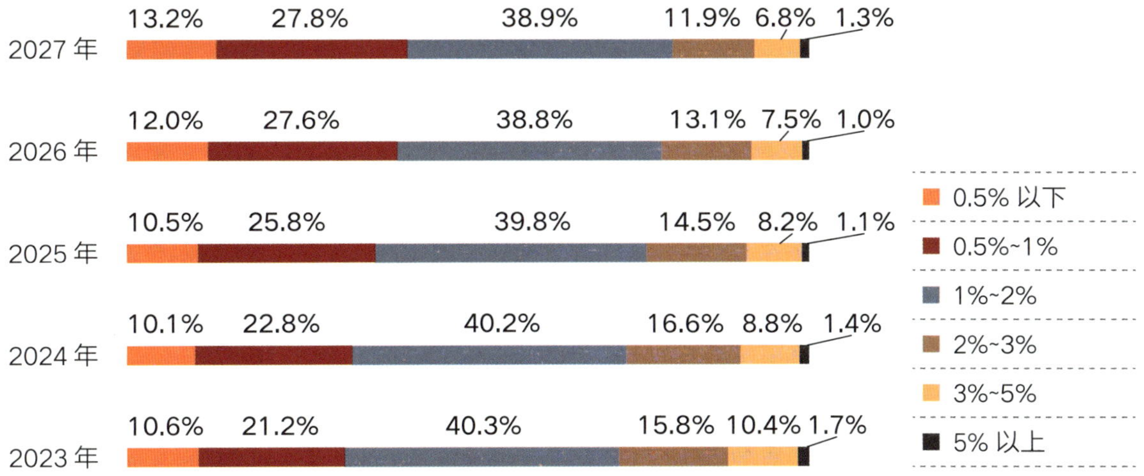

图8-3　未来五年银行的不良贷款率预计

三、近九成的银行家认为2022年银行业拨备覆盖率保持在150%以上

调查结果显示，近九成的银行家认为，2022年银行业拨备覆盖率保持在150%以上，其中，超过半数的银行家认为2022年银行业拨备覆盖率维持在150%~200%，这一结果与

往年相比整体稳定合理。在经营管理中，银行兼顾效益与质量、加快发展与防范风险、短期与长期利益的关系，切实提高增强抵御风险的能力。

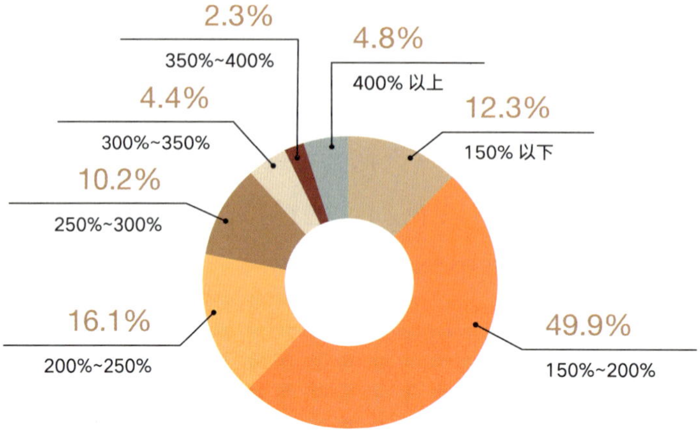

图8-4　受访银行2022年的拨备覆盖率预期

四、超过五成的银行家认为2022年银行资本充足率高于12%

从银行资本充足率来看，有超过五成的银行家认为，2022年银行资本充足率高于12%，这一结果与往年保持一致。面对资本监管不断加强，为了缓解资本压力，我国政策在不断推动新型资本补充工具的创新，以支持银行通过多渠道补充资本。

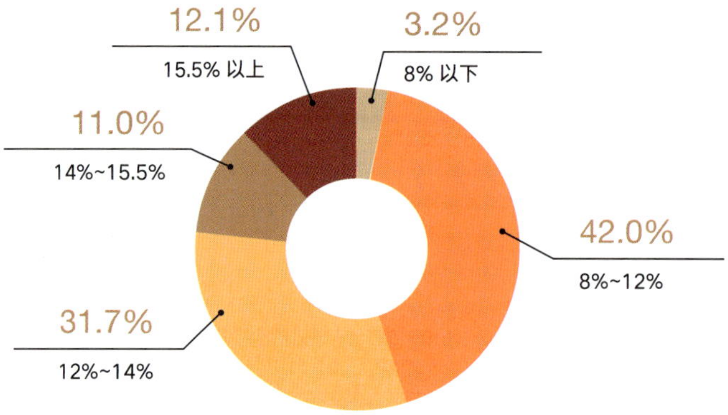

图8-5　受访银行2022年资本充足率预期

第九部分

银行家群体

2022年，面对新冠病毒感染的严峻考验和全球经济金融环境的震荡波动，中国银行业坚持稳字当头、稳中求进，经营业绩稳中向好，服务实体经济取得新成效，中国银行家群体也积极应对当前银行业发展变化。调查结果显示，超九成银行家认为考核指标反映了银行家的管理能力，但考核指标体系仍有待进一步优化；银行家对银行业管理者的职业化和市场化程度满意度略微下降，银行家对银行业管理者的期望与要求有所提升；银行家对于前往其他机构发展的开放态度持续提高，超六成银行家对更换工作持开放态度。

一、超九成银行家认为考核指标反映了银行家的管理能力，但考核指标体系仍有待进一步优化

关于银行考核指标对管理能力的反映程度，合计94.8%的银行家认为其当前所在银行的考核指标能够完全或较大程度或一定程度地反映银行家的管理能力，相较于2021年的98.8%下降了4.0个百分点，认为能够完全充分反映的银行家占比和较大程度反映的银行家占比下降是主要原因。具体看，认为能够完全充分反映的银行家比例为14.8%，较2021年下降9.3个百分点；认为能够较大程度反映的银行家比例为47.7%，较2021年下降10.0个百分点；而认为能够一定程度反映的银行家比例为32.3%，较2021年增加15.3个百分点。选择不能反映的银行家为2.4%，相较于2021年小幅上升了1.1个百分点。银行家对考核指标认可程度的下降表明部分商业银行的考核指标体系有待进一步改革优化，以激发和调动银行家的积极性。

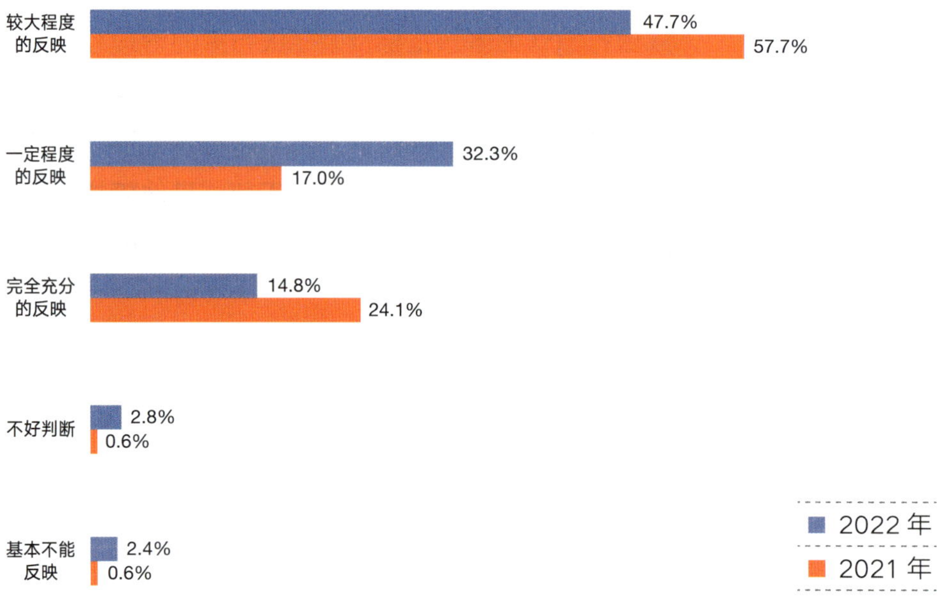

图9-1　银行家认为考核指标反映管理能力的程度

二、银行家认为职位晋升是调动工作积极性和创造性的重要激励因素，而职位晋升主要由工作能力与绩效决定

从影响银行家工作成效的激励因素来看，最能够调动银行家工作积极性和创造性的是职位的晋升（60.3%），其次是收入的提高（53.4%）、培训和交流的机会（45.0%）、考核的优化（30.6%），说明个人职业生涯的发展是银行家最重视的激励。同时，在收入得到一定程度保障的基础上，个人能力的提升机会也是调动银行家工作积极性和创造性的有效手段。另外，挑战性的工作（28.5%）、领导信任（25.0%）的占比也较高，说明银行家对工作内容和工作环境的满意程度也会影响其工作的积极性和创造性。

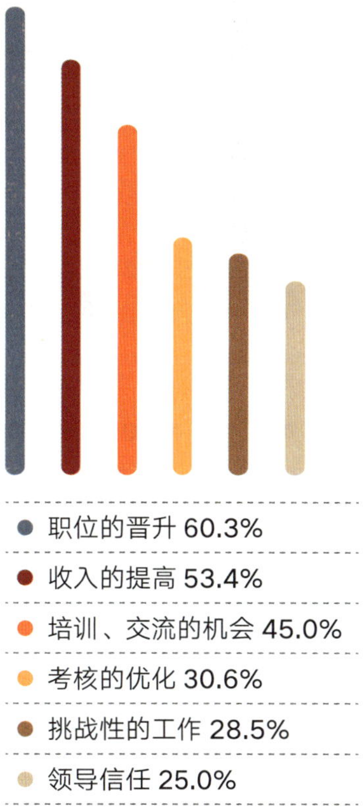

图9-2 银行家认为影响工作成效的激励因素

在受访银行家中，88.4%的银行家认为工作能力与绩效是决定职位晋升的重要因素，60.4%的银行家认为工作态度是决定职位晋升的重要因素。除此之外，职务空缺机会（32.6%）、领导赏识（13.8%）、高学历（7.4%）以及工作年限（7.0%）也是决定职位晋升的因素之一。以上调查结果表明，银行家个人工作能力与绩效的提升能够带动其职位晋升，而职位晋升反过来又提升了银行家工作的积极性和创造性，从而提升其工作能力与绩效，形成个人职业生涯积极向上发展的良性循环。

从影响银行家工作成效的个人因素来看，身体健康状况（46.2%）、专业技能（40.1%）和心理状态（37.9%）是银行家认为影响工作成效的重要因素，这说明关注身心健康、注重专业技能提升是提升银行家工作成效的有效手段。另外，工作方式（26.5%）、应对突发问题的能力（20.8%）也会对银行家的工作成效产生一定的影响。

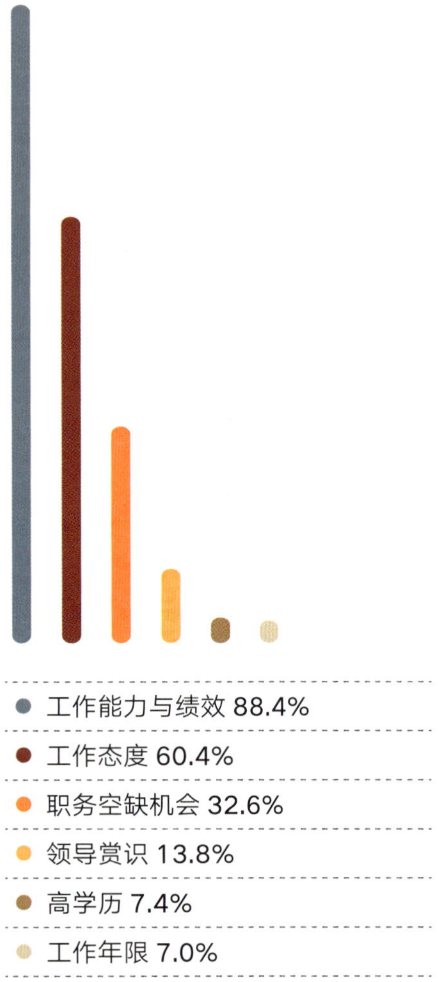

图9-3　银行家认为影响职务晋升的决定因素

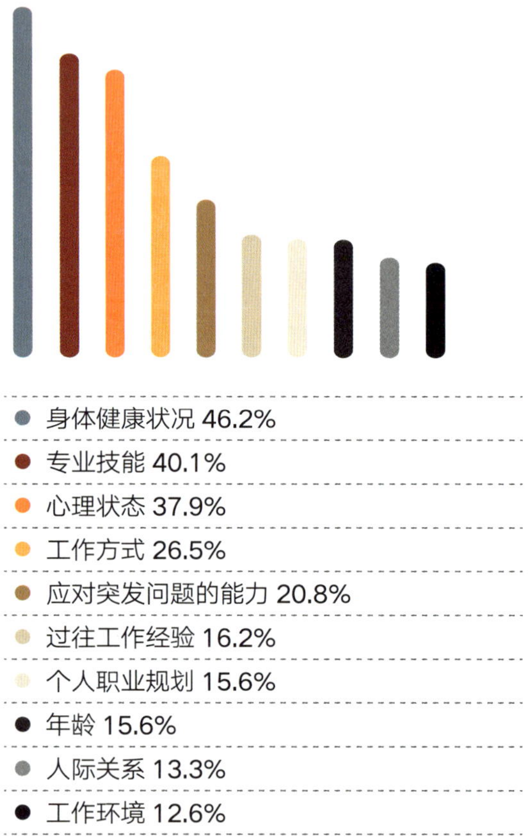

图9-4　银行家认为影响工作成效的个人因素

三、银行家对银行业管理者的职业化和市场化程度的满意度略微下降

关于银行家对银行业管理者的职业化和市场化程度满意程度的调查结果显示，2022年，71.2%的银行家对中国银行业各级管理者职业化和市场化程度的满意度较高或很高，

相较2021年的74.4%下降了3.2个百分点。其中，对管理者职业化和市场化程度表示满意的银行家占比增长了18.9个百分点；很满意的银行家占比则较2021年降低了22.1个百分点；满意度一般的银行家占比较2021年增长了2.2个百分点；而不满意和很不满意的银行家两年占比皆不超过4%，2022年，不满意和很不满意的银行家占比较2021年小幅上升1.0个百分点。银行家对银行业管理者的职业化和市场化程度满意度的下降，表明银行家对银行业管理者的期望与要求有所提升。

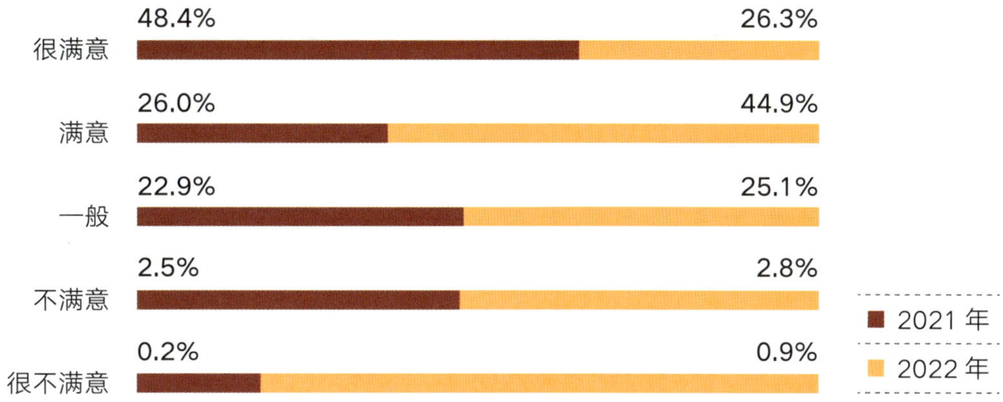

图9-5　银行家对银行业管理者职业化和市场化程度的满意度评价

四、超六成银行家对更换工作持开放态度

在银行家愿意去往的机构类型方面，调查结果显示，超六成（60.5%）的银行家愿意到其他机构发展，39.5%的银行家愿意继续留在现机构发展，较2021年的54.0%有一定程度的下降，这表明随着中国市场经济的深化和金融体制改革的推进，中国银行业从业人员面临更宽松的政策环境和更多的市场选择，银行家对于前往其他机构发展的开放态度持续提高。

在银行家愿意去往的机构中，最受欢迎的依然是股份制商业银行（18.2%），相较于2021年的19.6%小幅下降了1.4个百分点，但股份制商业银行较高的市场化程度与薪酬待遇仍具有较高吸引力。其他受欢迎的机构依次是：大型商业银行（14.0%）、政策性银行（8.8%）以及农村银行类金融机构（7.2%）；选择城市商业银行（4.7%）、外资银行

（3.2%）、互联网银行（2.5%）、民营银行（0.7%）比例相对较低，均在5%以下。从排名靠前的机构特征来看，机构规模是银行家选择发展平台的重要考虑因素。同时，政策性银行的吸引力较2021年的3.5%大幅增加5.5个百分点，说明政策性银行在政策性业务领域的独特经营优势与工作的稳定性对银行家的吸引力有所增加。

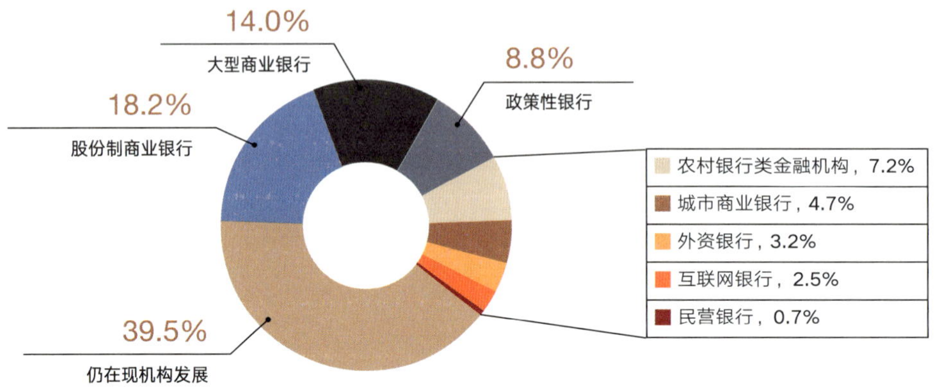

图9-6　银行家工作机构选择

分机构来看，全国性大型商业银行（63.4%）、全国性股份制银行（52.7%）、开发性金融机构和政策性银行（68.3%）、城市商业银行和民营银行（57.5%）与外资银行（55.1%）中愿意留在现有机构的人数较多；而农村商业银行愿意留在现有机构的人数低于五成，仅为46.2%，其中，14.6%的银行家选择去往其他农村商业银行发展。不愿意留在现有机构发展的银行家也大多会选择与现有机构同类型的其他机构继续发展。

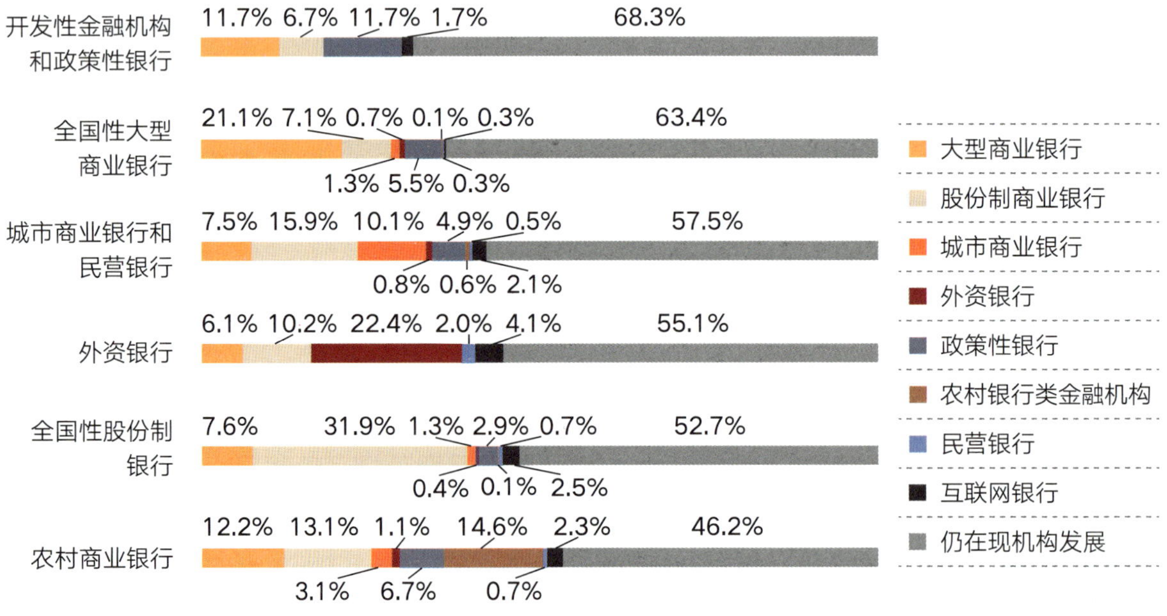

图9-7　来自不同机构类型的银行家愿意前往发展的金融机构

第十部分

同业评议

CHINESE
BANKERS
SURVEY
中国银行家调查报告

从16项银行主要业务的同行竞争力评价调查结果可以看出，中国银行业整体呈现较为稳定的竞争格局，银行家认为大型商业银行在较多业务领域维持着明显的竞争优势，其中，四大行（工商银行、农业银行、中国银行、建设银行）在除同业业务、信用卡、私人银行、金融科技以外的其他12项业务领域的同行竞争力评价排名中均位列前四，较上年竞争优势有所提升。而股份制银行在信用卡业务、私人银行业务等部分业务领域亦具备较强的市场竞争力。

本次调查邀请银行家对小微信贷、贸易融资、同业业务、债券投资、个人按揭、信用卡、资产管理、金融科技等16项银行主要业务的竞争力强弱作出评价，通过列示每项业务所有参选银行的竞争力排名，从更全面的角度展示了中国银行业的竞争格局与趋势。

调查结果显示，在小微信贷业务领域，大型商业银行同业优势明显，工商银行、建设银行、农业银行位列行业前三名，占比分别为57.1%、54.6%、49.9%。

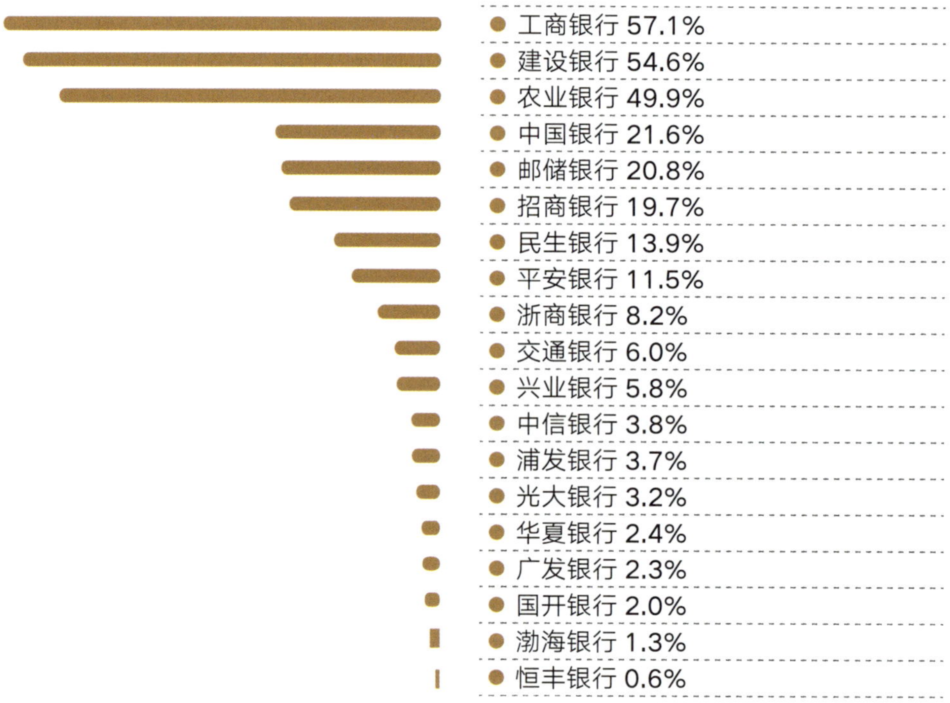

图10-1 2022年小微信贷业务同行评价

调查结果显示，银行家认为中国银行基于国际结算优势在贸易融资业务领域位列行业第一名，占比为67.3%，工商银行、建设银行位列行业第二名和第三名，占比分别为62.9%和48.2%。

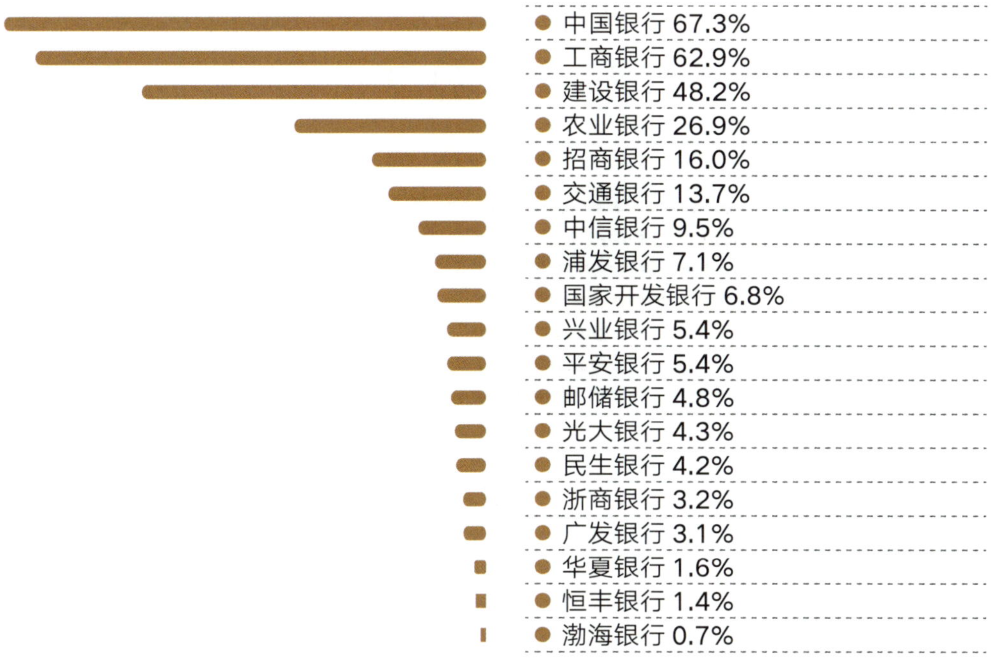

图10-2　2022年贸易融资业务同行评价

调查结果显示，在同业业务领域，银行家认为工商银行、建设银行、中国银行位列行业前三名，占比分别为62.2%、44.4%、35.5%。同时，兴业银行同业业务位列行业第四名，在股份制商业银行中竞争优势排名第一名，占比为33.3%。

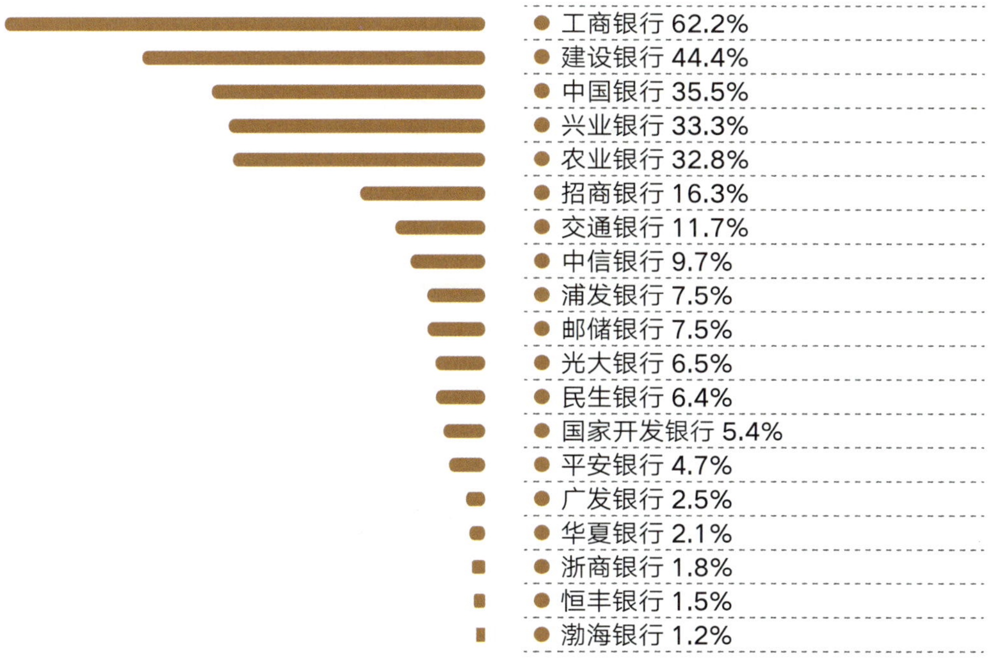

图10-3　2022年同业业务同行评价

调查结果显示，银行家认为工商银行在债券投资业务领域竞争优势明显，在同业中排名第一名，占比为62.9%，建设银行、中国银行位列行业第二名和第三名，占比分别为50.7%和38.7%。

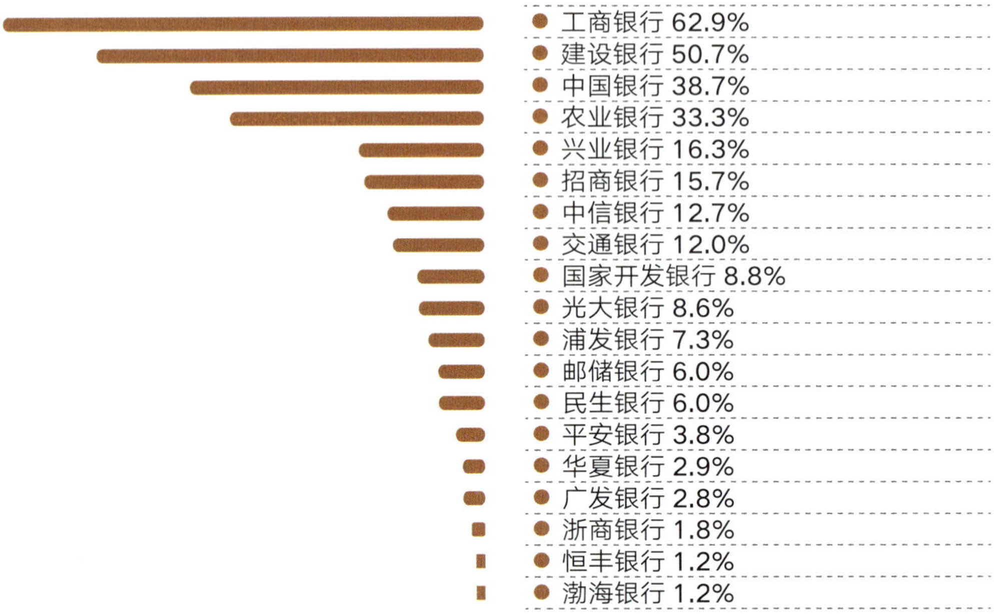

图10-4　2022年债券投资业务同行评价

调查结果显示，在个人按揭业务领域，银行家认为建设银行、工商银行、农业银行位列行业前三名，占比分别为70.1%、68.4%、47.0%。

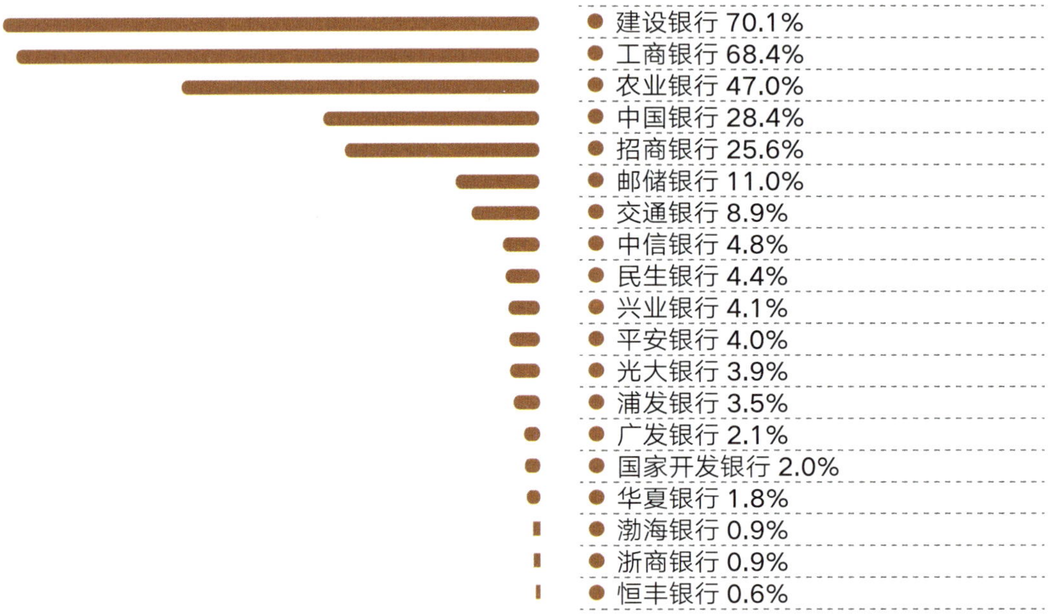

图10-5　2022年个人按揭业务同行评价

调查结果显示，银行家认为招商银行以深耕零售业务的优势位列信用卡业务第一名，占比为62.6%，高出第二名13.8个百分点，工商银行、建设银行位列行业第二名和第三名，占比分别为48.8%和38.6%。

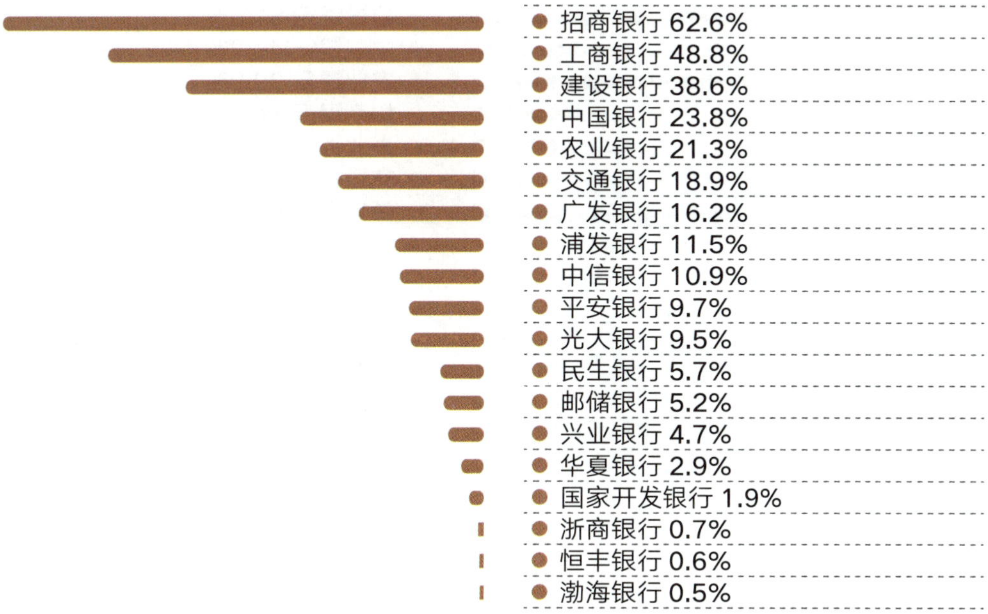

图10-6　2022年信用卡业务同行评价

调查结果显示，近七成（69.1%）银行家认为工商银行在资产管理业务领域优势明显，建设银行、中国银行位列行业第二名和第三名，占比分别为52.7%和40.3%。

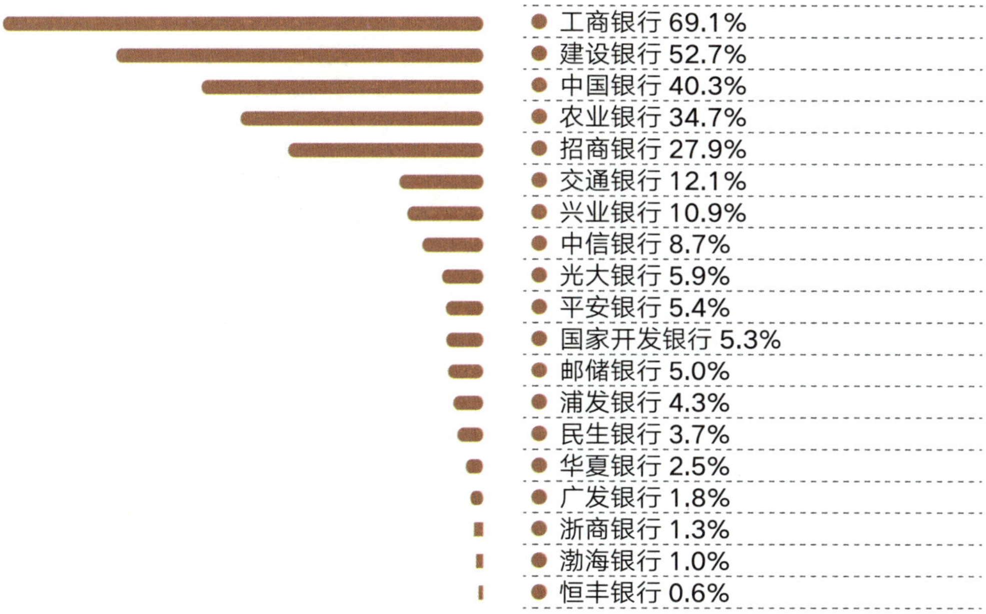

图10-7　2022年资产管理业务同行评价

调查结果显示，在资金业务领域，银行家认为工商银行、建设银行、中国银行位列行业前三名，占比分别为70.5%、51.3%、47.2%。

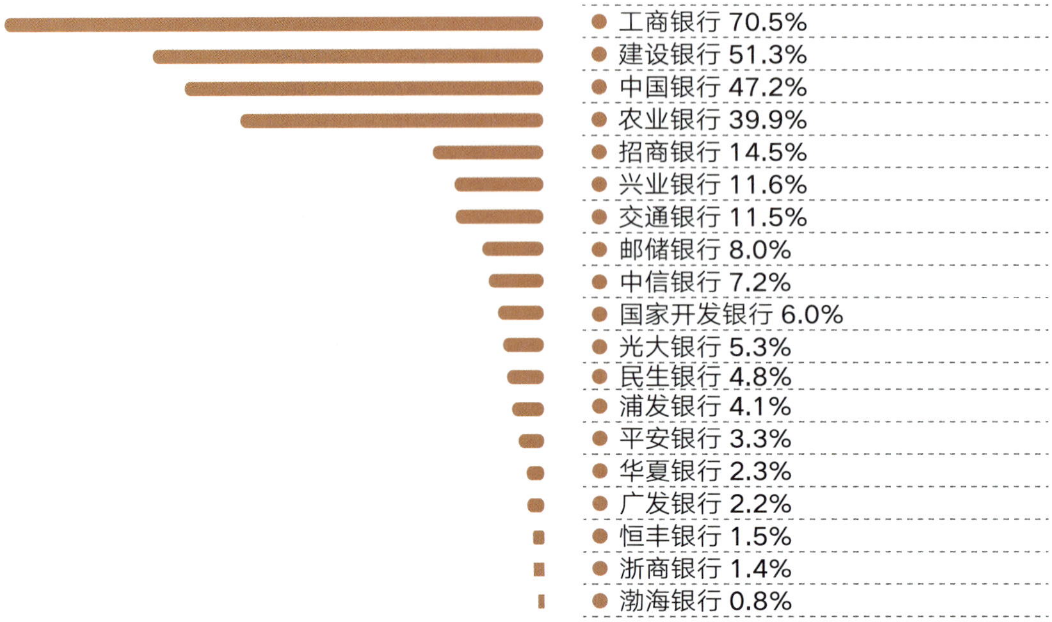

图10-8　2022年资金业务同行评价

调查结果显示，81.6%的银行家认为工商银行在资金清算业务领域的竞争优势较为明显，中国银行、建设银行位列行业第二名和第三名，占比分别为59.5%和55.3%。

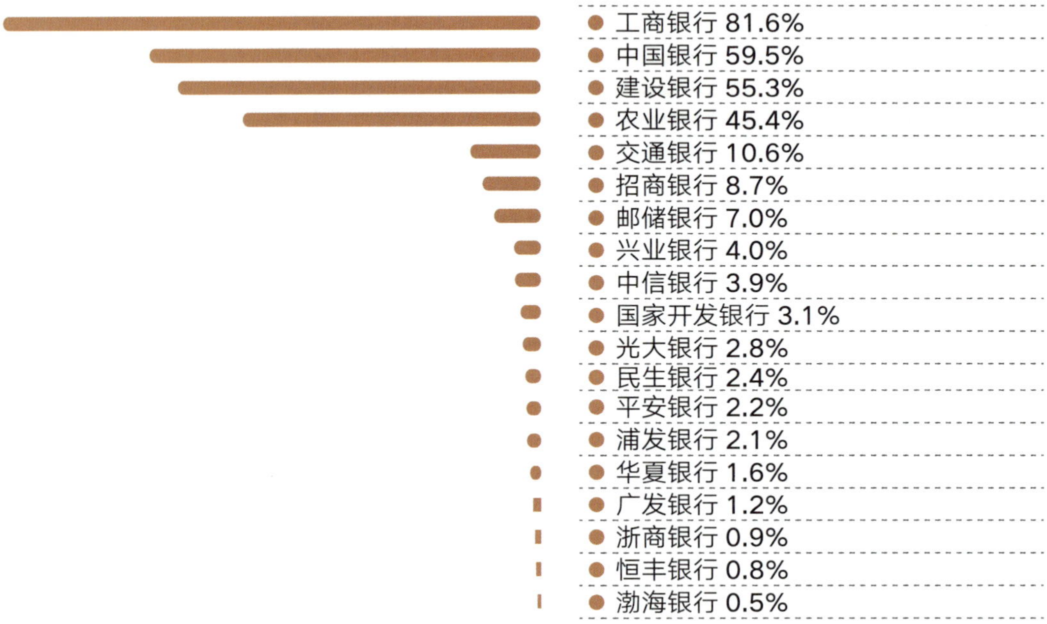

图10-9　2022年资金清算业务同行评价

调查结果显示，中国银行作为曾经我国的国家外汇外贸专业银行，银行家认为其在国际结算业务的竞争优势位居第一名，占比为85.7%，工商银行、建设银行位列行业第二名和第三名，占比分别为69.8%和45.8%。

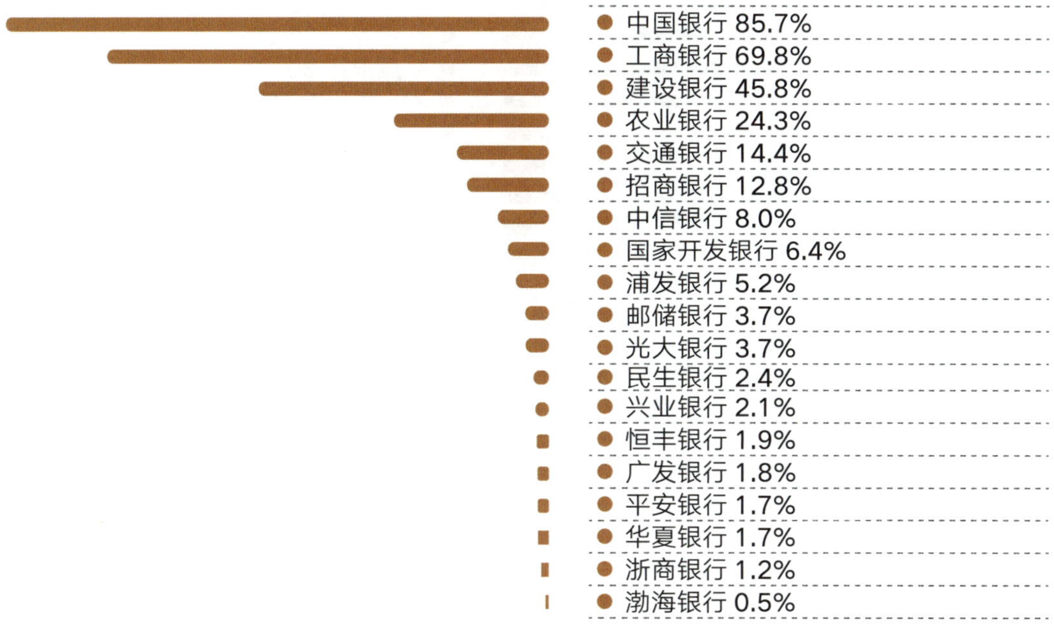

图10-10　2022年国际结算业务同行评价

调查结果显示，在代理服务业务领域，银行家认为工商银行、中国银行、建设银行位列行业前三名，占比分别为69.5%、51.0%、49.8%。

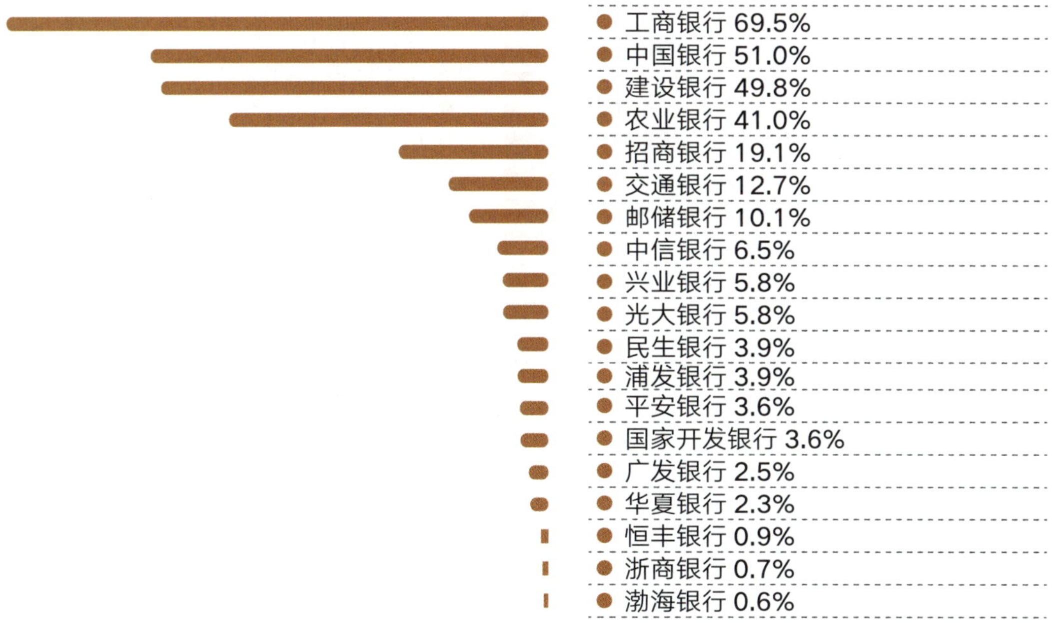

图10-11　2022年代理服务业务同行评价

调查结果显示，银行家认为招商银行以深耕财富管理的优势位列私人银行业务第一名，占比为61.2%，工商银行、建设银行位列行业第二名和第三名，占比分别为53.5%和36.2%。

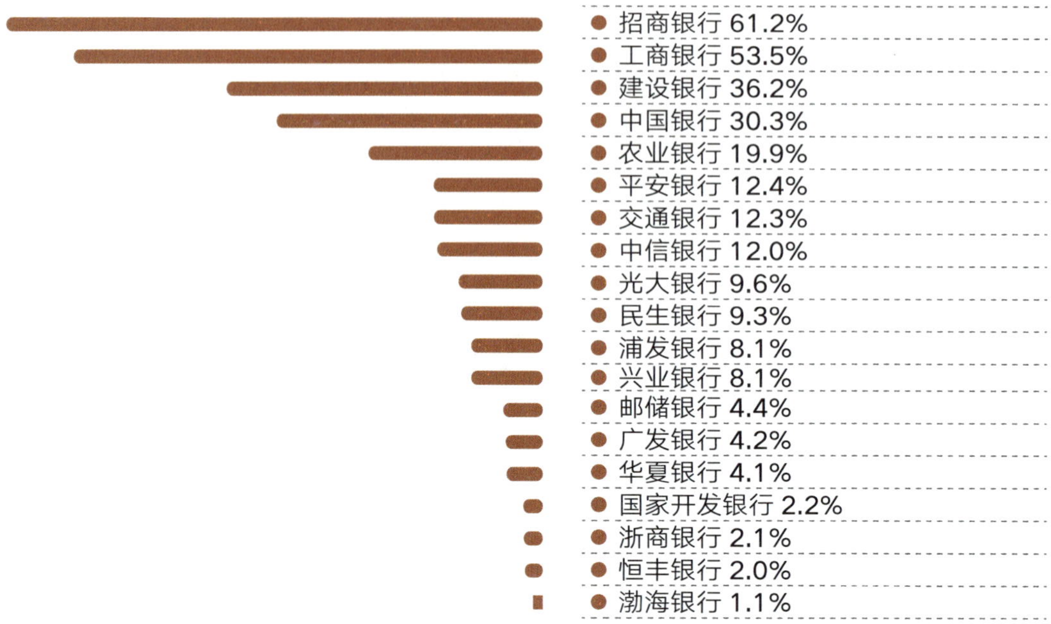

图10-12　2022年私人银行业务同行评价

调查结果显示，工商银行作为我国第一家获得证券投资基金托管资格的银行，银行家认为其在资产托管业务的竞争优势位居第一，占比为70.3%，建设银行、中国银行位列行业第二名和第三名，占比分别为51.1%和43.0%。

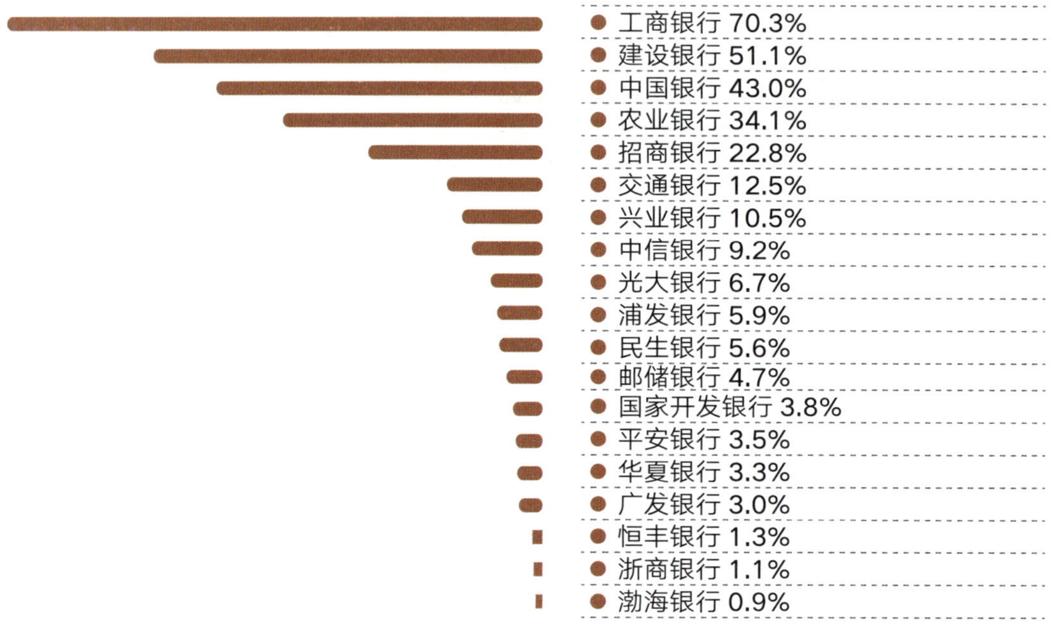

图10-13　2022年资产托管业务同行评价

调查结果显示，在电子银行业务领域，银行家认为工商银行、建设银行、招商银行位列行业前三名，占比分别为69.1%、56.1%、42.5%。

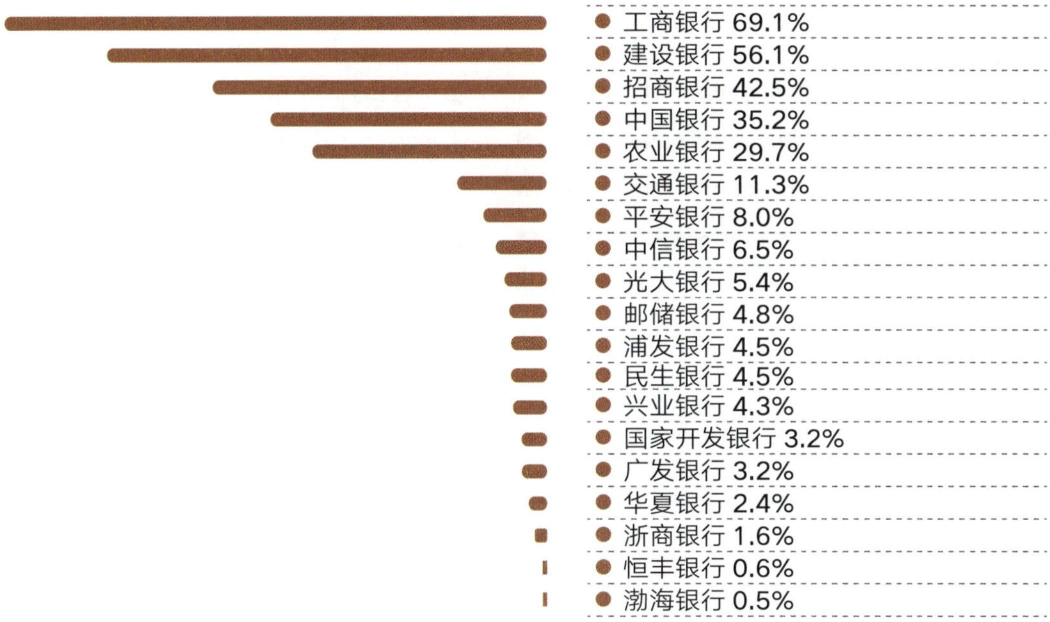

图10-14　2022年电子银行业务同行评价

调查结果显示，在金融科技业务领域，作为银行业首家成立金融科技研究院的机构，银行家认为工商银行竞争优势位居第一，占比为71.3%。同时，建设银行、招商银行位列行业第二名和第三名，占比分别为60.4%和38.7%。

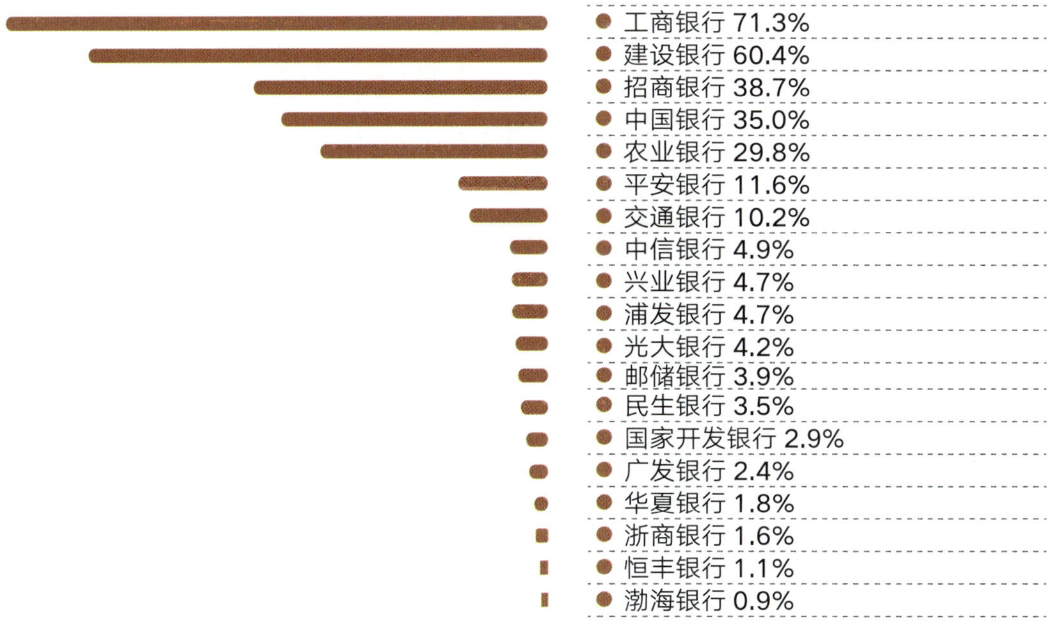

图10-15　2022年金融科技业务同行评价

调查结果显示，工商银行作为我国资产规模最大的银行，银行家认为其在综合化经营方面的竞争优势位居第一，占比为77.3%，建设银行、中国银行位列行业第二名和第三名，占比分别为58.7%和45.3%。

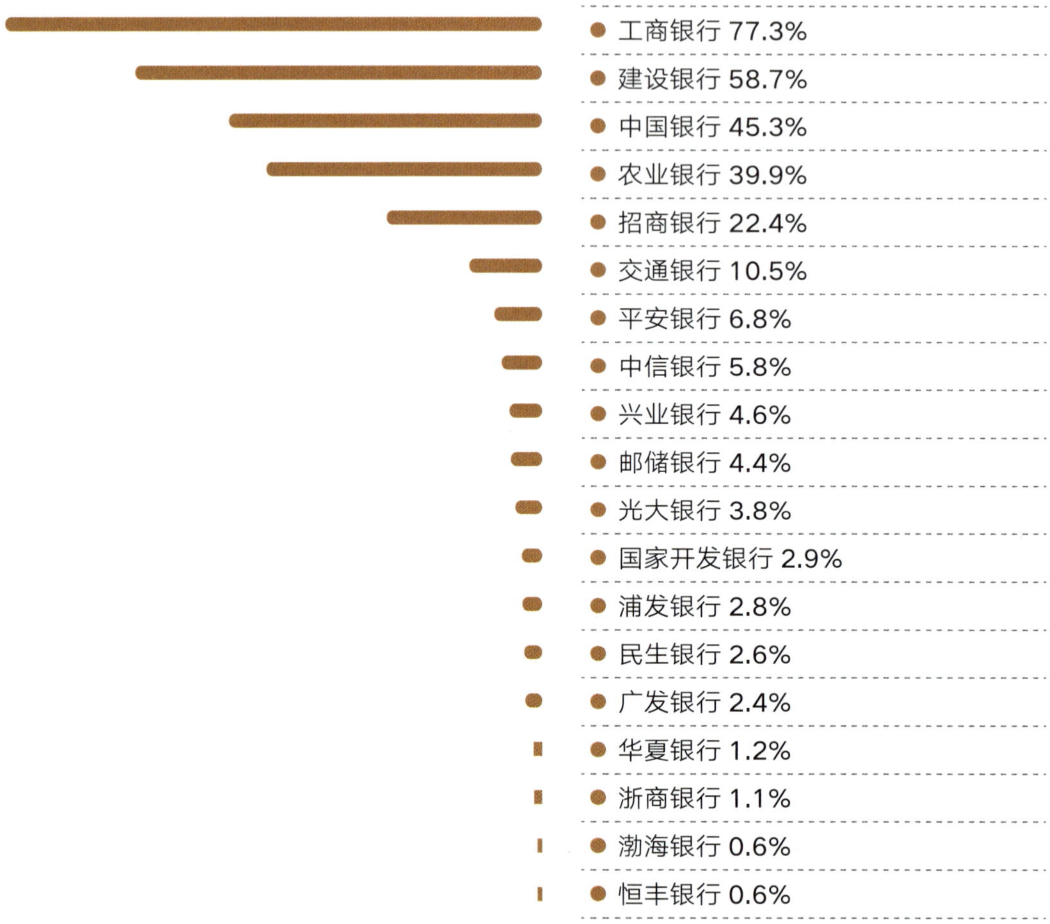

图10-16　2022年综合化经营业务同行评价

第十一部分

专题篇

专题一　银行业助力经济稳增长

专题二　银行业服务专精特新“小巨人”企业

专题三　银行业资产管理路在何方

专题四　银行业坚守风控底线守正创新

专题五　中小银行风险治理

专题一　银行业助力经济稳增长

面对国内外超预期因素冲击，银行业全面贯彻党中央、国务院决策部署，切实服务实体经济。随着各项政策效果的持续显现，大部分银行家对2023年中国宏观经济增长持积极乐观心态，并对银行业扎实落实“稳住经济的一揽子政策措施”给予了高度评价。促消费方面，银行家表示将进一步提供特色普惠金融服务并拓宽线上渠道；稳外贸稳外资方面，银行家表示应创新贸易金融产品。同时，要大力支持住宿餐饮、交通运输与物流等重点行业，帮助企业纾困解难，要重视绿色信贷业务，大力发展绿色金融。此外，银行家表示商业银行要有效防范金融风险、提高自身ESG水平，持续提升金融服务实体经济质效，助力经济稳增长。

一、近四成银行家预计2023年中国宏观经济温和增长

党的二十大胜利召开，对未来五年和以后更长时期的中国经济社会发展进行了全面系统的战略性部署。2023年，中国经济能否重回合理增长区间、能否以自身宏观经济企稳为世界经济注入稳定剂，受到国内外高度关注。调查结果显示，大部分银行家认为未来一年中国宏观经济“略有增长”。具体来看，经济增长方面，银行家认为工业增加值、固定资产投资、社会消费品零售总额、出口和进口等指标将呈现增长态势，其中，银行家对于“工业增加值”指标的态度最为乐观。通货膨胀方面，近四成的银行家预计未来一年我国消费者物价指数CPI和生产价格指数PPI将“略有增长”，占比分别为43.7%和39.5%。货币金融方面，随着稳增长政策继续升温发力，超过85%的银行家认为下年度社会融资规模、新增人民币贷款和M_2至少持平或进入上升通道。

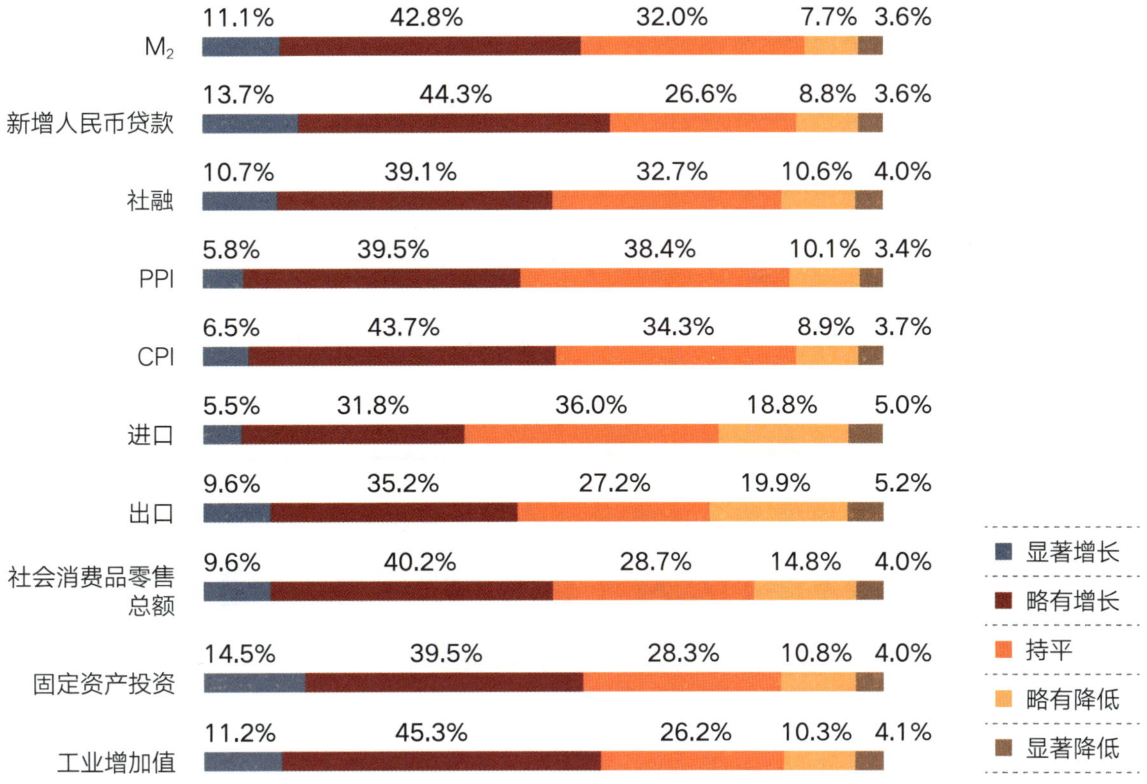

图1-1 未来一年宏观经济走势预测

二、银行家积极评价本行落实“稳住经济的一揽子政策措施”情况

2022年5月，国务院印发《扎实稳住经济的一揽子政策措施》，包括6个方面33项，为扎实做好“六稳”工作、全面落实“六保”任务明晰了方向。调查结果显示，银行家对本行政策落实情况的评分整体维持在较高水平，反映出银行家对于本行助力维稳宏观经济大盘工作的肯定。在对各项具体措施的评价中，银行家对于“落实货币金融政策”（4.41分）、“落实保基本民生政策”（4.41分）的评价较高，对“落实稳投资促消费等政策”（4.38分）和“落实财政政策”（4.38分）的评价高于平均值。表明在稳中求进的工作总基调下，各银行结合自身业务特点，全力做好“一揽子政策措施”的再部署、再推动、再落实。

表1-1　银行家对落实“一揽子政策措施”的评价（单项满分为5分）

选项	得分
落实保粮食能源安全政策	4.30
落实保产业链供应链稳定政策	4.36
落实财政政策	4.38
落实稳投资促消费等政策	4.38
落实保基本民生政策	4.41
落实货币金融政策	4.41
平均得分	**4.37**

三、超半数银行家认为在促消费方面应提供特色普惠金融服务并拓宽线上渠道

消费作为经济循环中的重要一环，对其他领域发挥着重要牵引带动作用。调查结果显示，51.8%的银行家鼓励进一步丰富普惠金融服务（如支农贷款、小微贷款等），表明

银行业积极践行发展成果惠及全民使命，主动聚焦居民衣食住行等多场景需求，综合施策释放居民消费潜力。48.4%的银行家表示可以通过“拓展线上消费服务市场”的方式开展“数字赋能消费”，反映出在居民消费线上化趋势不断提速的背景下，银行业主动布局线上消费场景，以满足消费者的消费需求，促进消费回稳向好。

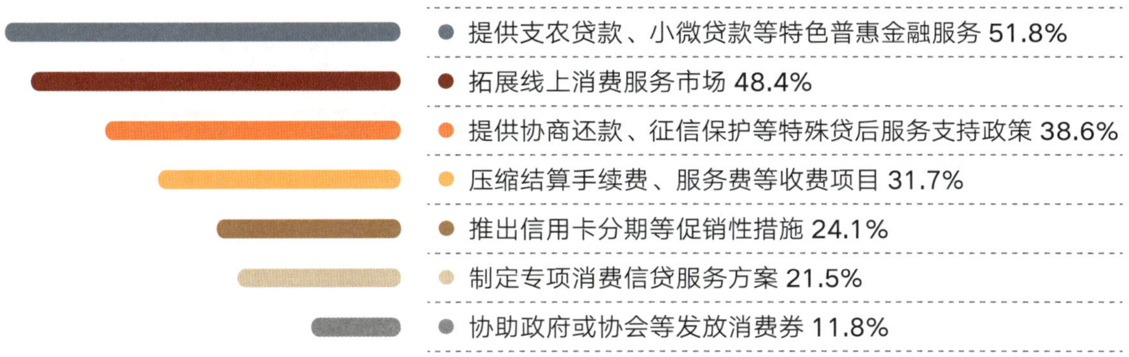

图1-2　银行家认为促消费扩内需的措施

四、超四成银行家认为应从贸易金融产品创新切入，服务外贸保稳提质工作

稳外贸稳外资，是夯实经济复苏基础的重要举措之一。《国务院办公厅关于推动外贸保稳提质的意见》及《关于做好疫情防控和经济社会发展金融服务的通知》中提及银行业在加强外贸保稳提质中需要积极履行多项重要任务。调查结果显示，银行家认为“创新贸易金融产品”，如为外贸企业提供涵盖人民币贸易融资、结算在内的综合性金融服务，是稳外贸稳外资方面的工作重点（44.8%）。紧随其后的是“与担保机构合作，强化融资征信支持”（42.4%），体现出银行家对于外贸业务中潜在风险的关注，担保机构的介入能够为外贸企业提供较大的增信支持，有助于防范化解银行业的信贷风险。此外，“完善企业汇率风险管理服务”（42.2%）位于第三，表明银行业正逐步优化企业汇率避险服务，帮助企业管理汇率风险。

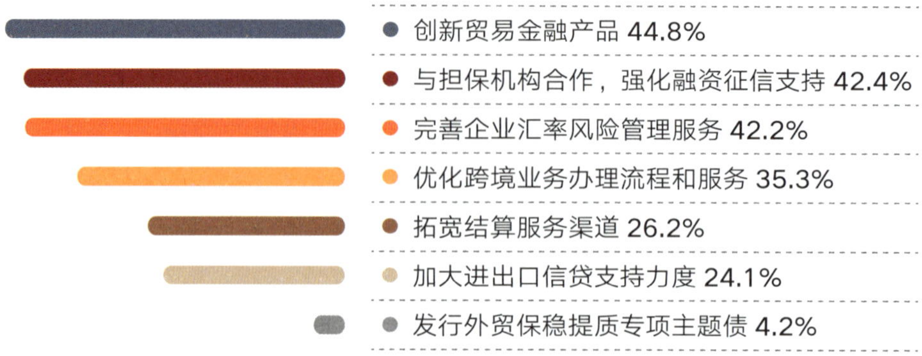

图1-3　外贸保稳提质方面的工作重点

五、银行家表示将大力支持住宿餐饮、交通运输与物流行业

为全面落实党中央、国务院的重要决策部署，进一步响应监管部门对做好疫情防控和经济社会发展金融服务的相关要求，银行业相继出台一系列举措，全力保障重点领域融资需求。调查结果显示，随着疫情防控措施优化和经济循环恢复，40.0%的银行家看好在此前受到疫情重大冲击的“住宿餐饮”行业，33.5%的银行家认为“交通运输与物流”在疫情稳定后将有较快恢复。除此之外，银行家认为放贷时可以重点关注“文化旅游”（32.9%）和“批发零售”（32.7%）行业。

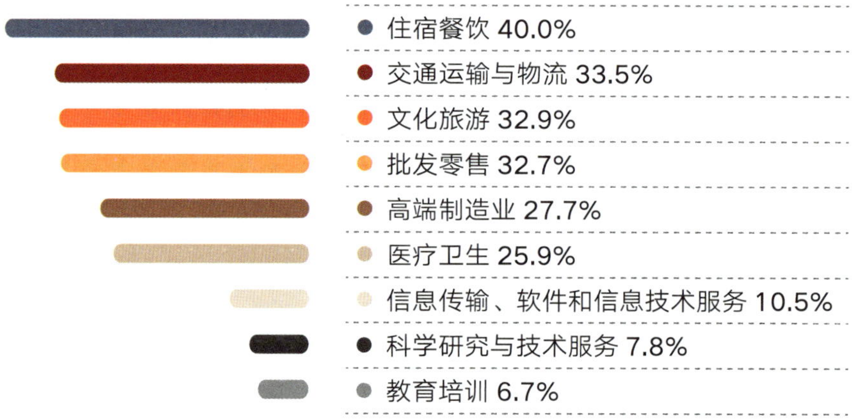

图1-4　银行家认为应该予以融资支持的重点行业

六、逾八成银行家表示绿色信贷是发展绿色金融的首要领域

绿色金融对绿色产业的发展起到了积极的引导作用。2022年以来，监管层进一步引领和推动银行业发展绿色金融，出台了包括《银行业保险业绿色金融指引》等在内的监管政策。在服务绿色金融发展方面，从调查结果来看，银行家最为重视绿色信贷业务在发展绿色金融过程中的作用（83.2%），这与中国银行业以信贷为主的传统业务结构较为匹配。中国人民银行发布的《2022年第四季度金融机构贷款投向统计报告》显示，2022年末，中国本外币绿色贷款余额22.03万亿元，呈现高速增长的态势，存量规模位居全球第一。不仅如此，中国是世界上较早出台绿色信贷相关监管制度的国家，较为完备的统计和评价体系也有助于业务的开展。此外，超四成银行家关注到了“绿色普惠金融”（45.1%）和“绿色债券”（40.8%）业务。相对而言，银行家对于“绿色租赁”（5.3%）、“绿色支付”（9.6%）和“绿色理财”（10.2%）等业务的关注度较低。

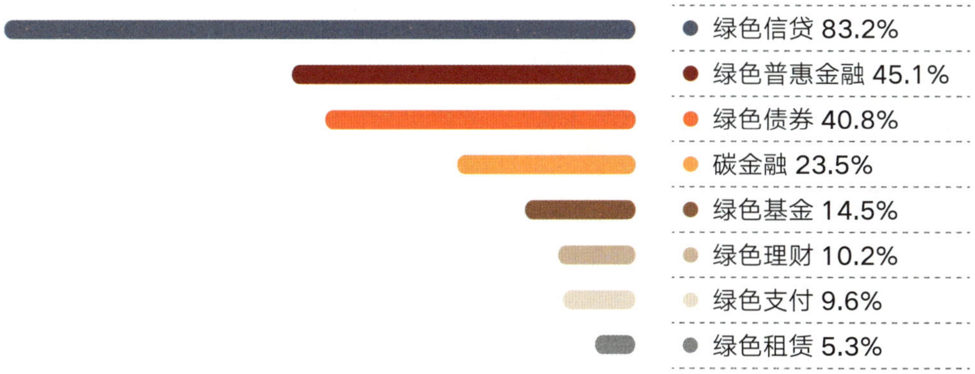

图1-5　银行家在绿色金融领域重点关注的业务

全国碳排放权交易市场（以下简称全国碳市场）自2021年7月16日正式启动上线交易以来，在引导行业碳减排与促进低碳市场投资两个方面已初见成效。2022年4月，证监会公布了碳金融产品的行业标准，分类明确了碳期货、碳资产证券化等碳市场交易工具以及碳质押、碳托管等碳市场融资工具，全国碳市场的金融属性不断提高。在碳金融工具的选择方面，调查结果显示，60.0%的银行家倾向于选择“碳借贷”，其次是“碳债券”（39.0%）。仅少部分银行家关注到“碳资产回购”和“碳资产托管”的使用，占比分别为9.2%和10.6%，可见银行业在发展绿色金融过程中或先从传统金融工具着手。

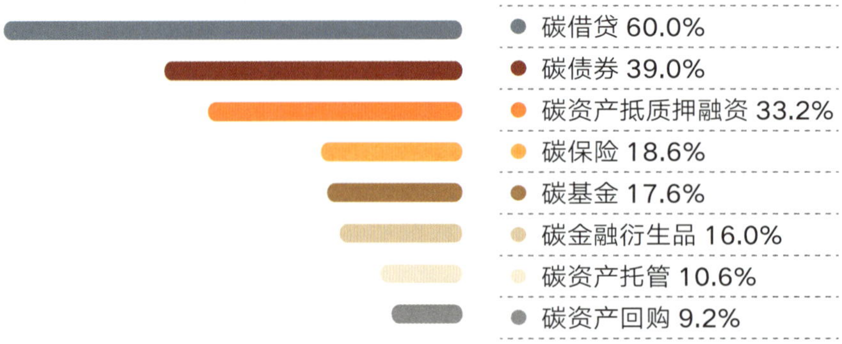

图1-6　银行家较为关注的碳金融工具

七、近六成银行家重点考虑对受疫情影响严重的企业提供延期还款、展期、续贷等服务

实体企业在我国经济社会中占据重要地位，对增加就业、活跃市场、改善民生及促进经济结构调整发挥着不可替代的作用。2022年政府工作报告指出，要“加强金融对实体经济的有效支持”，“继续对受疫情影响严重的行业企业给予融资支持”。调查结果显示，银行家坚决贯彻政策要求，积极履行社会责任，59.0%的银行家认可“对疫情影响严重的企业提供延期还款、展期、续贷等服务”措施，44.0%的银行家认为应“对重点支持领域企业提供精准服务”，33.8%的银行家认为应通过“对企业减费、补贴、让利”的方式助力企业纾困。

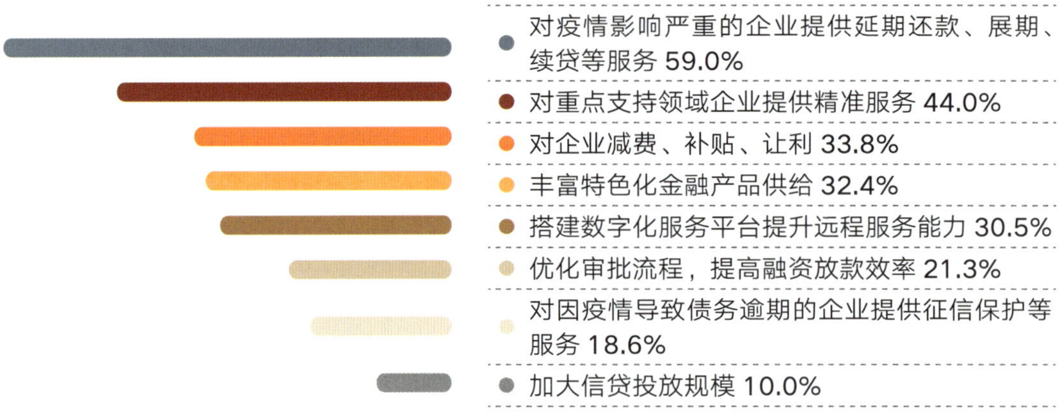

图1-7　采取措施助力企业纾困

八、近七成银行家认为加强尽职调查、做好客户准入工作可以有效防范金融风险

党的二十大报告提出，要“守住不发生系统性风险底线”。不可忽视的是，商业银行在助力企业纾困的同时，自身可能会面临一系列风险挑战。调查结果显示，67.1%的银行家表示要通过“加强尽职调查，做好客户准入工作”的方式予以应对；57.1%的银行家表示可以“积极运用大数据风控技术，提高风险识别能力”。从放贷流程上看，43.3%的银行家认为要积极“落实贷后检查和回访工作”；39.6%的银行家则认为在贷前和贷后要“细化贷款分类、对相关贷款建立专项台账”。此外，调查结果显示仅有约一成（9.8%）的银行家希望使用“超额计提拨备”的处理方式化解风险，体现出银行大力支持实体经济发展，提高资金使用效率的决心，积极贯彻国常会“鼓励拨备水平较高的大型商业银行有序降低拨备覆盖率”的要求。

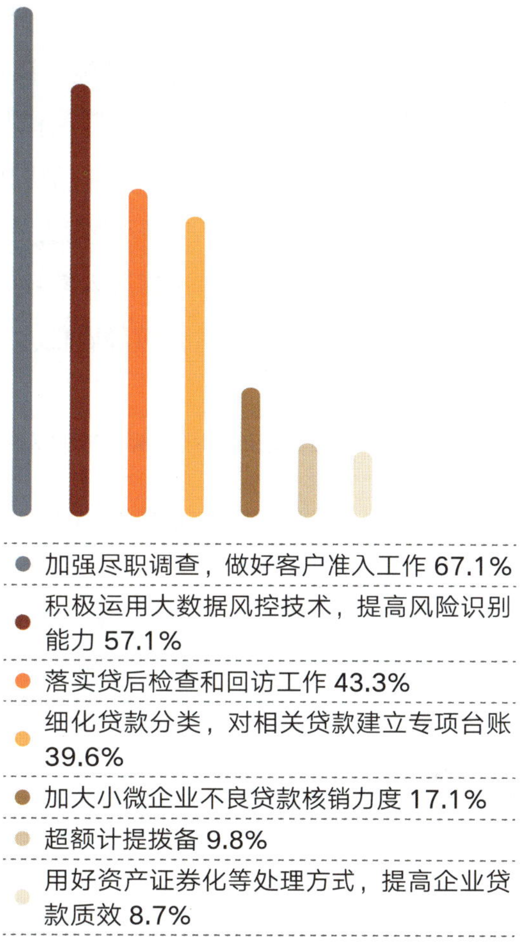

图1-8 防范金融风险的措施

九、超半数银行家重视应用大数据、云计算等技术提升ESG治理水平

打铁还需自身硬，持续助力经济稳增长离不开商业银行自身的可持续发展。关于提升银行可持续经营能力的主要措施，调查结果显示，50.5%的银行家认为“应用大数据、云计算等金融科技手段建立ESG评估机制”能够有效提升自身的可持续经营能力；同时，36.0%的银行家认为应该“强化部门协作、建立健全信息共享机制”。这表明银行家致力于借助金融科技手段来完善经营能力的评估和共享机制。同时，31.5%和31.2%的银行家表示本行采取了“将ESG因素融入多项业务流程”以及“提升ESG风险识别与管理能力”的方式，从而提升自身可持续经营能力、助力社会可持续发展。

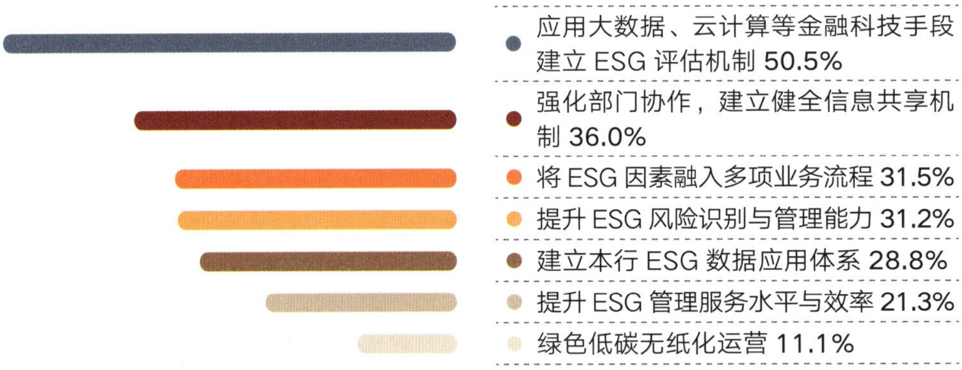

图1-9　采取措施提升自身可持续经营能力

十、近半数银行家表示普惠金融服务水平有待深化

随着中国经济由高速发展阶段转向高质量发展阶段，银行业在服务新经济、新模式、新业态的转型过程中也遇到了一些新的问题。调查结果显示，48.5%的银行家认为“服务普惠金融领域有待深化”，44.4%的银行家则认为“服务科技创新”方面亟待突破

"瓶颈"。现阶段，绿色转型已经成为全球经济发展的重要基点之一，35.5%的银行家认为商业银行在"服务绿色金融"方面还有一定提升空间。另外，大多数银行已构建相对成熟的风险管控体系，加强了核心风控环节管理，仅22.8%的银行家认为还需要进一步加强全面风险管控。可见，未来各家银行应当围绕经济重点领域和薄弱环节做好金融服务，保持战略定力，行稳致远。

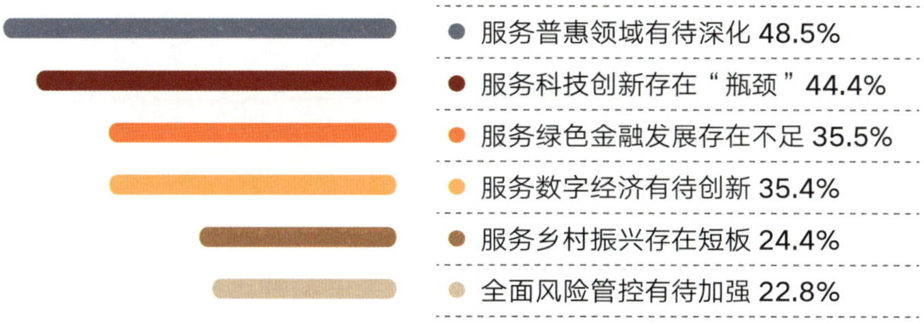

图1-10　服务新经济、新模式、新业态过程亟须解决的问题

【访谈手记】

银行家谈银行业助力经济稳增长

一、课题组：在世界格局加快演变、新冠肺炎疫情冲击和国内经济下行压力增大等多重考验下，我国经济保持了稳定增长。您认为未来一年宏观环境将面临哪些新变化和新趋势？这将为银行业经营发展带来哪些影响？

杜希江（中国进出口银行战略规划部总经理）：过去的一年，我国经济经受住了国内外多重超预期因素的考验，实现稳健发展，成绩殊为不易。新的一年，国内外宏观环境将面临新变化和新趋势。

从国际看，世界仍将面临逆全球化加剧、地缘局势紧张、能源粮食短缺、产业链供应链不畅、通胀高企等不利局面，经济可能一定程度陷入碎片化。主要经济体货币政策在控通胀和防衰退之间艰难平衡，以经济衰退为代价实现控制通胀的可能性增加。部分新兴市场和发展中国家资本外流、货币贬值加剧，短时间难以走出债务困境。世界经济增长动能减弱，陷入"滞胀式"衰退风险上升。

从国内看，我国防疫政策不断优化调整，待疫情防控平稳转段后，社会生产生活秩序将加快恢复，释放巨大的经济活力和增长潜力，经济增长前景可期，预计全年增长5%左右。同时，经济增长动力将发生转换，内需将接棒外需发力。出口方面，受外需趋势性收缩、替代和赶工效应消退等因素的影响，我国外贸由强转弱，出口面临较大的下行压力。消费方面，随着防疫政策优化，居民就业和收入状况将逐渐好转，不敢消费、不便消费、不愿消费的局面有望改善，对经济增长的贡献将稳步提升。投资方面，固定资产投资驱动作用继续增强，基建投资和制造业投资将保持平稳增长，房地产投资下挫势头有望缓和。

新变化和新趋势为银行业经营发展带来新的机遇和挑战。从机遇看，一方面，随着经济企稳回升，企业经营状况将明显好转，有效投融资需求将逐步增加，金融增量转化为实体增量的效率将有所提升。另一方面，中央经济工作会议明确了财政政策、货币政策、产业政策、科技政策、社会政策的发力方向和重点，特别提出“政策性金融要加大对符合国家发展规划重大项目的融资支持”，预计未来政策性金融还将持续发力，推动形成更多实物工作量。

从挑战看，一方面，房地产领域风险仍未根本化解，部分房企仍面临较大流动性压力，债务违约风险较高。在财政收支矛盾加剧背景下，地方政府债务风险有所上升，隐性债务风险化解也面临挑战。银行业可能受到一定的外溢影响，需前瞻应对境内信贷资产质量劣变风险。另一方面，受融资环境收紧和汇率贬值影响，发展中国家经济脆弱性凸显，一些国家债务违约风险上升，银行业境外资产安全面临威胁。

关铁军（广发银行战略规划部总经理）：未来一年宏观环境新变化和新趋势给银行业经营发展带来的影响：

一是全球主要经济体大概率走向弱衰退，全球滞胀风险加剧给银行业交易银行和消费金融业务带来负面影响。2022年全球经济增长受多重因素的冲击而显著放缓，主要发达经济体央行激进收紧货币政策，中美10年期国债收益率倒挂严重，美元指数飙升，全球权益与债券市场承压，中资美元债还款压力陡增，银行业面临的潜在风险值得高度警惕。一方面，2023年受货币政策紧缩、俄乌冲突、能源和粮食危机等因素的持续影响，全球复苏或将继续疲软，尤其是美欧可能陷入经济衰退，由于我国对欧美出口占比高达四成，外贸企业的融资需求将出现下降，银行业押汇、套期保值等业务或将面临收缩态势。另一方面，全球通胀压力预计仍将继续，叠加疫情放开后可能出现阶段性供需错配导致的通胀压力，国内通胀或许会逐步提高，居民生活成本上升，导致居民消费需求下降，给银行消费金融业务带来挑战。

二是美联储或将持续加息，对银行业资产配置和交易银行业务带来冲击。2023年，为进一步降低通货膨胀，美联储升息操作仍有可能继续，但节奏会有所减缓，人民币汇率仍然面临贬值压力，给银行业自营和资产管理业务带来影响，债券和外汇是自营业务的主要组成部分，美联储加息导致人民币利率中枢下降空间有限，债券价格有下跌可能，做多美元以外的自营业务可能会出现亏损情况；而资管业务更偏向于股债汇商多资产投资，美联储加息导致资本外流，股票市场会受到流动性不足的冲击，对权益类资产价格产生负向影响。此外，汇率波动的加剧引起外汇资产和外汇负债头寸错配及期限错配，导致银行汇率风险上升，产品结算汇率锁定意愿增强，远期结售汇需求增大，对交易银行业务带来新的业务拓展空间和产品创新空间。

三是实体经济修复将给银行业消费金融和财富管理业务带来更广阔的发展空间。随着我国疫情防控政策持续优化，新发展阶段下国内市场主导经济循环特征更加明显，居民消费优化升级同现代科技和生产方式相结合，消费复苏或成最大亮点，尤其是扩大内需战略实施将给银行业信用卡、零售信贷等消费金融业务带来新的发展机遇。此外，随着经济的复苏，居民收入有望得到改善，中等收入群体扩容，居民对财富管理的需求日渐旺盛，给银行业财富管理业务带来更广阔的发展空间。

四是房地产政策频出给银行业房地产相关业务带来新机遇，但需警惕房地产信用风险暴露给银行业风险管理带来的负面冲击。当前，房地产行业供给与需求两端的核心矛盾仍在于居民预期问题，随着多措并举的保交楼政策加快推进，房地产需求端限制政策逐步放开，居民收入逐渐提升，提振购房者信心，多主体供给、多渠道保障、租购并举等在内的房地产行业新发展模式逐步形成，房地产行业逐步迈向规范健康发展新阶段，银行对公房地产贷款和按揭贷款或将迎来新的发展机遇。然而，当前房地产行业的债务风险仍然没有得到实质性缓解，如果不能有效地解决房地产资金流动性的问题，这种风险有可能逐步体现到更广泛的金融部门，同时，房地产行业还面临城镇化进程放缓、房价收入比偏高等长期问题制约，给银行业房地产及其上下游企业贷款风险管理带来一定的挑战。

五是货币政策保持稳健与灵活适度，结构性调控更为显著，银行业资产负债和产业金融存在利好空间。随着稳经济压力趋缓，消费需求企稳，房地产政策放款催化，剩余的贷款利率空间有限。一方面，主动前瞻性地做好资产配置。把握中美利差和息差带来的机会，动态优化资产负债的期限结构、品种结构和重定价结构，主动前瞻性地做好同业负债、债券投资等资产负债配置。另一方面，人民银行货币政策或将转向以结构性调控为主，侧重定向引导、精准滴灌。经济复苏将带动企业中长期贷款需求回升，银行不再依赖票据或短贷维稳信贷，信贷结构将有所改善，信贷投向仍将主要集中于减碳、制造业、科技创新、战略新兴产业贷款等重点领域。

六是权益市场的企稳和信贷需求的提振给银行业中间业务收入带来发展机遇。2022年，由于权益市场表现较弱，代销基金和理财产品相关的收入也随之走弱，受疫情对消费的影响，银行卡相关中间业务收入也有所下滑。考虑到基数较低以及信贷需求的提振，权益市场有望逐步企稳，预计2023年基金发行规模和银行基金代销规模有望稳健增长，居民消费、银行卡相关收入有望恢复增长；资管新规过渡期后理财业务的三方托管给银行带来更多的市场份额，随着资产管理行业规模的扩大和产品线的拓展，银行资管托管手续费仍有广阔空间；考虑到货币政策或有望保持相对宽松的状态，利率窄幅波动下，投资收益等其他非息收入有望实现平稳增长，在多重因素提振下，银行业营收增速在2023年有望企稳回升。

二、课题组：在当前我国经济恢复基础尚不牢固，需求收缩、供给冲击、预期转弱三重压力仍然较大的背景下，贵行将如何助力“实施扩大内需战略”，以提升内需对经济增长的拉动作用？

林罡（中国进出口银行客户服务管理部总经理）：随着国内经济增长动能转换，扩大内需的重要性更加突出，进出口银行将积极贯彻落实党中央国务院决策部署，助力实施扩大内需战略。

一是不断探索向内发力的路径。我国正在加快构建以国内大循环为主体、国内国际双循环相互促进的新发展格局。进出口银行作为长期深耕对外贸易投资和国际经济合作的金融机构，具备服务国内国际两个市场的独特优势，天然处于国内国际双循环的交叉点和结合部，未来将更好发挥在国内国际双循环有效衔接、相互联通中的作用，在延续好国际循环节点的传统优势的基础上，继续加大对国内重点领域和薄弱环节的支持力度，促进国内大循环内生动力不断增强。

二是继续贯彻落实稳经济一揽子政策。继续做好基础设施基金、基金配套贷款、制造业中长期贷款投放等稳经济一揽子政策和接续措施的落实工作，满足基金项目资金需求，配合促进项目资金拼盘完整闭合，推动尽快形成更多实物工作量，实现扩内需、增投资、促就业的综合效应。充分发挥逆周期跨周期调节作用，用好碳减排支持工具、支持煤炭清洁高效利用专项再贷款、科技创新再贷款、设备更新改造专项再贷款、普惠养老专项再贷款等产品结构性货币政策工具，精准服务实体经济所需。

三是着力促进现代化产业体系建设。进出口银行将围绕国家重大产业规划布局，聚焦产业链供应链痛点堵点卡点，深入实施制造业“补链强链”计划。继续将先进制造业和战略性新兴产业作为信贷投放重点，紧盯制造业转型升级、攻关创新等重点领域，加大对龙头企业、专精特新企业等支持力度，提供从研发到产业化全链条支持，为制造业高质量发展和制造强国建设提供有力金融支撑。坚持绿色发展理念，推动“制造+绿色”融合发展，落实好支持“双碳”工作方案，推进企业推动高端化、智能化、绿色化升级改造，支持传统产业转型升级和绿色环保产业加快发展，积极助力制造业形成绿色生产方式。

四是大力支持民营和小微企业发展。构建“直贷+转贷”服务模式，推动小微企业融资增量、扩面、降价。突出小微转贷款的政策性和直达性，通过发行主题债、差异化定价等手段，引导压降终端利率水平，增强对小微企业的有效支持力度。创新发展小微直贷业务，加大“贸赢贷”“保赢贷”等产品推广力度，深化科技赋能，推动小微业务模式数字化、线上化、集约化转型。

关铁军（广发银行战略规划部总经理）：坚持以习近平新时代中国特色社会主义思想和党的二十大精神为指导，坚决贯彻落实党的路线方针政策和党中央决策部署，积极推动“实施扩大内需战略”，提升内需对经济增长的拉动作用。

一是积极布局对公贷款投资业务。其一，加大重点领域信贷投放力度。坚定落实中央决策部署，围绕科技创新、绿色低碳、战略性新兴产业加大信贷支持力度，加强高端制造业、先进制造业、制造业转型升级的贷款投放，切实支持实体经济发展，为提升内需对经济拉动作用建立牢固基础。其二，继续做好能源、交通、水利等基础设施投融资保障。结合监管部门下发基建项目清单，加强行内宣导，集成更多金融资源，促进政策性开发性金融工具配套融资的对接、营销、审批与投放。其三，积极支持房地产市场平稳健康发展。加大住房按揭贷款投放力度，因城施策实施差别化住房信贷政策，制定房屋按揭贷款管理细则，优化定价策略，下调首套房利率，最低按当地政府或自律机制规定的下限执行。落实推进“保交楼”工作，切实保障受疫情影响的住房金融消费者合法权益，对受困房企的优质在售楼盘项目提供按揭贷款支持；做好“保交楼”个人住房按揭贷款纾困服务，针对涉及“停贷事件”的个人住房贷款，坚持“一户一策”，丰富延期还款方式，支持延期本金分摊利息灵活归还，有效解决客户多样化诉求，切实保护延期贷款的个人征信权益。

二是全力促进消费金融增量扩面。其一，切实让利实体经济，支持消费升级，通过“秒杀、盲盒、拼团”等活动派发个人互联网贷款利率优惠券，切实补贴消费者。助力稳定汽车、家电等大宗消费方面，我行重点支持新能源汽车消费发展，在年内推出面向头部中高端新能源品牌的“微车贷”个人汽车消费贷产品。其二，聚焦信贷消费和养老服务场景化，通过对接公社税数据，实现申请、审批、出账等全线上化，接下来将持续细化客群划分，根据产品特色差异化扩大客群准入范围、优化新能源汽车消费贷款业务策略，助力需求端的发力。顺应旅游业复苏趋势，广发信用卡加大对文旅消费、户外露营、夜游经济消费的支持力度。同时，随着老龄化时代的来临，叠加疫情后健康意识提升，广发信用卡将优化养老服务场景生态运营，加强外部合作，强化高频、高价值养老服务供给，加强养老专区服务宣传，健全养老专区数字化运营能力。其三，聚焦主力客群，深挖消费潜力。深挖年轻、女性、车主等客群消费潜力。针对“95后”年轻客群崇尚个性、主张自我的消费观，开发专属产品，实现权益互通，满足多样性需求，覆盖宠物消费、视听娱乐、运动健身、休闲游戏、学习提升等领域；针对大众客群，强化金融产品本地化特色，以商超购物、生活缴费、交通出行等刚性消费场景为切入点，叠加地方特色优惠权益，强化线下场景建设，提升客户黏性；针对女性客群，把握“她经济”热点，重点开发美妆、亲子等消费场景。

周庆霞（徽商银行研究发展部总经理）：徽商银行作为深耕地方十余载的城市商业银行，将立足安徽、服务大局，紧紧围绕党中央和安徽省委省政府决策部署，在服务重大项目投资、安徽制造强省建设、人民群众安居乐业等方面加大投放力度，助力拉动投资、消费等内需。

一是支持省内基础设施建设。2022年，徽商银行成立了项目专班，积极对接“十四五”规划重大工程和重点项目，充分发挥投资支持的关键作用。在2023年稳增长、扩内需的政策指引下，徽商银行将实时跟进2023年安徽省重大基础设施投资计划和开工项目，持续跟踪

“十四五”重大工程，加大对基础设施领域省属企业承建项目支持，争取做到“早投快放”。同时，针对城市更新、新基建、乡村振兴、县域补短板等领域，继2022年创新推出“亩均贷”“城市更新贷”等产品后，2023年将持续在行内业务、产品、制度上开展谋划和创新，落实差异化信贷政策和公司授信联动协调机制，加大对基础设施和县域补短板等项目的支持。

二是助推制造业提质扩量增效。2023年，徽商银行将持续为安徽省重大新兴产业基地、重大新兴产业专项及重大新兴产业工程等，制定有针对性的新兴产业综合服务方案，提供高质有效的金融服务；加大行内资源配置，建立白名单制度、差异化内部定价机制等，大力支持制造业单向冠军、“专精特新”小巨人企业、高新技术企业、绿色工厂等实体企业；聚焦安徽省打造经济社会发展全面绿色转型战略布局，大力支持钢铁、有色、建材、化工、造纸、农产品加工等传统制造业在数字转型、技改研发、绿色升级等方面的金融需求；同时，积极把握长三角一体化及十大新兴产业发展壮大机遇，为落皖项目及时提供融资支持。

三是加大个人消费信贷投放。2022年，徽商银行有效满足新市民安居创业需求，推出“人才公寓租金分期”“线上创业担保贷”“徽银e贷”“装修e贷”等产品，疫情期间提供贷款延期展期、利率定价动态调整等特殊政策。2023年，随着消费场景的恢复及疫情影响的消退，徽商银行将进一步助力消费复苏回暖。一方面，整合徽商银行个人消费贷产品体系。打造以徽银e贷为主，装修e贷、质押e贷等为辅的“徽银e贷”消费信贷产品体系，提升品牌影响力。着力优化互联网贷款产品，提升互联网贷款自主风控能力。另一方面，加强客户精细化运营与营销推广。通过加强外部机构合作、建立客户白名单、拓展消费场景、挖掘营销热点等方式，建立渠道引流获客，打造消费金融生态，围绕居民不同时期贷款需求提供差异化产品组合，助力扩大内需战略实施。

浙江农商联合银行相关部门负责人：浙江农商联合银行带领全省农商银行系统持续推进普惠引领大零售转型，着力提升城乡居民家庭和小微企业金融服务的覆盖率、可得性、满意度，助力扩大内需、构建新发展格局。

（一）强化服务创新，满足百姓多元化消费需求。一是充分运用浙江农信“传统线下贷款—浙里贷—随心花—信用卡”多层次个人贷款产品体系，实现新市民群体信用账户广覆盖，依托行内自建的缴费、消费、医疗、社保等场景和行外第三方消费支付场景，助力新市民享受轻松便捷的小额消费金融服务。二是融入社会治理，拓展垂直服务场景。医疗场景方面，与省医保局合作，接入浙江省“智慧医保”系统，开立医保代发账户33万户，代发29亿元。签发医保电子凭证677万张，打通“浙江预约挂号”900余家省级医院挂号资源。出行场景方面，与省交通厅签约全省首发推广“碳效码”金融赋能产品，获取规上企业清单126家。积极推动丰收互联乘车码接入杭州地铁、宁波地铁、金华轻轨通行支付场景。对接省级财政、人社、医保局、税务等部门，落实国标版资金代发和城乡两费代征缴，提升便捷性和实效性，覆盖3000万人。社区场景方面，持续推广运营开放型社区银行，完成新老云服务品台切换，累计服务生活社区693家、校园园区308家、政企园区465家。

（二）深化政银合作，助力构建放心消费环境。一是深化与省市场监管局合作，推动金融赋能放心消费专项行动，落实放心消费单位数据共享共用，建模输出“放心贷”产品，承办全省放心消费宣传三优大赛。累计打造4000余人放心消费协管员队伍，助力优化放心消费环境。二是保障支付消费渠道畅通。深化移动支付之省建设，推动移动支付受理环境建设。升级支付收银台，推广支付消费券等组合支付解决方案，赋能地方政府消费拉动数字手段。落实住房、汽车等大额消费信贷资金投放保供应。优化完善数字信用卡、随心花等数字化消费金融产品体系，提供便捷的小额消费支付体验。

（三）加强减费让利力度，助力百姓增收致富。浙江农商银行系统充分落实中央和监管惠民惠企政策，持续做好减费让利工作。一是减免个人借记卡工本费、年费、小额账户管理费、短信服务费、跨行取款手续费等各类费用，推进电子银行让利优惠、电话POS手续费优惠、ETC通行优惠、国际业务让利优惠等政策。二是服务放心消费单位14.61万家，发放“放心贷”1084亿元，减息让利3.87亿元。三是对接省财政厅，全面启动“财金助力扩中家庭”项目，聚焦扩中家庭增收致富，推出共富专项产品，推行专项让利政策，已在黄岩等7个县（市）试点，助力率先构建橄榄型社会。

三、课题组：贵行在支持金融高水平对外开放以及服务中国企业“走出去”过程中，有哪些亮点？遇到什么困难？

杜希江（中国进出口银行战略规划部总经理）：进出口银行立足职能定位和专业特色，以服务高水平对外开放为己任，坚定不移推动“一带一路”建设高质量发展，支持企业“走出去”参与国际合作，为推动建设更高水平开放型经济新体制贡献了重要的政策性金融力量。

多元协同，强化金融支撑。用足用好政策性金融资源，积极发挥多元化业务联动优势，为企业提供信贷、投资、贸金、资金并举的一揽子金融服务。利用发起设立或参股的中国—东盟投资合作基金、中非产能合作基金等国际投资合作基金，以股权投资方式整合和撬动社会资金，解决项目融资问题，为支持高水平对外开放贡献了政策性金融力量。

聚焦项目，突出合作成效。努力克服疫情延宕反复、部分国家安全形势恶化等压力，灵活施策满足项目资金需求，支持了一系列标志性、引领性项目取得进展和突破。进出口银行融资支持的埃及斋月铁路、尼泊尔博卡拉国际机场等标志性项目取得重大进展。同时，注重提升东道国民众获得感、认同感，支持了一批东道国迫切需要、能让当地民众直接受益的

“小而美”项目。菲律宾灌溉泵站、巴布亚新几内亚医院、科特迪瓦职业培训学校等民生项目顺利落地。

发挥优势，支持企业“走出去”。积极支持企业拓展多元化市场，深度参与国际产能合作，优化全球产能布局，通过工程承包、跨境投资、海外并购等方式，为东道国提供施工建设、设计咨询、装备供应、运营维护等全方位服务，推动中国装备、技术、服务、标准走出国门，打造了一张张令人瞩目的“中国名片”。2022年，进出口银行融资支持的匈塞铁路贝诺段开通运营并成功通过欧盟铁路互联互通技术复合型认证，实现了我国在与欧盟铁路互联互通技术规范对接方面“零”的突破。

绿色引领，构建绿色丝路。秉持绿色发展理念，重视绿色发展，引导、约束“走出去”企业按照国际生态环保理念和相关法规开发、建设、运营境外项目。加大对绿色低碳项目的融资支持力度，助力东道国绿色低碳转型和可持续发展。2022年，进出口银行融资支持的巴基斯坦卡洛特水电站投入运营，预计每年可节约标准煤140万吨，减少二氧化碳排放约350万吨；孟加拉国达舍尔甘地污水处理厂项目完工，是孟加拉国第一个现代化大型污水处理厂，惠及约500万当地居民。

凝聚共识，深化国际合作。坚持开放包容心态，积极与国际多边组织、国际金融机构开展合作，丰富合作方式，通过联合融资、平行融资、转贷款等方式，推动拓展第三方市场合作，引领带动更多国际资金。加强对话交流，深化在国际规则、规制、管理、标准等方面的互学互鉴。2022年，进出口银行与亚洲基础设施投资银行签署合作谅解备忘录及绿色信贷转贷项目协议，成为国内首家与亚投行开展合作的金融机构。

专题二　银行业服务专精特新“小巨人”企业

党中央、国务院高度重视促进中小企业发展工作。习近平总书记多次作出重要批示，强调中小企业能办大事，要支持中小企业发展，助力中小企业和困难行业持续恢复，发展“专精特新”中小企业。党的二十大报告更是明确指出要“支持专精特新企业发展”。专精特新“小巨人”企业作为“专精特新”中小企业中的佼佼者，是专注于细分市场、创新能力强、市场占有率高、掌握关键核心技术、质量效益优的排头兵企业。近五成的银行家表示将大力支持专精特新“小巨人”企业发展。为立足国家创新驱动发展战略，积极配合监管部门做好专精特新“小巨人”企业的金融服务和金融支持工作，超五成银行家表示已出台具体措施支持专精特新“小巨人”企业发展。

一、近五成银行家表示将大力支持专精特新“小巨人”企业发展

“专精特新”中小企业是指具有专业化、精细化、特色化、新颖化优势的优质中小企业，是推动我国经济高质量发展的重要驱动。专精特新“小巨人”企业则是“专精特新”中小企业中的佼佼者，位于产业基础核心领域、产业链关键环节，创新能力突出、掌握核心技术、细分市场占有率高、质量效益好，是优质中小企业的核心力量。2021年12月，工信部印发的《“十四五”促进中小企业发展规划》中明确指出，“十四五”期间将推动形成一百万家创新型中小企业、十万家“专精特新”中小企业、一万家专精特新“小巨人”企业。2022年6月，工信部印发的《优质中小企业梯度培育管理暂行办法》，进一步明确了创新型中小企业、专精特新中小企业、专精特新“小巨人”企业的评价或认定标准。党的二十大报告更是明确指出要“支持专精特新企业发展”。专精特新中小企业培育已上升到前所未有的高度，专精特新中小企业，尤其是专精特新“小巨人”企业发展迎来了政策风口。

针对银行服务专精特新“小巨人”企业的发展态度方面，45.0%的银行家表示会大力发展。33.8%的银行家表示出于对安全性与收益性的综合考虑，将根据风险收益情况，选择性推动支持。10.4%的银行家表示服务专精特新“小巨人”企业主要依赖于政策导向，将根据政策变动，适时开展。仅6.8%的银行家表示基于对风险因素的考虑，不涉足专精特新“小巨人”企业的相关业务。

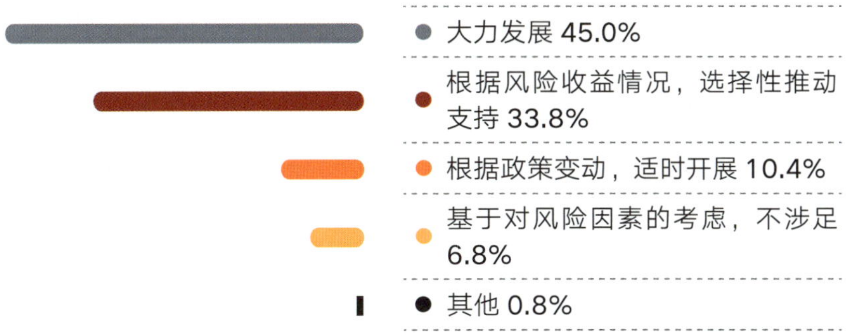

图2-1　银行家对服务专精特新“小巨人”企业的态度

二、超五成银行家表示已出台具体措施支持专精特新"小巨人"企业发展

2022年1月，银保监会工作会议强调要更好服务关键核心技术攻关企业和"专精特新"企业。2022年4月，银保监会印发《关于2022年进一步强化金融支持小微企业发展工作的通知》指出，要主动建立健全与创新型中小企业、"专精特新"中小企业、"小巨人"企业及主管部门的信息对接机制，精准获客，开发专属金融产品。2022年4月，人民银行披露的《中国人民银行设立科技创新再贷款引导金融机构加大对科技创新的支持力度》指出设立科技创新再贷款，引导金融机构加大对科技创新的支持力度，撬动社会资金促进科技创新。2022年5月，人民银行印发的《关于推动建立金融服务小微企业敢贷愿贷能贷会贷长效机制的通知》指出，要持续增加对科技创新、绿色发展、制造业等领域小微企业的信贷投放，支持培育更多"专精特新"企业。为立足国家创新驱动发展战略，积极配合监管部门做好专精特新"小巨人"企业的金融服务和金融支持工作，各家银行结合自身，不断强化顶层设计，制定出台一系列专项支持措施，推动建立健全专精特新"小巨人"企业的长效机制。

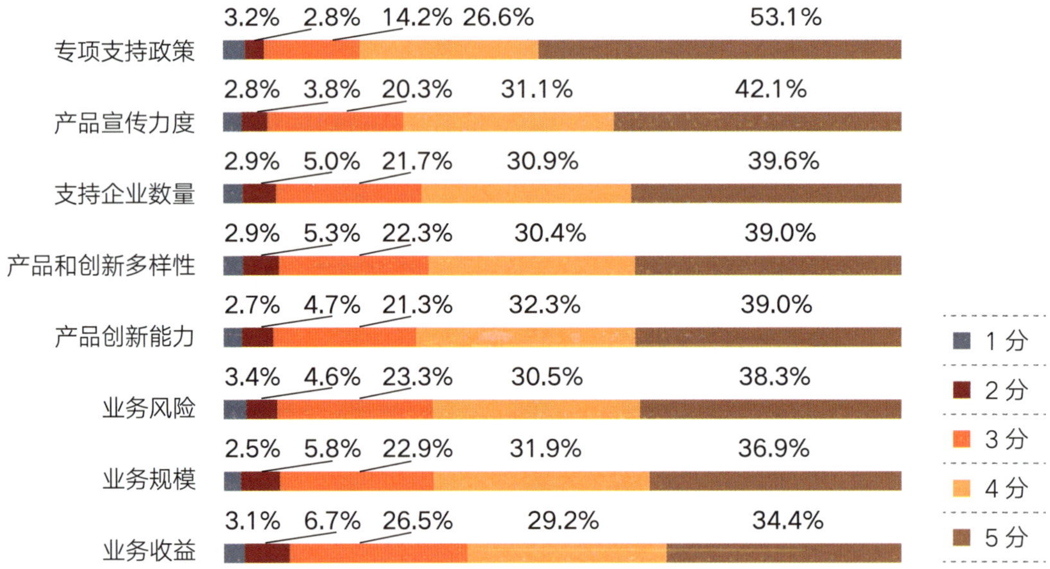

图2-2　银行家对专精特新"小巨人"企业工作开展情况的评价

在对专精特新“小巨人”企业工作开展情况的调查中，53.1%的银行家对专项支持政策打了5分，表示银行业积极响应国家号召，出台制定具体措施支持专精特新“小巨人”企业发展。同时，42.1%的银行家对产品宣传力度给予了最高评价。值得注意的是，尽管在政策支持力度和产品宣传上对服务专精特新“小巨人”企业下足了功夫，但相当一部分银行家认为专精特新“小巨人”企业的业务收益仍有待提升。

三、超八成银行家认为信贷投放是支持专精特新“小巨人”企业的重要手段

调查结果显示，在业务模式方面，高达81.7%的银行家表示当前重点通过信贷投放支持专精特新“小巨人”企业发展，其次是投贷联动（30.6%）、融资租赁（23.2%）和债券承销（22.7%）。仅有少部分银行家表示将以股债结合（12.3%）、与保险、私募基金等外部机构合作（8.6%）、夹层融资（3.6%）和基础设施公募REITs（3.0%）为切入点支持专精特新“小巨人”企业。可见，以传统业务模式为主、强化投贷联动是当前银行业支持专精特新“小巨人”企业发展的主要方式。

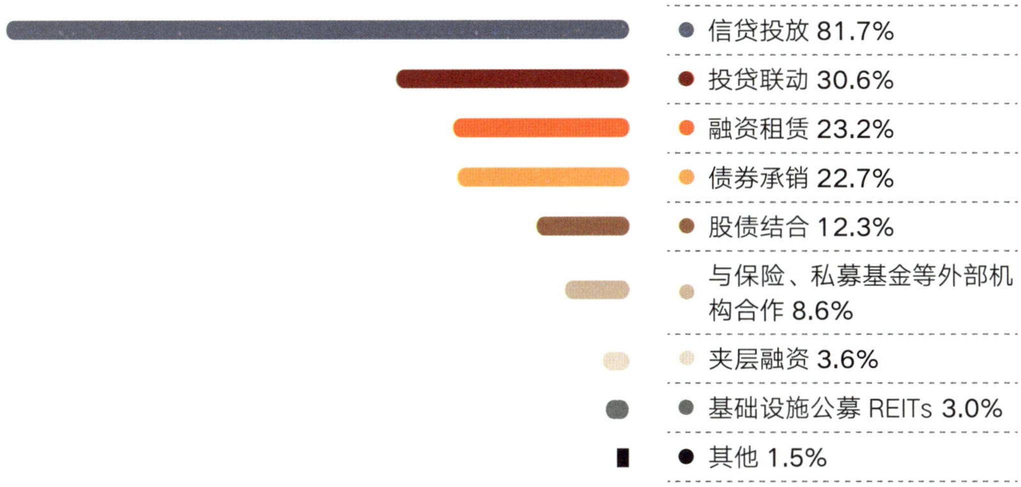

图2-3　银行支持专精特新“小巨人”企业的业务模式

2022年7月，银保监会发布的《关于进一步推动金融服务制造业高质量发展的通知》明确表示要围绕高新技术企业、“专精特新”中小企业、科技型中小企业等市场主体，增加信用贷、首贷投放力度。在银行支持专精特新“小巨人”企业的主要产品方面，调查结果显示，基于银行以传统信贷投放为主的业务结构，68.0%的银行家表示直接性经营贷款是支持专精特新“小巨人”企业发展的最主要产品。同时，为满足科技型企业的融资需求，科信贷（32.9%）成为支持专精特新“小巨人”企业发展的主要产品之一。此外，税务贷（28.0%）、知识产权质押贷（27.4%）、普通住房抵押贷（27.2%）及供应链融资（27.1%）也成为银行业适应专精特新“小巨人”企业轻资产、缺乏传统抵押物等特点推出的金融产品。仅有极少部分银行通过债权融资（8.4%）、股权融资（7.4%）支持专精特新“小巨人”企业。

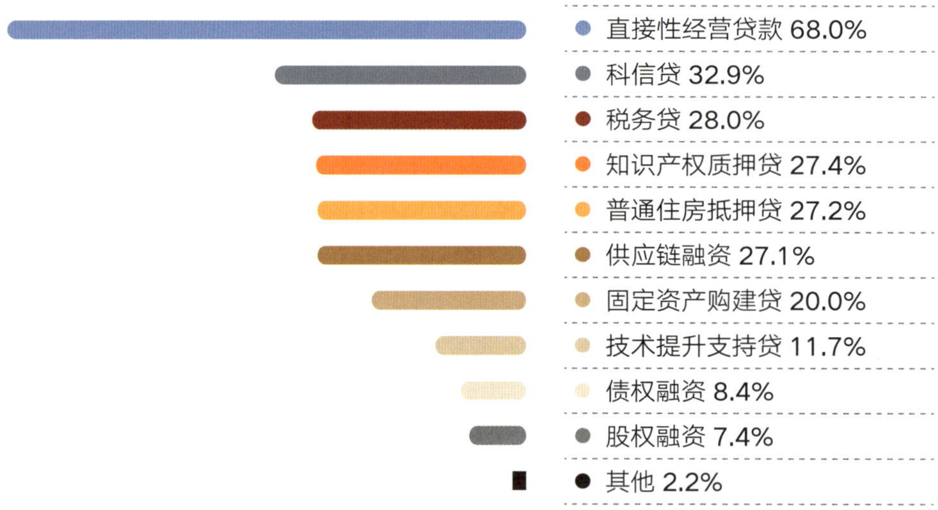

图2-4　银行支持专精特新“小巨人”企业的主要产品

四、近六成银行家表示制造业核心基础零部件是专精特新“小巨人”企业的重点支持领域

根据《优质中小企业梯度培育管理暂行办法》中专精特新“小巨人”企业认定标准，专精特新“小巨人”企业主导产品原则上属于以下重点领域：从事细分产品市场应属于

制造业核心基础零部件、元器件、关键软件、先进基础工艺、关键基础材料和产业技术基础；或符合制造强国战略十大重点产业领域；或属于网络强国建设的信息基础设施、关键核心技术、网络安全、数据安全领域等产品。

调查结果显示，58.3%的银行将制造业核心基础零部件作为支持专精特新“小巨人”企业发展的重点领域。制造业是立国之本、强国之基，制造业高质量发展是我国经济高质量发展的重中之重。党的二十大报告提出，要加快建设制造强国。基于强化基础的重要原则，制造业核心基础零部件的发展被放到突出位置。新一代信息技术（27.2%）成为银行支持专精特新“小巨人”企业发展的第二大领域。作为战略性新兴产业重要组成部分，以大数据、物联网、云计算等为代表的新一代信息技术迭代升级、发展壮大，成为新的经济增长引擎。此外，节能与新能源汽车（26.8%）、生物医药及高性能医疗器械（26.1%）也是银行支持专精特新“小巨人”企业发展的重要领域。

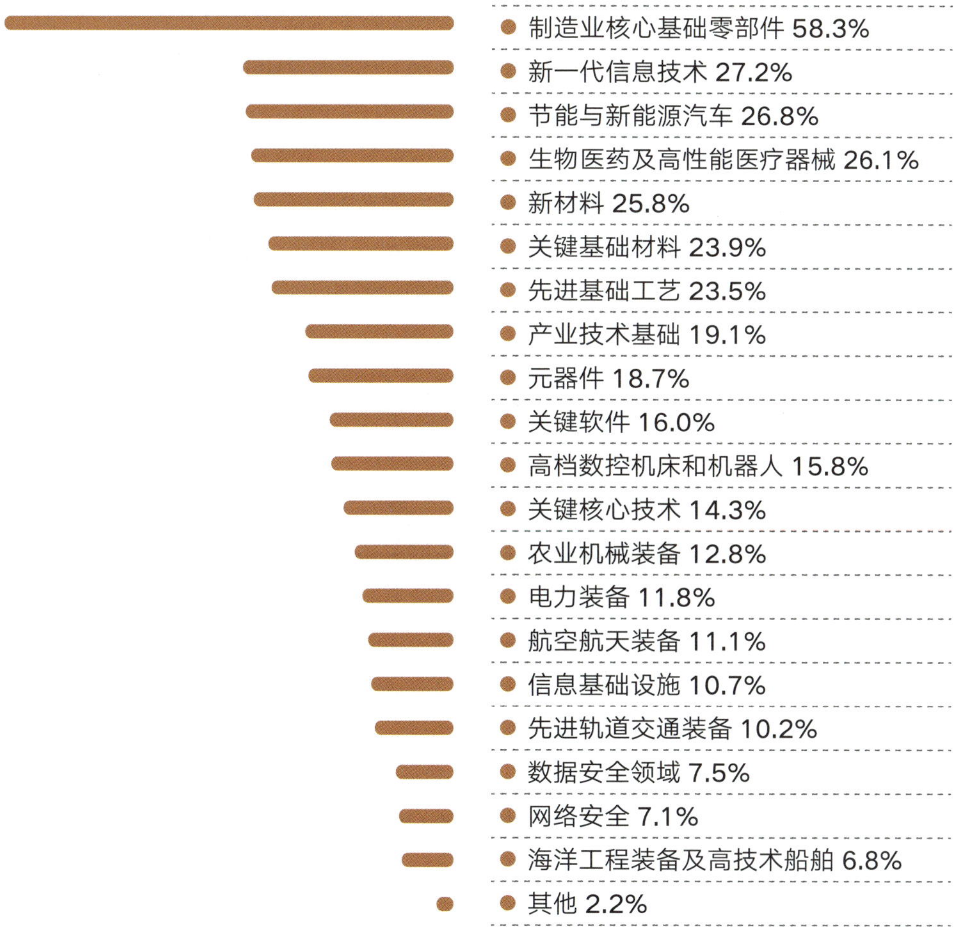

图2-5　银行对专精特新“小巨人”企业的主要支持领域

五、缺少抵押品、研发成本高、轻资产是银行家认为服务专精特新“小巨人”企业面临的最主要风险点

调查结果显示，缺少抵押品（41.9%）、研发成本高（40.3%）、轻资产（38.5%）是银行家认为银行支持专精特新“小巨人”企业面临的最主要风险点。与传统企业相比，专精特新“小巨人”企业核心资产往往以技术为主，具有轻资产、缺乏传统抵押物等特点，导致银行在服务专精特新“小巨人”企业时面临资产评估难、外部担保乏力等问题。此外，回报不确定性高（29.7%）、成长周期长（28.3%）、经营风险高（24.4%）也是银行家认为银行支持专精特新“小巨人”企业存在的主要风险点。专精特新“小巨人”企业技术研发、成果转化周期长，更需要覆盖企业全生命周期的成长型、长期性资金支持，对于银行而言，投资回报存在较强的不确定性，难以与银行风控要求相匹配。

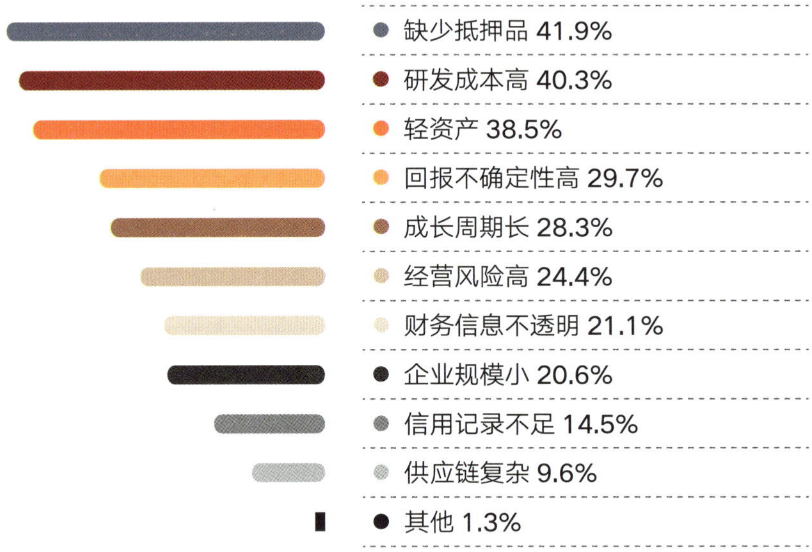

图2-6　银行支持专精特新“小巨人”企业的主要风险点

就支持专精特新“小巨人”企业面临的困难而言，57.5%的银行家认为正是基于专精特新“小巨人”企业规模小、期限长、轻资本等特点，导致风险管理难度较高成为银行支持专精特新“小巨人”企业最大的挑战。银企信息不对称，难以及时获取融资主体有效信息成为银行支持专精特新“小巨人”企业的第二大难点（49.4%）。此外，传统信贷

机制下，融资主体难以提供银行认可的担保物（34.1%）、银行传统投资模式下针对性强的产品不足（30.8%）等也给银行专精特新“小巨人”企业带来了一定的挑战。尽管存在若干困难，银行家仍然致力于产品创新和流程创新，以便服务专精特新“小巨人”企业。

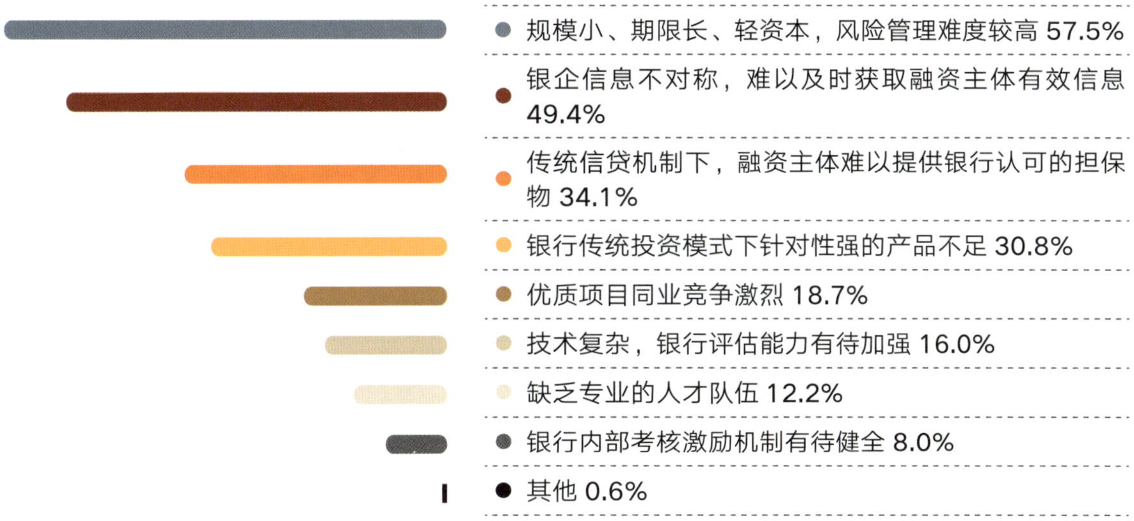

图2-7　银行支持专精特新“小巨人”的难点

六、超七成银行家认为加大信贷支持力度是推动专精特新“小巨人”企业服务提质增效的主要方式

2022年11月，六部门联合印发的《关于进一步加大对小微企业贷款延期还本付息支持力度的通知》强调要积极对接小微企业新增融资需求，优化贷款审批流程，积极支持符合条件的小微企业贷款延期还本付息。调查结果显示，75.3%的银行家认为加大信贷支持力度是推动专精特新“小巨人”企业服务提质增效的主要方式。其次，落实减费让利、降低融资成本（47.5%）、延长贷款延期还本付息期限（28.7%）、优化贷款审批流程（21.3%）也是助力专精特新“小巨人”企业服务提质增效的重要措施。上述措施将有力缓解专精特新“小巨人”企业融资难、融资贵的问题，进一步激发专精特新“小巨人”企业创新活力，助推企业高质量发展。

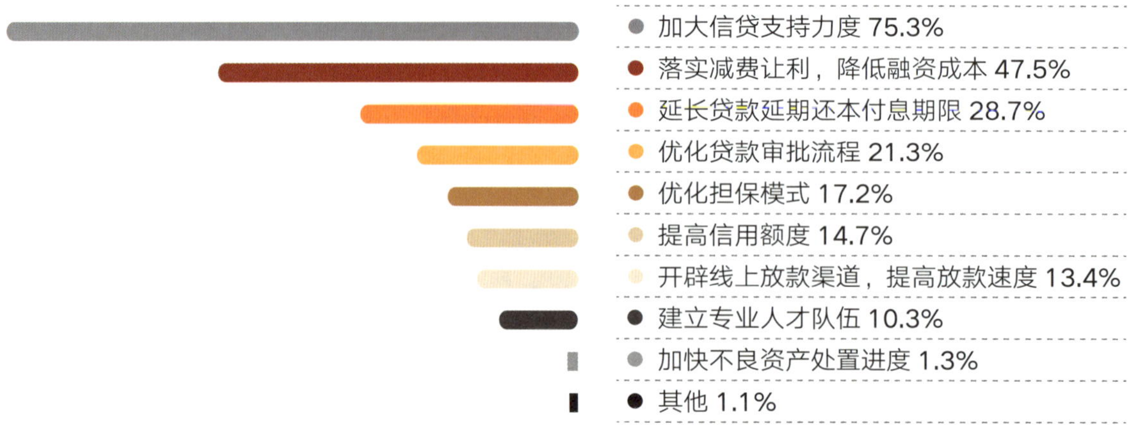

图2-8　银行推动专精特新“小巨人”企业服务提质增效的主要方式

七、银行家认为贷款资金投向、企业经营合规性是专精特新“小巨人”企业贷前审查重点

调查结果显示，银行在对专精特新“小巨人”相关企业主体进行贷前审查时，首要关注的便是贷款资金投向符合国家产业政策方向（4.37分）、企业经营合规（4.37分）。专精特新“小巨人”企业作为优质中小企业的核心力量，必须符合《优质中小企业梯度培育管理暂行办法》中的认定标准，需同时满足专、精、特、新、链、品六个方面指标。其次是企业的发展潜力（4.32分）和企业的科技含量（4.25分）。相对而言，对企业是否具有担保措施（4.04分）和企业财务指标的调查分析（4.16分）关注较少。

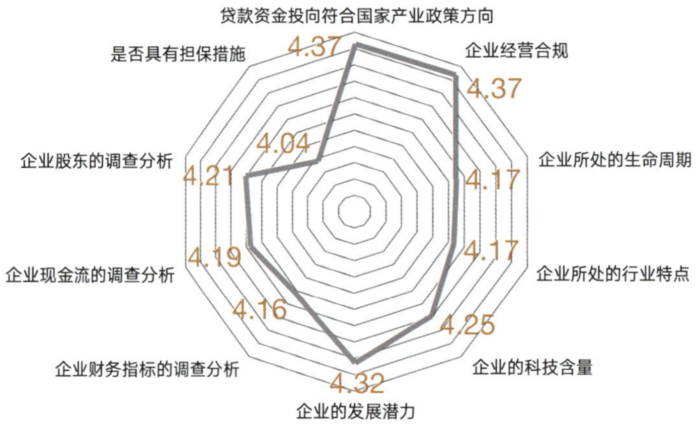

图2-9　银行对专精特新“小巨人”相关企业主体进行贷前审查时的关注重点

八、超五成银行家表示产品服务创新是未来三年支持专精特新“小巨人”企业的创新重点

调查结果显示，52.6%的银行家认为未来三年，产品服务创新是银行支持专精特新“小巨人”企业的创新重点。专精特新“小巨人”企业因其天然的创新驱动特性，金融需求具有个性化、多元化等特点，传统金融产品难以完全满足其资金需求，强化产品创新、提供多元服务是银行更好服务专精特新“小巨人”企业的必然选择。同时，银行家认为未来三年应从业务流程创新（46.4%）入手，优化业务流程，提高支持专精特新“小巨人”企业服务效率。此外，38.4%的银行家表示也应持续通过推动配套制度创新、制定出台专项支持政策的方式强化对专精特新“小巨人”企业的支持力度。可见，银行未来三年的创新重点主要侧重于全方位挖掘专精特新“小巨人”企业的独特金融需求，瞄准中小企业在发展壮大过程中的难点、堵点和痛点，提升金融服务的便利性和可得性，降低企业成本，实现科技赋能。

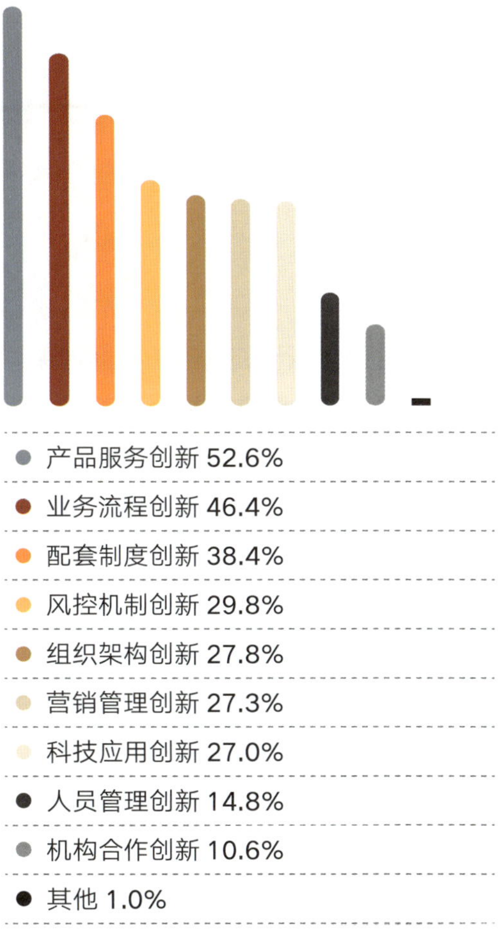

图2-10 银行未来三年在支持专精特新“小巨人”企业方面的创新重点

【访谈手记】

银行家谈商业银行服务专精特新“小巨人”企业

课题组：贵行在支持“专精特新”小巨人企业发展方面进行了哪些实践？成效如何？针对专精特新“小巨人”企业“缺少抵押品、研发成本高、轻资产”等风险与挑战，贵行是如何应对的？为更好支持“专精特新”小巨人企业发展，贵行需要哪些政策支持？

林罡（中国进出口银行客户服务管理部总经理）：进出口银行充分发挥在对外贸易、制造业等领域的引领作用，通过定制综合服务方案、创新金融产品、深化供应链金融，推动专精特新“小巨人”参与国际合作、提升产品研发能力、增强风险抵御能力，帮助专精特新中小企业聚焦主业，精耕细作，在提升产业链供应链稳定性、推动经济社会发展中发挥更加重要的作用。

量身定制综合服务方案，为企业出口订单保驾护航。在重庆，了解到当地专精特新“小巨人”企业面对国际贸易摩擦增加等外部环境影响，贸易出口渠道受阻、风险抵御能力下降，进出口银行迅速作出研判，为中小企业量身制定综合服务方案。一是为企业提供出口卖方信贷+贸易保函+远期结售汇+工商企业代付等一揽子金融产品，为企业生产经营全链条提供融资支持，帮助企业保住国际订单、降低汇率波动风险。二是对企业的出口业务提供“融智服务”，利用自身在进出口领域深耕多年的专业优势，帮助企业解答“走出去”过程中遇到的难题、稳定产品出口贸易，推动企业发展走上快车道。

积极创新金融服务产品，快速响应企业融资需求。在上海，针对专精特新“小巨人”企业普遍面临的“担保难、融资难、融资贵”问题，进出口银行充分发挥政策性金融职能作用，不断丰富服务形式，积极探索高效融资方案，与中信保上海分公司合作，创新推出面向中小外贸企业的“税保融”产品。通过质押外贸企业开立的出口退税账户、受让企业在中信保的短期出口信用保险综合保险权益等组合方式，为中小外贸企业高效核定授信额度，提供出口买方信贷、出口订单融资、即期和远期结售汇等政策性金融服务，切实满足企业迫切的融资需求。

利用供应链金融模式，推动产业链上下游协同创新。在陕西，通过传统流动资金贷款产品对产业链核心企业予以支持，同时以核心企业与其供应链上小微企业间的真实交易为基础，依托核心企业的优质信用，通过第三方供应链服务平台，将小微企业持有的由核心企业承诺付款的应收账款转让至进出口银行，提高小微企业的融资可得性。在帮助产业链核心企业攻克铸造3D打印设备技术难题时，协同推动其“链上”小微企业成长为集“研发、制造、销售、服务”于一体的综合现代化辅机配套企业。

下一步，进出口银行将继续发挥政策性金融职能作用，进一步加大对中小企业支持力度，与有关部门和地方政府密切配合，用好用足对专精特新“小巨人”的尽职免责、风险补偿、贷款贴息、投贷联动、结构性货币工具等专项政策，切实提高政策性金融供给质效，为中小企业发展营造良好环境。

关铁军（广发银行战略规划部总经理）：为支持专精特新“小巨人”企业实现高质量发展，广发银行制定并印发了《广发银行“专精特新”客群小微信贷服务方案》，该服务方案由“专精特新”信用贷、“专精特新”补偿贷、“专精特新”订单贷、“专精特新”担保贷和“专精特新”抵押贷五个子产品组成，面向专精特新“小巨人”企业提供授信额度最高1000万元，单笔贷款使用期限不超过3年，额度可循环使用的授信支持，同时提供按月付息到期还本、分期还本付息等灵活多样的个性化还款方式，线上化贷款支持随借随还，提高企业资金使用效率，有效满足处于不同发展阶段的“专精特新”企业的资金需求。

取得成效：截至2022年末，广发银行为201户“专精特新”小巨人国标小型微型企业提供融资服务，涉及金额15.83亿元，不良率0.25%，资产质量良好。

为应对专精特新“小巨人”企业“缺少抵押品、研发成本高、轻资产”的情况，广发银行采取了以下措施：一是推出了广发银行科技金融专属品牌“科创慧融”，为“小巨人”型科技企业提供全生命周期综合服务方案，根据种子期、初创期、成长期到成熟期的差异化金融需求匹配“投资+信贷+结算”等定制化综合服务方案。二是多次开展全行培训，并通过总分联动在科创企业集中的重点分行共同开展工作，在帮助“小巨人”企业发展的同时，拓展自身业务，提升综合竞争能力。

需要的政策支持：完善融资风险补偿机制。政府机构可通过设立引导基金、风险补偿金或由政策性担保公司提供担保等形式，形成政府主管部门、产业园区、金融机构多方联动，共同建立新兴产业专项风险补偿金机制，为“专精特新”企业融资提供增信，为资产规模小、抗风险能力不强但具有一定发展前景的成长型新兴企业向金融机构申请融资提供风险缓释，实现银行、政府、合作方、客户等多方共赢，促进战略新兴产业的发展、升级。

浙江农商联合银行相关部门负责人：为进一步贯彻落实党中央、国务院关于培育发展专精特新中小企业的决策部署，本行充分发挥金融助力企业专精特新发展的重要作用，充分发挥“省县两级、统分结合”管理体制优势，强化小微金融服务，尤其是加大对专精特新“小巨人”企业发展的金融支持。第一时间启动实施“金融支持百万市场主体专项行动”，实现全省742万户有效市场主体服务全覆盖，新增小微企业“首贷户”占全省银行业一半。全面做好“应延尽延”“应续尽续”“应贷尽贷”，努力帮助企业生产“不停工”、信贷“不断供”、资金“不掉链”，小微企业信贷增速达36.59%。一是强化政银联动，通过联合省经信厅印发《关于开展金融助力制造业高质量发展行动的通知》（浙经信企服〔2022〕27号），加快助力专精特新“小巨人”企业发展。二是引导资源倾斜，加大对专精特新“小巨人”等重点群体的信贷支持。三是制定专属金融服务方案，通过逐户走访，摸清全省专精特新“小巨人”的金融服务需求，针对不同行业的企业提供“一企一策”金融服务方案。

取得成效：截至2022年12月末，全省农商银行系统走访专精特新“小巨人”企业470户，其中开户241户，贷款170户，贷款余额45.92亿元，信贷服务覆盖率36%。

针对专精特新“小巨人”企业“缺少抵押品、研发成本高、轻资产”等特点，浙江农商联合银行积极开展产品创新，充分发挥“点多面广”和“全方位、成体系”的独特优势，全面走访全省专精特新“小巨人”企业，充分了解企业的生产经营、资产负债等情况，优先运用信用贷款进行服务，推出小微税易贷、小微信易贷和小微信保贷等场景服务，实现客户“在线申请、在线签约、在线放款”等功能，对于资质不符合信用贷款准入标准客户，积极与政府性融资担保机构进行合作，强化风险缓释能力，扩大担保贷款覆盖面。

“专精特新”小巨人企业金融服务的提质增效，离不开政策的大力支持。一是希望相关部门可以适时推出专精特新再贷款等结构性货币政策工具，向农商银行等中小银行提供低成本资金，引导金融机构加大专精特新“小巨人”企业信贷支持。二是希望相关部门可以适度放宽中小农村金融机构在大额贷款指标上的限制，将信贷支持专精特新“小巨人”企业贷款不纳入大额贷款指标计算。

周庆霞（徽商银行研究发展部总经理）：2022年，徽商银行采取了以下措施支持专精特新“小巨人”企业发展：一是制定出台了《徽商银行金融支持“专精特新”中小企业发展行动方案（2022—2025年）》，聚焦各级政府发布的“专精特新”名单，强化白名单管理，围绕“对公贷款投放”“新增日均存款”以及“对公有效户”三大类指标，明确了四年行动目标和任务，并在内部定价、授信政策、人才队伍、科技赋能、考核激励等方面加强资源配置。

二是制定出台了《“专精特新”综合化金融服务方案》，以满足目标客户金融需求为出发点，针对不同规模、不同层级的客户，实施“一企一策”，结合目标客户经营特点以及金融需求，匹配不同的金融产品及服务，提供专属金融服务。三是制定出台了《徽商银行“专精特新”企业融资服务方案》，创新“专精特新”贷产品，给予国家级、省级专精特新企业差异化信用贷款额度，最高单户可达2000万元，贷款期限最长3年。

成效方面：截至2022年12月末，徽商银行省内专精特新中小企业贷款余额110.86亿元，较年初净增18.93亿元，增幅20.59%，较省内各项硬贷款多增0.95个百分点；贷款户数1021户，较年初增加113户。

应对“缺少抵押品”等风险的举措：2022年，徽商银行持续在产品和营销模式上开展创新，针对专精特新“小巨人”企业“缺少抵押品、研发成本高、轻资产”等风险和挑战，一是研发线上产品。结合“技术流”创新能力评价体系，围绕人才、技术、成果、转化、政策等五大维度，迭代优化“科技e贷”，为专精特新企业提供线上纯信用贷款，额度最高500万元，利率可达同期LPR，额度期限最长3年。二是开展白名单营销。与各级经信部门合作，获取名单，运用大数据技术跑批白名单，再通过与各园区管委会、投资机构等搭建营销平台，开展银企对接会等进行批量获客。

需要的政策支持：专精特新企业分布在不同行业，技术也因行业不同而差异明显，且该类企业往往又代表了特定领域的前沿技术，具备高成长、高风险等特性，企业的还款能力和风险状况与其技术迭代存在较大关联，有的企业可能在研发期间，一直没有现金流，一旦新产品上市，市值和营收会在短期迅速攀升，但也存在研发失败造成企业倒闭的可能，银行对专精特新企业的还款能力和风险研判不足，金融科技也尚未有效实现对企业未来成长性和市值估算实现支撑。因此，希望政府能建立风险补偿机制，对成立年限短的初创期企业扩大风险补偿，同时组建服务联盟，在银行授信审批和风险防控方面提供技术咨询支持。

专题三　银行业资产管理路在何方

资管新规过渡期正式结束后的第一年，我国银行理财市场严格落实监管要求，贯彻新发展理念，满足居民财富管理需求。一方面，“净值化”转型继续深入推进，现金管理类理财产品步入整改攻坚期，带来诸多挑战；另一方面，养老第三支柱建设提速，绿色发展理念深入人心，银行理财发展的新引擎初见峥嵘。面对挑战和机遇，银行家的应对将为未来银行业资产管理的发展奠定基石。

一、银行家普遍认为设立理财公司和代销理财产品是开展资管业务两大方向

根据《商业银行理财业务监督管理办法》以及银保监会有关负责人就《商业银行理财子公司管理办法》的发言，中国银行业应当通过设立理财公司开展理财业务，这有利于强化风险隔离，但在短期内仍可按照商业自愿原则，通过总行专营部门开展，为商业银行调整理财业务模式留有一定自主空间。针对商业银行在实际经营中开展理财业务模式的选择，调查结果显示，通过已开设的理财公司（35.0%）来开展资管业务是银行家的首要选择，其次是将理财产品代销作为业务新模式（18.7%）以及通过母行资产管理部等部门运营（17.3%），11.2%的银行家认为仍要积极筹备理财公司报审来开展银行资管业务。

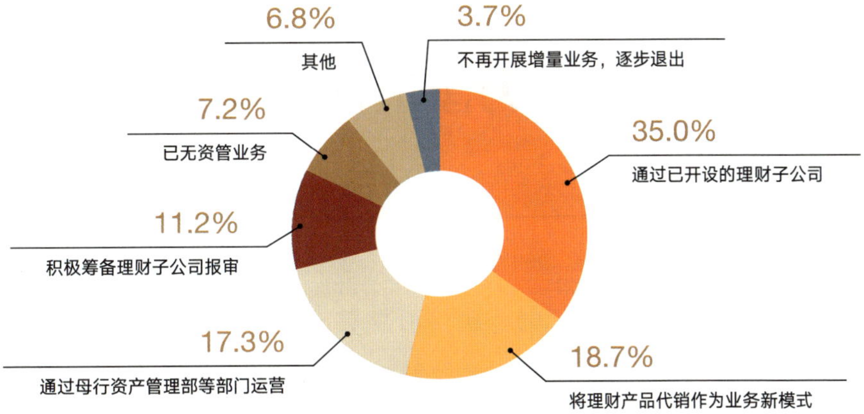

图3-1　中国银行业开展资管业务的方式

不同类型银行积极通过多元化方式开展资管业务，优化理财市场发展格局。理财公司的控股银行面临财务状况、风险管理体系、审慎监管指标、理财业务运营经验等多方面考核，按"成熟一家、批准一家"的批设原则设立，目前多数全国性商业银行的理财公司已获批筹建，大型商业银行（64.6%）及股份制商业银行（69.6%）将通过已开设的理财公司来开展资管业务作为首选；城市商业银行（20.9%）、农村金融机构（25.7%）、外资银行（36.8%）将理财产品代销作为资管业务发展重点，对于拓宽销售渠道、增加理财业务收入、开展投顾业务有着积极影响；此外，也有部分城市商业银行（25.7%）和农村金融机构（18.7%）继续通过母行资产管理部运营理财业务。

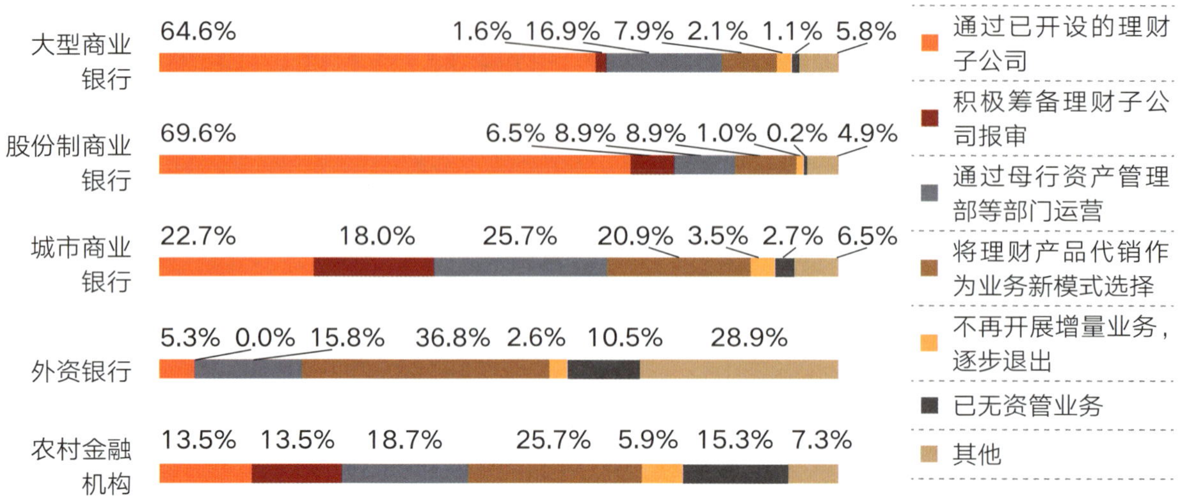

图3-2　不同类型银行开展资管业务的方式

二、超五成银行家认为净值化管理是发展资管业务的主要挑战

资管新规监管导向下，银行理财业务过渡期整改任务基本完成，市场格局进一步优化。但在“统一监管”和“功能监管”的思路下，银行理财产品运作模式将继续向其他公募类资管产品看齐，这一过程中会面临诸多挑战。

调查结果显示，55.8%的银行家认为国内外金融市场波动加剧，净值化转型背景下产品回撤风险加剧是发展资管业务时面临的主要困难，对于青睐“稳定收益”的客群来说，回撤加大会降低银行理财产品的吸引力，2022年3月和11月理财产品大面积“破净”均引发了赎回潮现象；《理财公司理财产品销售管理暂行办法》落地进一步规范理财产品销售业务活动，45.0%的银行家将产品创新转型压力视为主要挑战；《关于规范现金管理类理财产品管理有关事项的通知》将现金管理类理财产品对标货币市场基金进行整改，40.4%的银行家认为现金管理类理财新规落地后理财产品的二次转型压力加剧将带来挑战。

2022年，银行理财的净值化管理在估值层面深入推进，随着市场波动的加剧，在新的净值计量体系下，银行理财产品“破净”现象成为常态。为合理应对净值化管理挑战，银行家认为发展采取市值法计量、估值较为稳定的资管产品（48.3%）是首要选择，通过丰富市值法估值的理财产品类型，来承接中低风险偏好的投资者需求。其次，银行家认为发展符合监管规定、可用“摊余成本法”计量的资管产品（43.7%）仍是短期应对净值化挑战的重要方式。综合来看，兼具市值法和摊余成本法两种估值方式优势的混合估值法理财产品已成为理财公司对中低波动型产品的重要创设方向之一。同时，加强投研能力是银行提高净值化管理水平的长期举措，34.7%的银行家认为要提高自身大类资产配置的投研能力，15.9%的银行家认为可借助外部专业机构的投研能力。此外，32.1%的银行家认为发展定开模式、持有期模式等产品，可以限制频繁赎回的发生。

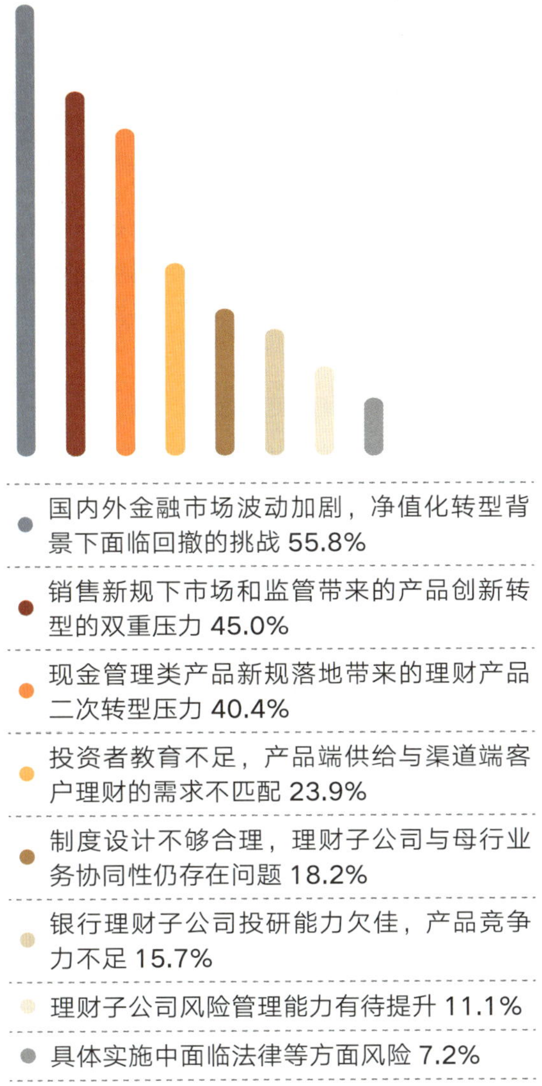

图3-3　中国银行业发展资管业务的主要挑战

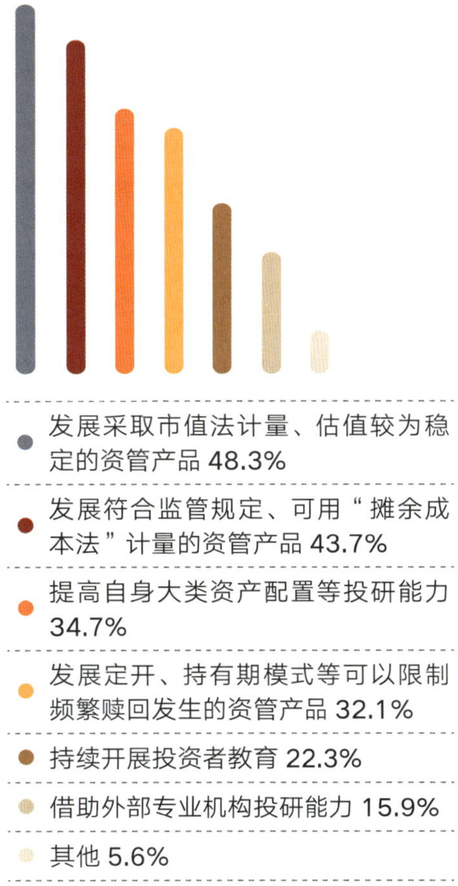

图3-4　中国银行业应对净值化管理挑战的方式

三、超四成银行家表示现金管理类理财整改压力主要在于新产品的发行和承接

2022年是现金管理类理财整改过渡期的最后一年。调查结果显示，41.7%的银行家表示现金管理类理财已按新规完成整改，其余银行家表示现金管理类理财在整改过程中面临的压力，主要体现在新产品的发行和承接（42.6%）和非T+0形式的老产品整改（22.7%）。就整改要求而言，仅可投资货币市场工具的期限匹配要求（16.8%）限制拉长久期带来的增厚收益，不符合规定的资产抛售压力相对较大，此外，严格实施集中度管理（16.6%）、不得投资AA+级以下的债券、资产支持证券（13.4%）、资产抛售后表外资产回表带来的资本补充压力（12.9%）也受到银行家关注。整体来看，统一监管标准下，现金管理类理财原有的收益和规模稳定优势有所削弱，存量资产的处置压力体现在新产品承接以及转回表内等方面。

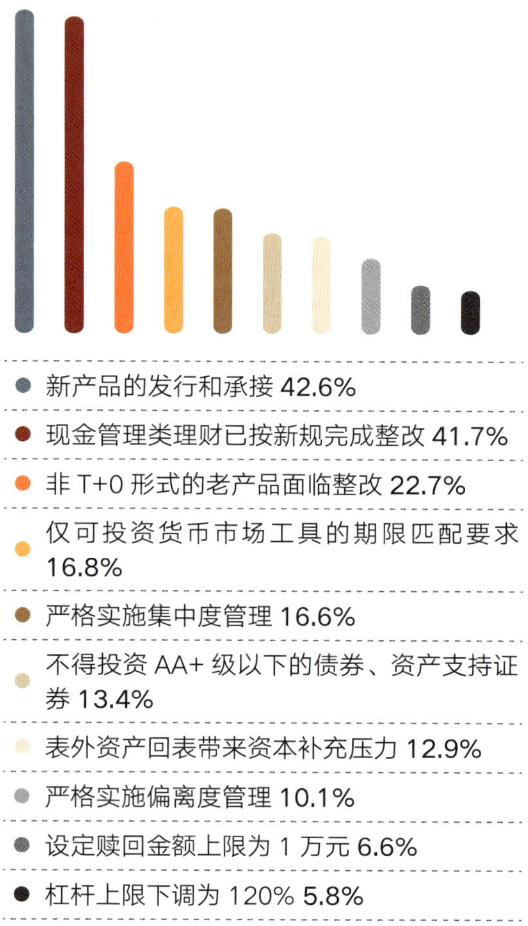

图3-5　现金管理类理财整改对中国银行业的主要压力

调查结果显示，由于现金管理类理财产品的监管有所收紧，面对存款沉淀客户，银行家加大对7天以内和7天—1个月定开理财（37.7%）的布局力度，较2021年分别上升11.5个和2.2个百分点。与此同时，1—3个月理财产品（43.5%）成功超过3—6个月理财产品（43.1%）以及6—12个月产品（43.1%），位居第一。由于偏长期限定开型理财产品估值稳定的优势在资管新规过渡期后无法延续，1年以上理财产品（31.1%）有所减少，但在摊余成本法类封闭式理财产品发行部分弥补缺位的情况下，下降幅度较为有限。

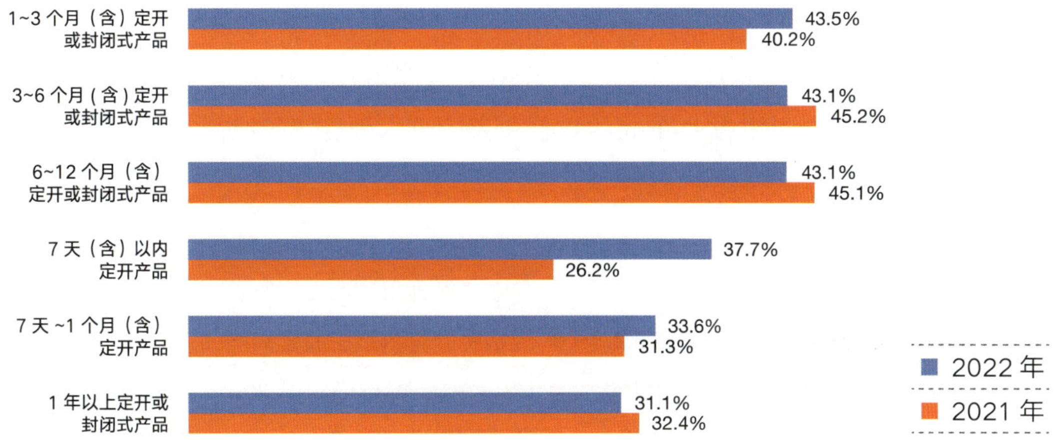

图3-6　2021—2022年中国银行业未来理财产品主要的期限布局

四、近五成银行家将养老理财作为服务经济高质量发展的重点布局领域

党的二十大报告指出，高质量发展是全面建设社会主义现代化国家的首要任务。我国银行理财市场贯彻落实新发展理念，积极服务国家重大发展战略，在老龄化、新经济、碳中和等时代背景下，创新相关主题产品，提高对重点领域的资金融通效率。调查结果显示，为支持经济高质量发展，养老主题理财产品成为重要创新产品布局的首位，其次是科技主题理财产品和ESG主题理财产品。

随着我国人口结构不断变化，人口老龄化问题日益突出，“老有所养”成为当前社会面临的急迫挑战。调查结果显示，超过五成银行家认为未来将重点发展养老主题理财产品（51.2%）。2022年，养老理财试点从“四地四家机构”进一步扩展至“十地十机构”，养老第三支柱建设的政策制度建设开始提速，有利于银行理财抓住承接大规模长期限资金的发展机遇，充分发挥中国银行业的专业优势，提升服务大众、服务养老客户的能力。

党的二十大报告再次突出强调了科技强国的重要性，在当前科教兴国、人才强国、创新驱动发展战略的驱动下，47.3%的银行家表示将重点发展专精特新等科技主题理财产品，发挥金融支持科技创新的引领作用，积极服务新经济发展。此外，在绿色发展和开放发展的新发展理念倡导下，ESG主题理财产品（33.2%）和跨境理财通（25.4%）也成为未来中国银行业布局的重要创新品种，为投资者提供多元化的理财产品选择。

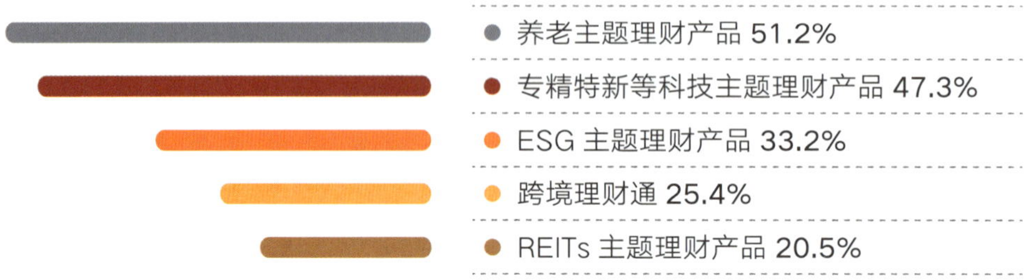

图3-7 中国银行业支持经济高质量发展的重要创新产品布局

不同类型银行根据自身禀赋，进行差异化的理财产品布局。调查结果显示，由于目前养老理财产品试点机构为全国性商业银行的理财公司，大型商业银行（29.3%）和股份制商业银行（24.4%）均将养老理财放在未来产品布局的首要位置；对于城市商业银行，发展专精特新等科技主题理财产品（31.9%）是其战略布局的重要着力点，有助于充分发挥创新优势和地缘优势，投融资联动服务科创企业；对于外资银行而言，基于境外资源和业务上的优势，跨境理财通业务（44.7%）成为未来产品布局的重点。

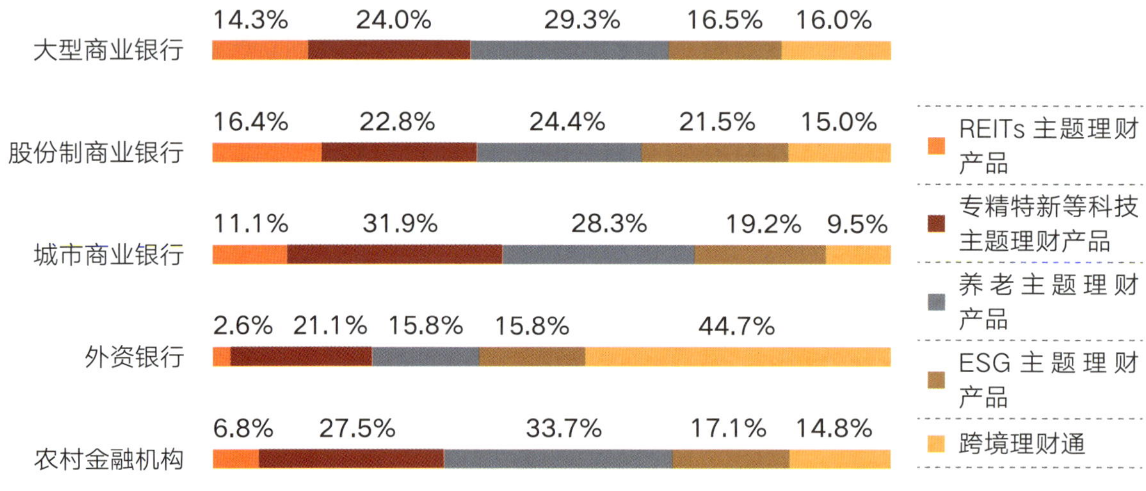

图3-8 不同类型银行未来创新产品布局的重点方向

五、超四成银行家将“固收+基金”作为“固收+”理财的主要开展方式

净值化转型过程中，银行业积极探索并丰富理财业务产品线，“固收+”理财产品是满足投资者多元化投资需求、增厚收益、提供较为稳定回报的产品，调查结果显示，42.6%的银行家认为“固收+基金”是“固收+”理财产品的主要开展模式，“固收+非标”（37.8%）、“固收+权益类资产（主动）”（35.4%）、“固收+多种资产”（26.7%）分别列第二位至第四位。“固收+”产品以固收类资产为底仓，在发挥银行纯债投资经验丰富这一优势的基础上，进一步配置中高风险资产增厚收益，充分体现出产品收益稳健、回撤较小、向上弹性较大的风险收益特征。

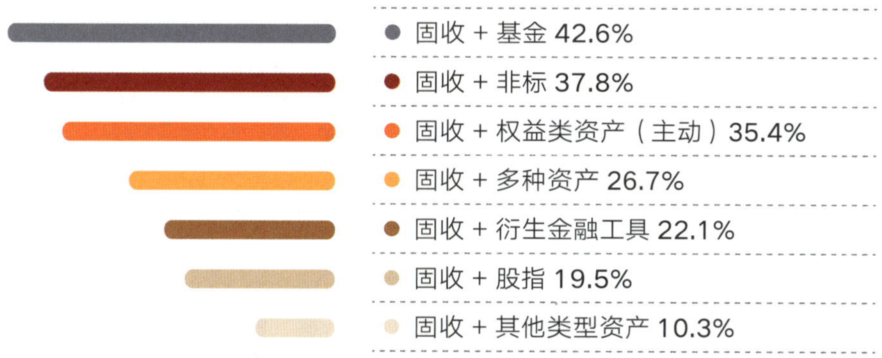

图3-9　中国银行业未来“固收+”理财的主要开展模式

根据增厚收益时选择标的不同，不同类型银行开展“固收+”理财的模式偏好存在差异。调查结果显示，大型商业银行（22.1%）和股份制商业银行（21.3%）偏向选择“固收+基金”模式，在以固定收益资产为主的基础上，通过配置“一篮子”基金实现权益投资和增厚收益，并且多数大型商业银行和股份制商业银行的理财公司已搭建FOF、MOM评价体系，更有利于“固收+基金”模式的开展；对于城市商业银行（19.9%）和农村金融机构（19.7%）而言，选择“固收+非标”比例要高于其他类型银行，可充分发挥自身的特色化经营策略来开展“固收+”理财；对于外资银行而言，由于开展金融衍生品业务的经验较为丰富，选择衍生金融工具（17.6%）来增厚收益的比例要显著高于其他类型银行。

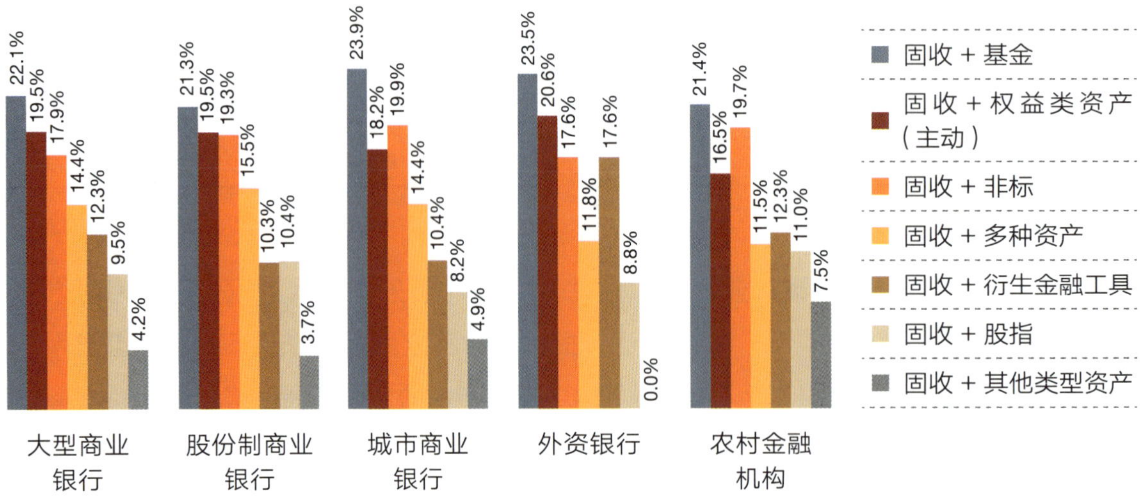

图3-10　不同类型银行开展“固收+”理财的主要模式

六、超三成银行家认为开发多元策略产品和借助投顾是资管业务主要合作模式

净值化转型对资产管理机构投研能力提出了更高要求，理财机构需要顺应行业发展趋势，提高产品运作管理能力，可积极借助外部专业管理人的投研能力，为客户提供更丰富的产品选择，并在合作中不断提高自身管理水平。探索创新合作模式成为当下主旋律，调查结果显示，35.5%的银行家认为与其他资管机构共同开发多元策略产品是首选合作模式；选择投顾模式合作（34.8%）和发行FOF/MOM理财产品（33.8%）的银行家比例相近，可借助外部投研能力提升对权益类资产的投资效率；定制化的合作模式选择比例稍低，近三成银行家对定制专户产品委外投资（29.9%）和定制发行私募理财产品（29.4%）的合作模式表示关注。

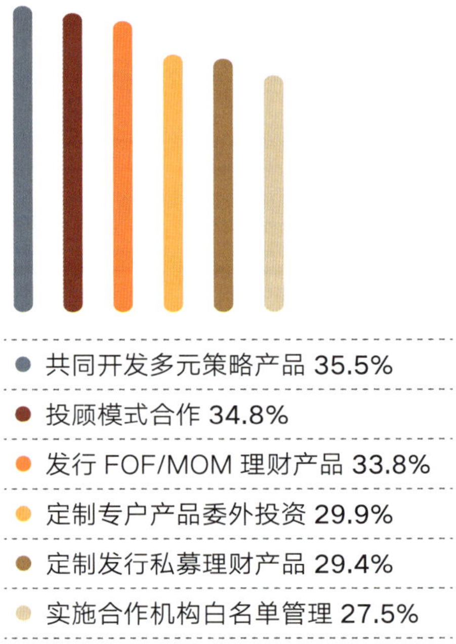

图3-11　中国银行业未来资管业务的主要合作模式

分机构类型来看，大型商业银行拥有成熟的投资管理、估值和风控系统，偏好投资决策自主性更强的投顾合作方式（21.9%）；股份制商业银行投资策略较为灵活，将发行FOF/MOM理财产品（21.8%）作为首要的合作模式，可以通过配置“一篮子”公募基金间接实现对权益类资产的配置，并起到分散投资风险的作用；城市商业银行倾向通过共同开发多元策略产品（20.0%）来进行合作，农村金融机构投研能力偏弱，偏好定制专户产品委外投资（19.0%）的合作模式。

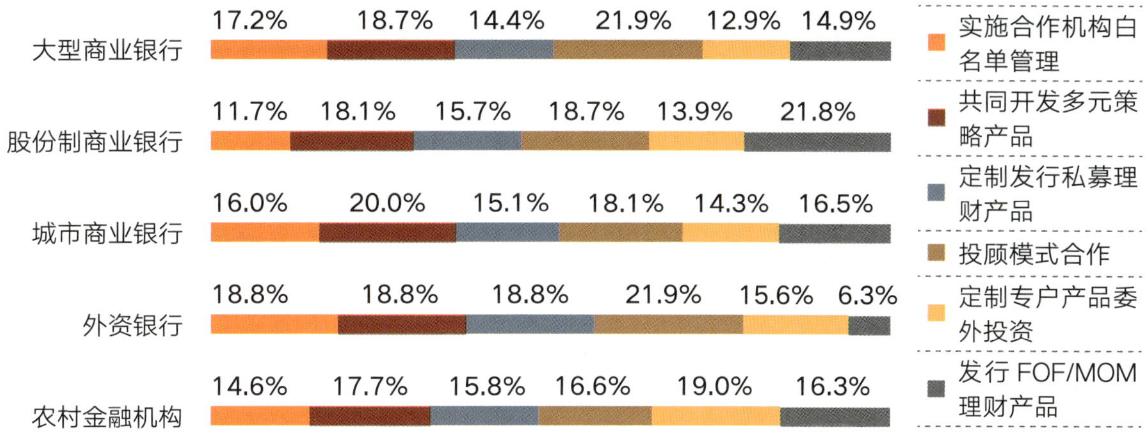

图3-12　不同类型银行未来资管业务的主要合作模式

七、超五成银行家认为加强投研能力建设和产品创新是理财公司的发展重点

自2019年5月首家获批开业以来，理财公司迎来快速发展，已成为我国资产管理行业的重要参与者。截至2022年末，已有31家理财公司获批筹建，包括26家商业银行理财公司和5家外方控股的合资理财公司，其中30家已获批开业。随着不断承接母行产品、自主发行的新产品规模快速增长，理财公司产品存续规模占银行理财全市场比例超过六成，发展成为资产管理行业的重要机构类型。

理财公司的业务发展方面，银行家首要关注投研能力建设，调查结果显示，超过五成的银行家认为理财公司应当进一步加强权益类资产和大类资产配置的投研能力（56.5%），同时，努力发挥固收领域的投研优势以推进产品创新（53.8%）；银行家其次关注营销能力，42.7%的银行家认为理财公司需利用多渠道加强产品的营销能力，例如，提升销售人员的专业能力、发展线上线下一体化的全渠道管理等；此外，39.3%的银行家认为理财公司应大力发展金融科技以赋能资管转型，将大数据、云计算及区块链等新兴技术用于资产管理的全产业链条，实现运营效率、风控能力等方面的提高。

风险管理方面，由于长期以来银行理财“保本保收益”的观念深入人心，投资者能否接受产品净值波动是理财公司在净值化转型过程中面临的巨大挑战，这需要理财公司建立起全面的风险管理系统。调查结果显示，近五成的银行家认为理财公司应建立健全理财业务管理制度（49.9%）和建立有效的风险隔离机制（49.4%），近四成的银行家认为理财公司应建立健全理财业务关联交易内部评估和审批机制（41.6%）。此外，理财公司还需要建立公平交易制度、加强信息披露（18.9%），在从业人员的资格认定、培训、考核评价和问责制度等方面加强管理（14.1%），并提供有效的投资者保护工作机制（14.0%）等。

- 加强权益类资产和大类资产配置的投研能力建设 56.5%
- 发挥固收领域的投研优势推进产品创新 53.8%
- 利用多渠道加强产品营销能力 42.7%
- 大力发展金融科技以赋能资管转型 39.3%
- 加强风险管理体系建设 28.2%

图3-13　中国银行家认为理财公司业务开展的重点领域

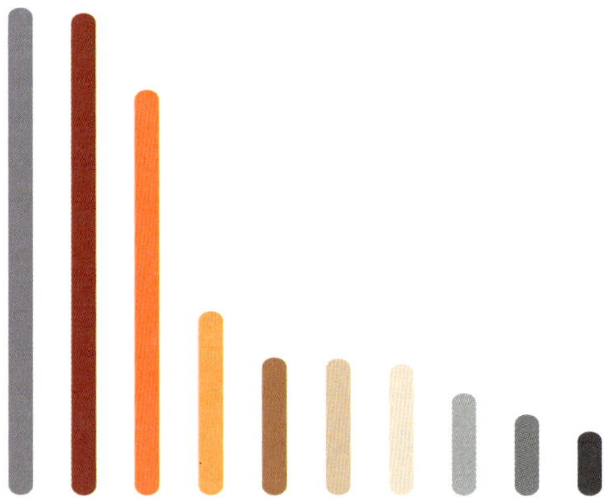

- 建立健全理财业务管理制度 49.9%
- 建立有效的风险隔离机制 49.4%
- 建立健全理财业务关联交易内部评估和审批机制 41.6%
- 建立公平交易制度，加强信息披露 18.9%
- 建立健全从业人员的资格认定、培训、考核评价和问责制度 14.1%
- 建立有效的投资者保护机制 14.0%
- 加强交易监测、预警和反馈 13.5%
- 建立风险准备金提取制度 10.5%
- 建立健全内外部审计制度 8.3%
- 其他 6.6%

图3-14　中国银行家认为理财公司风险管理的工作重点

银行家谈银行业资产管理业务发展

一、课题组：2022年资产管理产品开始执行新金融工具相关会计准则，在新的净值计量体系下，银行理财产品的净值波动加剧，引发了几轮投资者赎回潮。请问贵行如何应对净值化管理挑战，净值化对贵行的产品布局、投资管理、业绩考核、投资者教育等方面有何影响?

关铁军（广发银行战略规划部总经理）：2022年以来，境内外市场波动加剧，叠加银行理财处于净值转型初期，投资者教育刚刚起步，理财产品净值化管理面临严峻挑战。在全面净值化时代，理财市场波动将呈现常态化，面对2022年理财产品净值的大幅波动，广发银行围绕“日常监测”“异常跟进”和“客户安抚”三大举措，不断强化产品售后跟踪管理，建立理财产品日常监控和应急机制方案，同时成立多部门联合应急项目组，制定理财产品应急机制方案，明确客诉处理时效，做好客诉系统性应对。不断加强市场研判，提升净值管理水平，努力降低产品净值波动幅度。

产品布局方面，根据理财产品不同的风险评级，构建5大产品体系，结合理财公司现阶段的发展特征及市场需求，以提供绝对收益为主的产品解决方案为目标，明确四项阶段性发展策略：夯实低风险“鎏金”系列的压舱石功能；强化中低风险“幸福”系列的支撑点定位；发挥中风险“汇赢”系列的助推剂作用；构建中高风险“睿富”系列的孵化舱平台。

投资管理方面，广发银行理财公司积极通过确立大类资产配置框架，优化交易策略，构建更具风险收益性价比的资产结构；加强投资研判、提升信用和市场风险识别能力；加大行外代销拓展力度等方式着力提升产品竞争力。持续夯实研究基础，强化投研双向驱动，推动科技和投研深度融合，在系统、内控和机制层面为未来高质量发展保驾护航；不断加强市场研判、同业交流与监管沟通，着力丰富投资品种、工具和策略，推动投资手段和边界持续拓展，形成覆盖主要品种、多维度、多频次的研究体系；结合客户偏好及市场变化，形成覆盖各类产品基于产品定位的投资目标及投资策略内控标准。

业绩考核方面，通过制定《广银理财薪酬管理办法》《广银理财绩效管理办法》等制度措施，完善薪酬福利体系及分配政策，充分调动投资经理主观能动性，以业绩带规模，制定《投资经理绩效考核方案》，进一步激发队伍活力及内生动力，平衡风险与收益。

投资者教育方面，通过广银理财微信公众号等渠道输出陪伴内容，加强投资者教育，提升投资者专业能力和对净值型理财的理解，使其更具备判断和选择适配自己理财产品的能力，帮助投资者根据其自身风险偏好、风险承受能力、认知水平选择合适的产品。投资者陪伴方面，强化配置理念，真正做实“以客户为中心”。在客户生命周期的长视角中践行“客户优先”原则，从“产品级模式”升级为“客户陪伴式”服务。售前精准KYC（了解客户），厘清财富管理目标、投资预期和风险承受度，并根据客户变化动态更新。售中建立KYP（了解产品）能力和资产配置能力，甄别优秀产品，并依据用户特征提供个性化的解决方案。售后定期开展投资者陪伴系列课程，提升产品净值化背景下的专业服务能力，形成应对低收益或者亏损产品的事前监测机制、事中响应机制及事后应对机制。

周庆霞（徽商银行研究发展部总经理）：净值化转型对于资管行业的影响极为深远，一是在产品端驱动业务模式转型，从资金池模式向独立运作模式转变；二是在投资端驱动策略转型，从配置型策略向交易型策略转变；三是在销售端驱动投资者教育升级，从“隐性刚兑”向“买者自负”转变。同时，净值化转型并不局限于资管新规框架下的整改，2022年，净值化转型进一步由产品层面向估值方法层面纵深推进，在此背景下，徽商银行坚决落实监管要求，不断优化产品布局，精细化开展投资管理、积极探索市场化考核机制、多渠道开展投资者教育，切实保护投资者合法权益，服务居民财富增长需求，支持实体经济高质量发展。

产品布局方面，目前，徽商银行已经实现每日申赎至2年的主要期限产品的全覆盖，封闭式和各种形态的开放式产品类型丰富，投资端以“固收”和“固收+”为主，在固定收益类、权益类和混合类产品上均有布局。同时，针对投资者对收益相对稳定、波动回撤较低的理财产品诉求，徽商银行一方面聚焦一年期、二年期中长期产品线，重点发行有优质非标资产打底、债券久期基本跟产品存续期限匹配的产品，降低产品波动率，力争为投资者带来稳健收益；另一方面，借鉴同业市场做法，在满足监管制度和会计准则的基础上，研发低波动系列产品，包括100%摊余成本法估值的产品和部分采用摊余成本法估值的混合估值产品，丰富投资者选择。

投资管理方面，一方面，提高投资管理水平。根据产品类型、业绩要求和市场情况等拟定差异化、针对性的投资管理策略，并根据外部市场变化等实时调整。在风险可控前提下，给予运作人员一定空间，逐步培养交易能力，把握市场机会，创造更多价值。另一方面，强化市场研究能力，引导产品运作管理人员关注市场、研究市场、思考市场，从基础的市场研究做起，加强固收市场研究，同时积极通过购买服务、同业交流和专项培训学习等多种渠道和手段借鉴外部机构研究方法和研究成果，增强自身研究能力，并利用研究结果指导产品运作及资产投资。

业绩考核方面，徽商银行不断探索完善市场化考核机制，加大考核差异，在过程中不断引导员工将注意力从“结果公平”转向“过程公平”。尝试建立“以丰补歉”机制，积极应对理财产品净值化后带来的市场波动，兼顾中长期激励，提高核心岗位人才队伍的稳定性，推动理财业务高质量发展。

投资者教育方面，2022年，资管新规正式开始实施，理财产品全面净值化，对投资者来说，最直观的感受就是购买的产品净值波动变大，甚至出现理财产品“破净”现象。徽商银行深入贯彻金融消费者宣传教育活动的重要思想，积极开展金融消费者教育与金融知识普及的工作，常态化开展全面性、有针对性、有特色的消费者宣传教育活动，切实保护投资者合法权益。

二、课题组：净值化时代加剧马太效应，头部机构的竞争优势愈发突出，请问贵行如何看待未来的同业竞争态势？

关铁军（广发银行战略规划部总经理）： 由于银行理财公司批量成立，外资资管机构大举进入，各类市场主体竞相勃发，竞争形势非常严峻。同时，资产管理行业马太效应明显，市场格局将在激烈竞争中加速分化，对理财机构投研能力和净值化运作能力提出更高要求。银行理财在净值化转型的过程中，需积累和总结净值管理经验，从提升投研能力、优化产品运作策略、人才队伍与市场化机制建设等方面“破题”，持之以恒做好投资者教育，加强投资全周期陪护，平稳度过净值化管理转型阶段。

周庆霞（徽商银行研究发展部总经理）： 目前，理财公司之间、不同类型资管机构之间的竞争日益加剧，“马太效应”进一步显现，中小规模的理财公司面临牌照红利消失、分化加快的局面。从同业竞争看，城商行理财公司受到公募基金和大行理财公司的竞争压力较大。在净值化背景下，公募基金凭借专业的投研人才和丰富的市场化运作经验占据优势，银行理财的部分优质客户面临流失，大行理财公司凭借丰富的产品谱系和价格优势，对中小理财公司的核心客户造成冲击。当前，资管行业的转型步伐正在加快，券商、公募基金、大行理财公司等机构在人才、资金、投研、产品、科技等方面规模优势明显，在行业里处于引领地位，多数城商行理财公司实力有限，普遍存在投研人才不足、产品同质化高、科技能力较弱等短板，未来生存空间预计受到挤压。

从另一角度来看，近年来得益于国内经济金融长期向好的发展态势和金融对内对外改革成果的不断释放，我国资产管理行业逐渐发展壮大。现阶段，国内百万亿元规模的资管市场完全能够容纳银行、信托、证券、基金、保险等各类机构同台竞争，银行理财公司与其他类别资管机构的合作大于竞争，互补多于争利。资管行业内各类机构目前发展阶段不同，资源禀赋各异，理财公司和各家机构在委外投资、产品销售、投研体系建设、金融科技等方面都会有广泛而深入的合作。

资管新规发布以后，资管行业迎来统一监管的时代，预计整个资管市场中不同类别机构最终会形成具有一定头部效应的“监管统一、差异发展、合作共赢”的行业格局。随着资管行业转型升级的不断深入，中国资管市场必然会朝着更加规范、开放、高效的方向稳步迈进，在此过程中，徽商银行愿意与各家机构一起，共同打造包容、稳定、友好的生态圈，构建资管行业高质量可持续发展机制，为国家金融供给侧改革、去杠杆化、多层次资本市场建设等重大任务作出应有的贡献。

三、课题组：长期来看，为推动理财业务规模稳健增长和支持经济高质量发展，贵行有无在绿色、养老等方向进行战略布局？

关铁军（广发银行战略规划部总经理）：绿色产品方面，广发银行为进一步完善广银理财混合类产品线，发行ESG主题理财产品“股舞ESG9个月持有期”，该产品的推出是广发银行差异化发展及实现经济、社会和环境效益有机统一的重要体现。

养老产品方面，广发银行广银理财类养老产品已完成准入并发行销售，准入招商丰润系列（类养老分红型）产品；聚焦客户的稳健投资需求，2022年3月末推出国寿鑫利宝趸交保险，满足中长期规划要求；发布《广发银行“自在人生”综合金融服务方案》，覆盖客户全生命周期，打造综合金融生态圈，为客户实现“一站式”养老规划。

周庆霞（徽商银行研究发展部总经理）：徽商银行践行国家战略，充分把握建设美好安徽“生态优先、绿色发展”总体基调，积极将绿色金融纳入业务发展方向，多渠道对接业务资源，从资产配置和产品发行两个维度推动绿色金融发展，助力实现“双碳”目标。一方面，积极构建绿色金融投资导向机制。秉持绿色投资理念，重点投资绿色债券、绿色资产支持证券等资产，支持长三角生态绿色一体化发展示范区建设，为夯实长三角地区绿色发展基础持续作出贡献。积极参与绿色发展基金投资，对绿色环保、新能源及国家重点支持产业的企业进行股权投资，有效利用理财资金支持省内实体经济发展和绿色金融项目，切实支持绿色金融发展。另一方面，提升绿色金融产品发行节奏。目前，徽银理财公司已发行部分绿色金融主题相关的理财产品，产品投向的资产主要为高科技、新能源产业和绿色发展领域的债券资产和私募股权基金。

接下来，徽商银行将积极践行绿色发展理念，加大理财业务的创新力度，将绿色金融高质量发展的要求落到实处。一方面，筑牢发展基础，构建绿色金融评价规则体系。发挥商业银行传统信贷体系和风控架构的优势，获取准确和全面的行业数据，对行业、企业开展深入分析，逐步构建起绿色金融投资评价体系。另一方面，聚焦优质绿色项目，挖掘绿色债券资产。积极捕捉市场投资机会，拓展优质绿色债券类资产来源。适当调整投资结构，增加利率债、金融债、产业债等优质绿色债券资产投资比例。

专题四　银行业坚守风控底线守正创新

自十九大以来，银行业在坚守风控底线的基础上，积极响应党中央号召，在落实自身资产质量提升、推进全面风险管理建设等工作的同时，也开展了推进“六稳”“六保”、深化供给侧结构性改革、维持房地产市场稳步发展、化解地方政府债务风险等一系列工作，有效地防范化解了潜在的金融风险问题，为实现党的二十大确立的目标打下坚实基础。

一、超六成银行通过提高基础民生领域贷款投放量推动“六稳”“六保”

2018年，中央经济工作会议首次提出“六稳”方针。2020年4月，中央又提出“六保”的新任务。2022年中央经济工作会议进一步提出要“突出做好稳增长、稳就业、稳物价工作，有效防范化解重大风险”。银行业坚决贯彻落实党中央、国务院“六稳”“六保”工作精神，在做好各类风险防控基础上，采取多方面措施，推进“六稳”“六保”工作开展。调查结果显示，在“保基本民生”的任务要求下，银行业通过调节信贷投放来保障国内基本民生，超六成银行家表示其所在银行通过“提高新基建、乡村振兴等基础民生领域贷款投放量”（60.6%）来推动“六稳”“六保”工作。与此同时，绿色产业和“专精特新”企业作为国内政策积极引导的发展方向，也受到了银行业的大力支持，超五成银行家表示“积极促进绿色产业发展”（57.1%）和加大“专精特新”企业扶持力度（54.9%）也是其所在行采取的主要举措。此外，在经济下行压力下，42.9%的银行家所在银行通过“降低利率、费率”的方式为实体经济合理让利，推动实体经济发展。

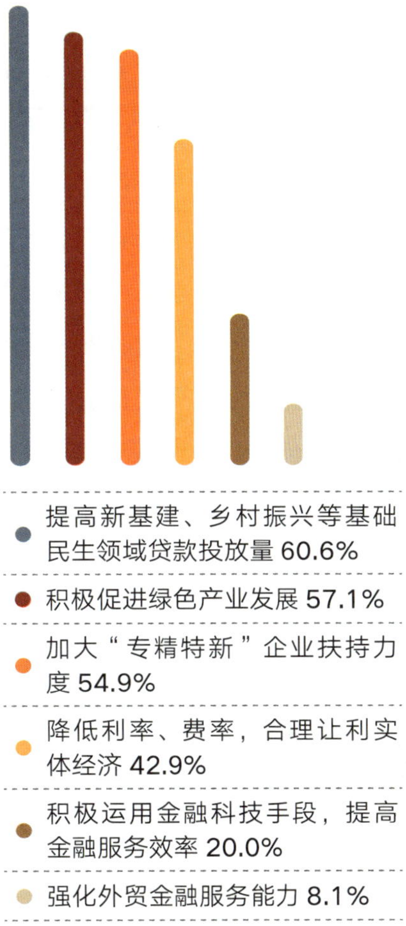

图4-1 银行业落实“六稳”“六保”的主要举措

二、超六成银行家认为保持房地产融资平稳有序投放的首要风险防范措施是严格审核贷款投向和项目用途

自2020年12月31日《关于建立银行业金融机构房地产贷款集中度管理制度的通知》发布后，房地产行业违约风险进一步显现，给银行业房地产贷款业务带来一定程度冲击。2022年以来，国家陆续出台了支持房地产市场平稳健康发展和恢复市场对房地产业信心的政策指引。2022年的中央经济工作会议明确指出，“要确保房地产市场平稳发展，扎实做好保交楼、保民生、保稳定各项工作，满足行业合理融资需求”。银行业应对政策调整，审慎地开展房地产贷款业务。调查结果显示，64.8%的银行家认为“严格审核贷款投向和项目用途”应该是保证房地产贷款业务健康发展过程中的首要风险防范措施；位列其后的是“对房地产企业实施名单制管理”（51.5%）和“加强贷款资金流向监测和预警”（31.1%）。

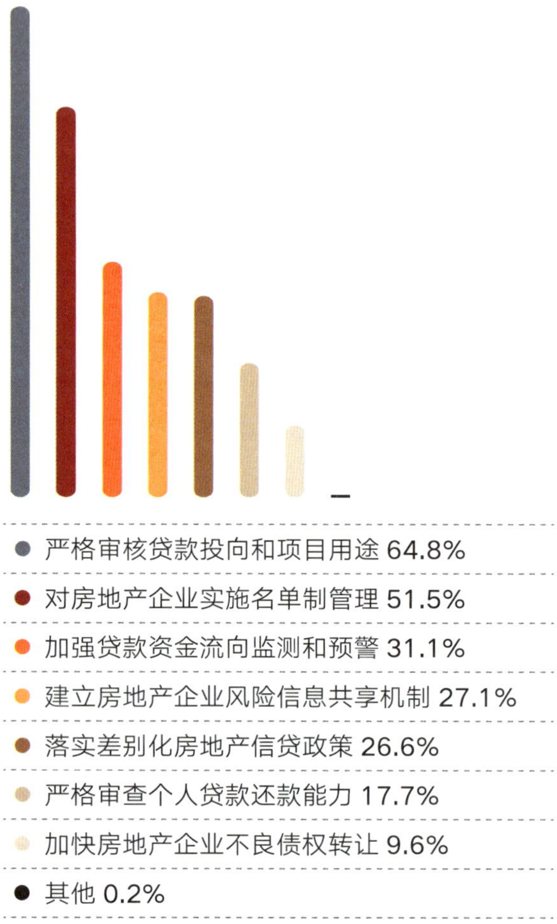

图4-2　银行业保证房地产贷款业务健康发展过程中的主要风险防范措施

三、超四成银行家认为制定专项授信支持政策是银行业助力发展住房租赁业务的首要选择

党的二十大报告明确提出“加快建立多主体供给、多渠道保障、租购并举的住房制度”。2022年的中央经济工作会议也明确指出，“要因城施策，支持刚性和改善性住房需求，解决好新市民、青年人等住房问题，探索长租房市场建设。”为深入贯彻党的二十大和中央经济工作会议精神，中国银行业积极推进相关措施助力发展住房租赁业务。超四成银行家将“制定专项授信支持政策”（43.3%）作为支持住房租赁业务发展的首要选择。除此以外，还有部分银行家选择“设立保障性租赁住房专项贷款额度”（33.8%）和“推进住房租赁资产证券化”（30.2%）等方式一定程度上也可以拓宽多元化融资渠道，助力住房租赁市场健康发展。

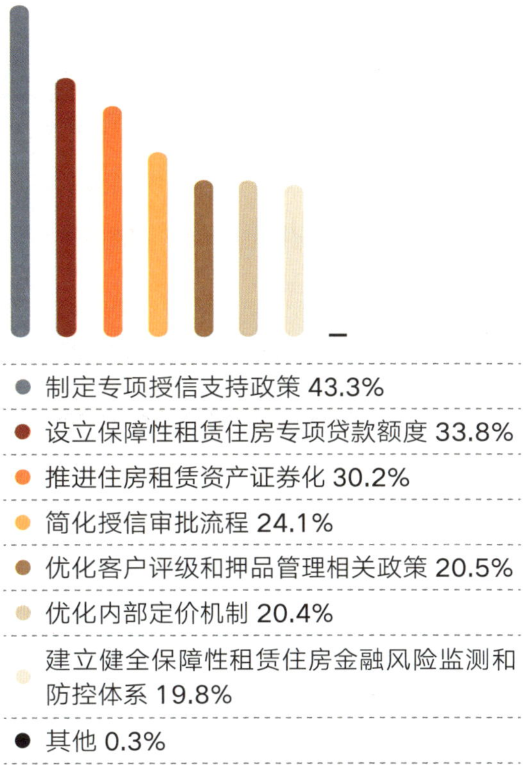

图4-3　银行业助力住房租赁业务发展的主要举措

四、超四成银行家认为资金成本提高与降低企业相关费率间的矛盾是践行供给侧结构性改革的难点

2019年中央首次提出“金融供给侧结构性改革”的概念，提出要深化金融供给侧结构性改革，增强金融服务实体经济能力。党的二十大报告提出，“把实施扩大内需战

略同深化供给侧结构性改革有机结合起来”，经济金融领域重大风险根源在于供给和需求之间的严重失衡错位、循环不畅，防范化解风险是扩大内需战略和供给侧结构性改革的有机结合点。调查结果显示，47.6%的银行家认为其所在银行面临“资金成本提高与降低融资成本、综合服务费率的矛盾”。在中国经济面临下行压力的背景下，银行业主动向实体经济让利，盈利端承压，这给商业银行的成本管理提出了新的要求。银行业在坚持供给侧结构性改革这条主线的同时，需求侧管理的难点问题也受到银行家的格外关注，46.2%的银行家表示当前面临“需求侧有效需求不足，结构性欠佳”的难点。此外，在践行供给侧结构性改革的过程中，超两成银行家认为其所在银行面临“不良贷款率进一步承压”（27.4%）、“风险与收益不匹配”（25.8%）、“中小微企业信用风险识别存在困难”（25.5%）的难点。

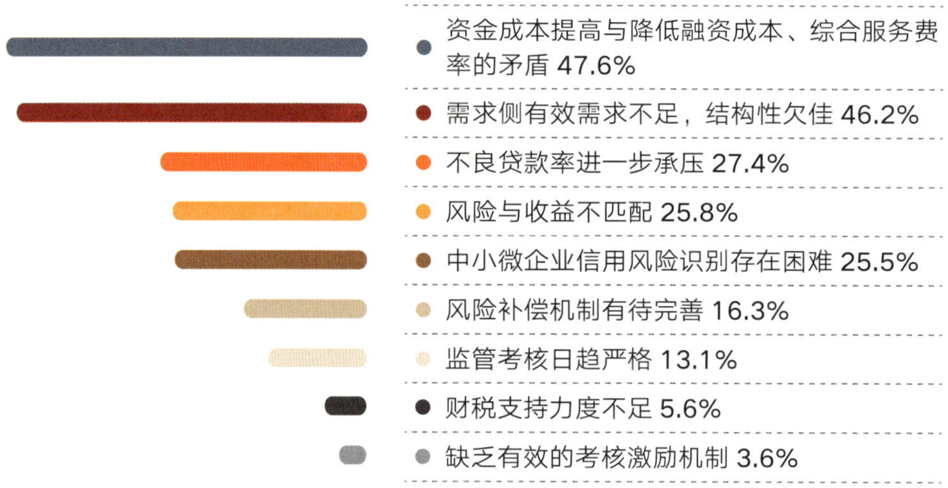

图4-4　银行业供给侧结构性改革难点

五、超六成银行家认为部分银行资管业务规模压降显著

党的十九大将“防范化解重大风险”置于三大攻坚战之首。自2017年初开始集中治理影子银行风险以来，影子银行规模从历史高位大幅下降、治理效果显著。超六成

银行家表示其所在银行的“部分银行资管业务（例如，同业理财、非标债权、资管产品等）”压降规模较大（61.5%），近年来这类影子银行业务作为监管机构关注的重点，银行业积极响应监管要求，妥善出清存量业务。此外，银行家表示其所在银行“同业SPV投资（不含公募和私募基金投资）”（30.7%）和“委托贷款”（27.9%）两类业务压降规模也较大。

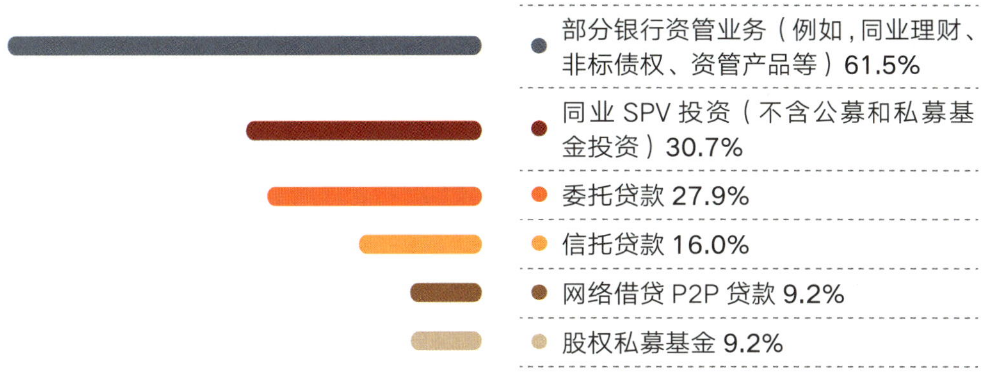

图4-5　银行业影子银行规模的压降力度

六、超六成银行家表示要做好地方政府隐性债务的摸底工作

2022年7月，银保监会在安排下半年重点工作任务的会议上指出，要配合防范化解地方政府隐性债务风险。2022年的中央经济工作会议指出，“在有效支持高质量发展中保障债务可持续和地方政府债务风险可控”。超六成银行家认为要从“统一隐性债务统计口径，做好摸底工作”（61.3%）入手开展相关风险防范工作，由于地方政府隐性债务统计难度大，摸底工作首当其冲。与此同时，一方面，对于存量的地方政府隐性债务，超四成银行家认为需注意“防止盲目抽贷和断贷”（40.9%）；另一方面，对于增量的地方政府隐性债务，35.7%的银行家认为需“严防对市县级政府违规放贷”。

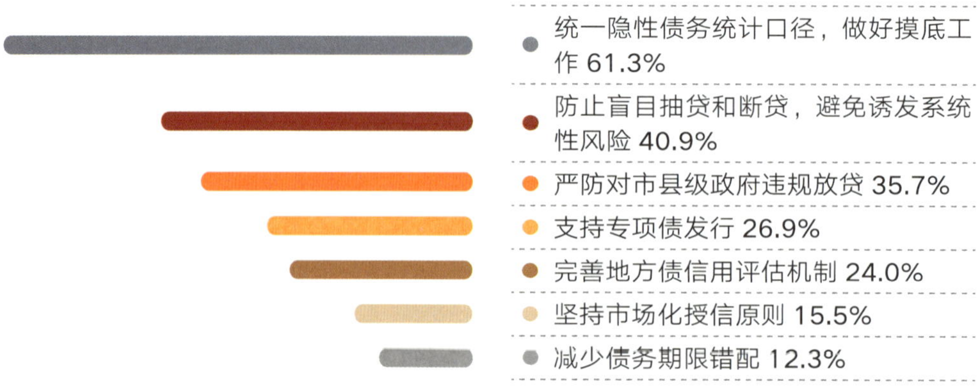

图4-6　银行业配合防范地方政府隐性债务风险的举措

七、超四成银行家认为需通过做实资产分类工作来提升银行资产质量

新冠肺炎疫情给中国经济带来了一定程度的冲击，银行面临一定的不良贷款反弹压力，资产质量承压。为进一步提升资产质量，超四成银行家认为未来其所在银行将通过“做实资产分类工作，细化资产质量管理”来提升自身的资产质量（43.0%）。与此同时，银行家们也关注在准入端做好相关工作，防范资产质量下滑，39.3%的银行家认为需“针对不同区域制定区域产业准入标准”，38.8%的银行家认为需“完善对贷款企业的尽调方法”。

图4-7　银行业资产质量提升的途径

八、近五成银行家认为防范金融资产脱实向虚是系统性金融风险防范的重点工作

党的十九大提出，“防止发生系统性金融风险是金融工作的根本性任务，也是金融工作的永恒主题。要把主动防范化解系统性金融风险放在更加重要的位置”，党的二十大报告再次重申“守住不发生系统性风险底线”。在此背景下，银行业积极开展系统性风险识别和防范的相关工作。49.4%的银行家认为“防范金融资产脱实向虚”是系统性金融风险防范的重要工作。当前，国内经济下行压力较大，金融领域脱虚向实，切实服务实体经济显得尤为重要。与此同时，近年来部分金融机构公司出现了一系列的风险事件，公司治理问题受到银行家广泛关注，41.6%的银行家认为“金融机构公司治理乱象整顿”也是系统性金融风险防范的重要工作。此外，受2022年以来房地产市场低迷影响，房地产行业风险进一步显现，37.6%的银行家认为需防范房地产泡沫化、金融化，从而诱发系统性金融风险。

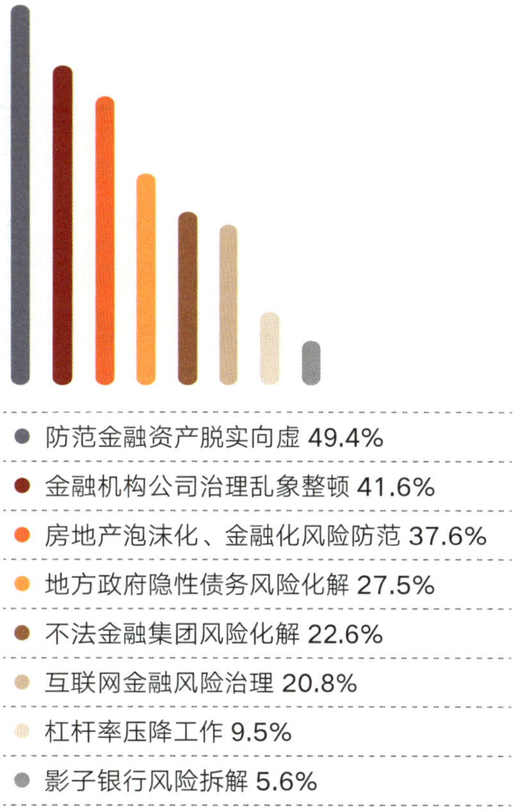

图4-8　系统性金融风险防范的重点工作

九、超六成银行家认为需从经营管理架构角度推进全面风险管理体系建设

2016年，银监会发布《银行业金融机构全面风险管理指引》规定了银行业金融机构需建立全面风险管理体系，各商业银行着手开展全面风险管理体系建设。调查结果显示，约六成银行家认为推进全面风险管理体系建设的重点在于“建立适应全面风险管理的经营管理架构”（60.1%）。与此同时，伴随着金融科技的应用，商业银行信息化、数字化管理理念不断深入人心，超四成银行家认为“建立完善的风险管理信息系统”（44.8%）也是全面风险管理建设的重点工作。此外，33.8%的银行家认为“制定清晰的执行和问责机制”也是当前全面风险管理体系建设的重点工作之一。

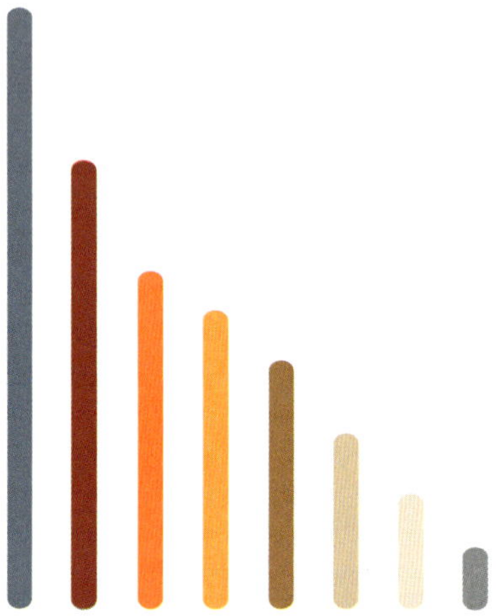

- 建立适应全面风险管理的经营管理架构 60.1%
- 建立完善的风险管理信息系统 44.8%
- 制定清晰的执行和问责机制 33.8%
- 制定风险管理政策和程序，并开展定期评估 29.9%
- 合理确定各项业务活动和管理活动的风险控制点 24.9%
- 建立健全数据质量控制机制 17.5%
- 将全面风险管理纳入内部审计范畴 11.5%
- 审慎评估各类风险之间的关联性 6.3%

图4-9 银行业全面风险管理体系建设的重点工作

银行家谈银行业风控守正创新

课题组：近年来，疫情对经济运行造成了较大冲击，银行面临一定的不良贷款反弹压力。您认为未来贵行能通过哪些路径提升资产质量？

周庆霞（徽商银行研究发展部总经理）：2022年，徽商银行加大不良资产处置力度，存量风险加速出清。未来徽商银行将多措并举，强化风险资产经营能力，不断提升资产质量。

一是进一步强化政策导向。根据战略规划及经营目标，制定年度风险政策指导意见，完善年度风险偏好陈述，强化风险偏好在全行范围的分解及传导。

二是提升数字化风控水平。升级风险预警平台，实现对客户级风险预警的全流程管理，优化押品管理系统，完善风险数据集市数据指标，提升报表数据准确性，在全行范围内加大对风险数据集市的推广应用。

三是加强问题资产客户管理。做好贷后管理工作，加大对问题贷款的排查力度，防止大额问题资产下迁。

四是做实风险前瞻性管理。分析当前经济发展趋势及面临的潜在问题，密切关注宏观政策变化及其影响，找准全行风险管控重点领域、重点环节、重点客户，前瞻规划风险管理重点，实施前瞻性管控措施，力争早介入、早处置风险。

五是加大资产质量考核。结合当前风险形势，徽商银行科学合理地设置不良、逾期以及各项压降指标，通过加大考核力度，制定2023年资产质量考核方案，推动存量不良处置化解，确保资产质量稳中提升，促使全行持续强化资产质量管控。

六是强化附属机构并表管理。加强对附属机构的政策传导，推动附属机构风险并表数据应用，在集团层面开展客户风险预警，持续强化对母子公司行业、区域、客户、产品等维度的风险判断和评估。

七是持续推进不良资产处置。按照分门别类、一户一策的原则，清收、重组、核销、转让等多措并举，持续推进不良资产处置，确保不良指标稳中向好。

浙江农商联合银行相关部门负责人：面对不良贷款反弹压力，浙江农商联合银行带领全省农商银行系统坚持高质量发展，坚持稳中求进工作总基调，进一步加强风险防控力度，打通处置“堵点”，补齐流程“漏洞”，在发展中化解各类风险，实现质的有效提升和量的合理增长，截至2022年12月末，五级不良率低于1%，拨备覆盖率保持在500%以上，当年实现利润同比增长超10%。全省农商银行系统规模、质量、效益继续走在全省银行业和全国农信前列，高质量发展再上新台阶。未来，浙江农商联合银行将坚持抓牢风险背后“人”的因素，指导行社建立健全协同制衡、民营为主的股东股权结构，健全“行社—省行—省政府”三级风险防控机制，牢牢守住不发生系统性金融风险的底线。

（一）在发展中化解各类风险。保证信贷投放总量充足，夯实发展基础，在高质量发展中化解各类风险；加大对普惠、绿色、科创、涉农等重点领域和薄弱环节的信贷精准投放，助力改善社会心理预期，提振发展信心；结合经营实际，合理调整利率政策，降低企业综合融资成本，增强企业经营活力。

（二）切实强化增量风险防控。坚守定位，强化风险源头治理，加强大额风险暴露管理，严格落实集团客户统一授信管理要求，加大大额贷款投向和投放比例管理；控新降旧，抓好增量风险防范，合理确定授信额度，强化授信审查，实施更加主动的风险管理；监测排查，防控重点领域信用风险，动态监测行业、区域、业务的风险分布、变化情况，加强对房地产领域风险、地方政府隐性债务风险等的分析研判。

（三）打通存量风险化解“堵点”。稳健确定年度不良资产处置计划，规范运用各种方式及时处置不良，加强与地方各级法院沟通，推进司法程序执行。加强对违规更改结息周期、信贷资金流向异常等问题的排查检查，对预警提示的客户、业务风险有效追踪，及时干预；拓宽处置渠道，积极参与个人不良贷款批量转让试点工作，主动探索小额、批量不良贷款化解新路径。

专题五　中小银行风险治理

近年来，受疫情持续反复等因素影响，中小银行风险管理面临着更加严峻的考验。数据显示，截至2022年末，中小银行总资产共计100万亿元，是我国银行体系的重要组成部分。为把握稳中求进的工作总基调，有效防范化解金融风险，平稳推进中小银行改革化险是重点工作。近期出现的中小银行风险问题与股权结构、股东关联等问题密切相关，加强和改进公司治理，实现公司治理水平的切实提高，已成为中小银行改革化险的重点工作内容。

一、多数银行家认为经营性风险上升和资产质量下滑是中小银行面临的主要风险点

近年来，在经济下行压力背景下，部分中小银行风险问题逐步显现，无论是早期的包商银行、锦州银行事件，还是近期的河南村镇银行事件，中小银行风险问题持续吸引着各方关注。

调查结果显示，近七成银行家认为当前中小银行面临的主要风险点为经济下行压力冲击和市场竞争力不足导致的经营性风险。在经济下行压力的冲击下，部分中小企业破产倒闭，中小银行传统的存贷业务面临客户流失，加之大型商业银行业务逐步下沉，对中小银行产生一定程度的挤出效应，使得中小银行面临更大的经营压力。

同时，近六成银行家也对中小银行“资产质量下滑”问题表示担忧。对此，62.4%的银行家表示中小银行资产质量弱化的主要原因是“经济下行压力导致客户违约概率上升”；51.7%的银行家表示“负债成本较高，定价能力弱”也是制约中小银行资产质量提升的重要原因；此外，37.5%的银行家认为“不良资产处置能力不足”也是其资产质量下滑的原因之一。

另外，部分银行家认为中小银行也面临着“市场负面舆情带来的声誉风险”（32.2%）、“合规、风险管理机制不完善”（29.9%）等风险点。

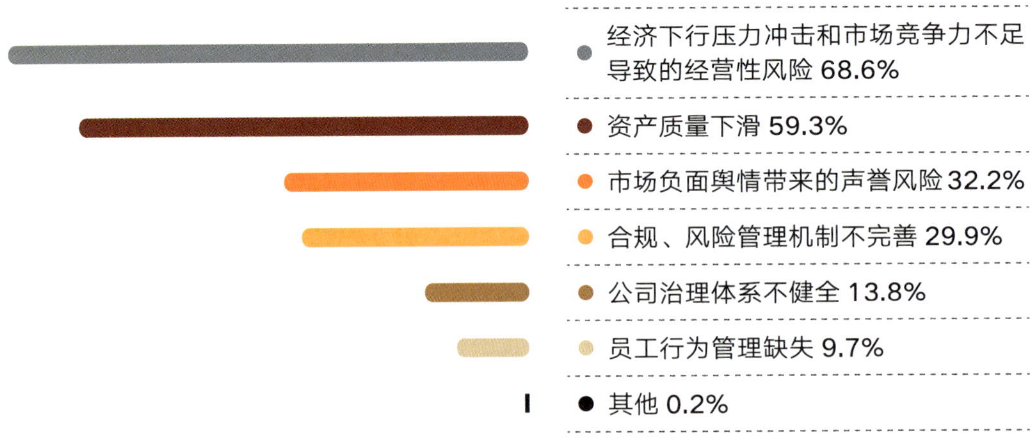

图5-1 中小银行面临的主要风险点

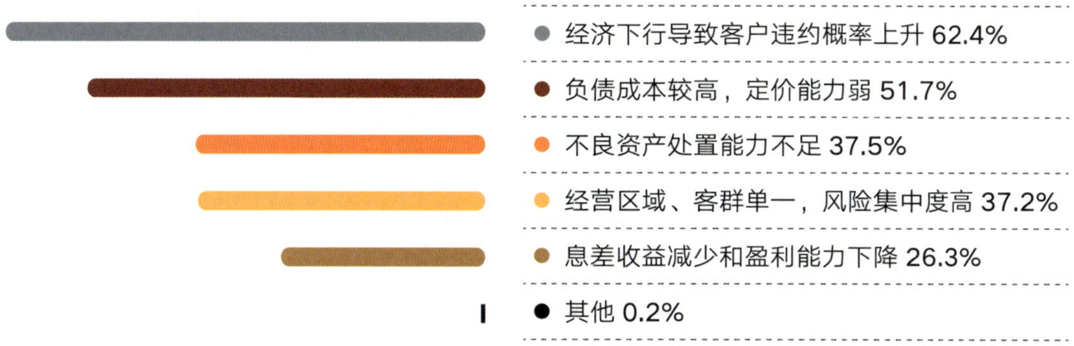

图5-2　中小银行资产质量弱化的主要原因

二、银行家认为中小银行需提升风险管理能力，打好架构优化队伍建设组合拳

2022年11月14日，中国银行业协会发布的“2022年‘陀螺’（GYROSCOPE）评价结果”显示，全国性商业银行的风险管控能力优于中小银行。调查结果显示，“风险管理组织架构不完善”（40.8%）被认为是制约中小银行风险管理能力的首要短板，这可能是由于从近年来出险的中小银行情况来看，普遍存在风险管理组织架构层面的问题，因此受到银行家重点关注。其次，风险管理软、硬件不足也是重要原因，33.6%的银行家表示中小银行风险管理专业化人才匮乏，33.6%的银行家认为其“风险量化分析和模型开发能力不足”。

图5-3　中小银行风险管理能力的主要短板

与此同时，为提升中小银行风险管理能力，超过四成的银行家赞同应当健全风险管理流程。同时，超过三成的银行家认为，一是要强化风险管理理念教育（39.5%），二是要完善风险管理组织架构（38.4%），三是要提高风险管理专业人员业务素质（36.4%）。

图5-4　中小银行提升自身风险管理能力的措施

三、超三成银行家认为金融风险集中在中小银行的根本原因是其具有更大的流动性压力

2022年3月，人民银行发布了2021年第四季度金融机构的评级结果，评级反映的316家高风险银行机构中，农合机构（包括农村商业银行、农村合作银行、农信社）和村镇银行占比最高，高风险机构数量分别为186家和103家。在对金融风险集中在中小银行的原因调查中，33.0%的银行家认为根本原因是这些机构具有更大的流动性压力。此外，中小银行“股权集中度不高且结构复杂”（26.4%）、“股东性质更多以民营企业为主”（24.7%）等原因也构成了金融风险集中的主要原因。

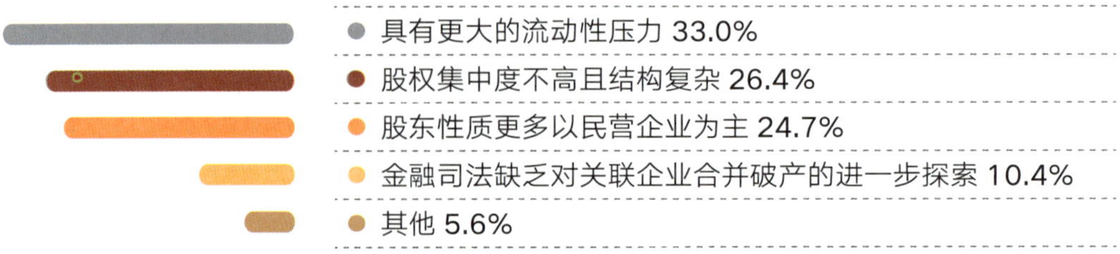

图5-5　金融风险集中在中小银行的根本原因

四、银行家认为中小银行内部治理机制仍需完善，亟待加强对股东的穿透式监管

2022年6月21日，审计署网站公布了《关于2021年度中央预算执行和其他财政收支的审计工作报告》，指出中小金融机构存在经营风险，内部治理机制存在缺陷。审计的23家中小银行和20家地方资产管理公司普遍存在治理结构不完善、治理制度不健全、监督制衡机制失效的问题。调查结果显示，超过半数（59.2%）的银行家认为中小银行授信管理、贷款“三查”等核心业务制度和内控流程缺失或执行不严。超过三成的银行家认为董事会和经理层职责模糊（38.9%）、监事会职责悬空或走偏（35.4%）、内控合规形同虚设（37.3%）。一定程度上体现了公司治理结构不完善、治理制度不健全、监督制衡机制失效的问题，且“两层一会”在内控合规方面存在缺位现象。

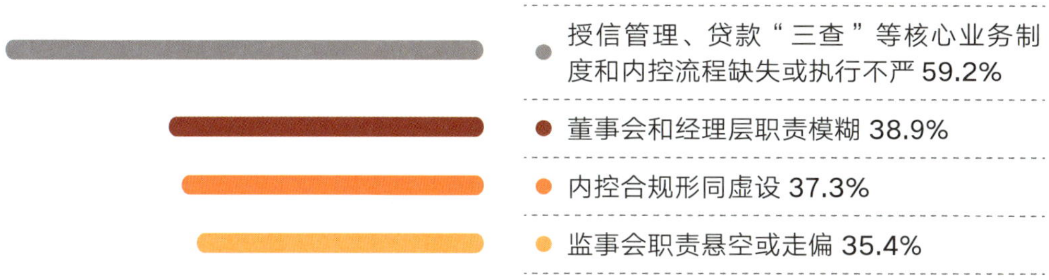

图5-6　银行家认为中小金融机构存在的突出问题

银保监会在2022年工作会议中，提出要“加强对股东的穿透式监管，严防银行保险资金被用于盲目‘加杠杆’”，在农村中小银行股东股权三年排查整治行动中，共发现问题1.99万个。2020年晋州市恒升村镇银行26亿元骗贷案、2022年河南村镇银行取款难事件，背后均涉及违规代持等问题，进一步暴露了中小银行加强股东管理的必要性，如何进一步规范中小银行股东及股权问题成为了关键。调查结果显示，55.2%的银行家认为加强股东资质审查是关键手段；近五成的银行家认为加强股东资金来源审查和加强关联交易审查具有重要意义；32.4%的银行家认为加强股东股权数量和比例审查可以进一步强化风险内控；21.2%的银行家认为加强股权质押约束可以改善股东管理问题。大部分银行家均认为加强股东资质审查将对改善股东问题和股权结构具有显著意义。

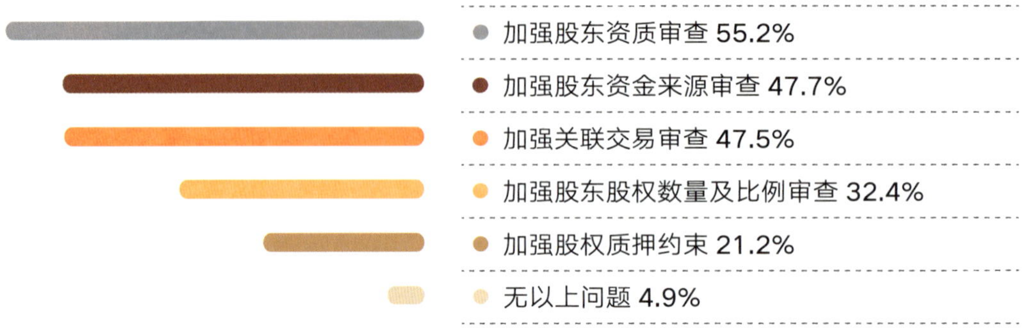

图5-7　银行家认为可有效完善中小银行股东管理的举措

五、超半数银行家认为强化党的领导与完善“三会一层”机制是中小银行风险治理的重要手段

党的二十大报告指出，党内存在不少对坚持党的领导认识模糊、行动乏力问题，存在落实党的领导弱化、虚化、淡化问题。在加强中小银行风险治理的过程中同样需要坚持和强化党的领导。调查结果显示，超半数（54.7%）的银行家认为强化党的领导是强化中小银行风险治理的重要手段。同时，52.3%的银行家认为完善“三会一层”运作机制是完善中小银行风险治理的重要机制。在股东方面，35.6%的银行家认为强化股东管理是有效的控制手段，并且，23.3%的银行家认为加强关联交易管理对风险治理具有一定作用。在监管方面，23.6%的银行家认为加强外部监管是较为有效的方法。对于银行内部，18%的银行家认为优化激励约束机制，实现可持续的利润分配政策将会有效改善中小银行风险问题，16%的银行家认为“一把手”的治理能力将是影响中小银行风险治理能力的重要因素，13.6%的银行家认为完善信息披露机制，确保信息披露准确将成为信息披露的重点。

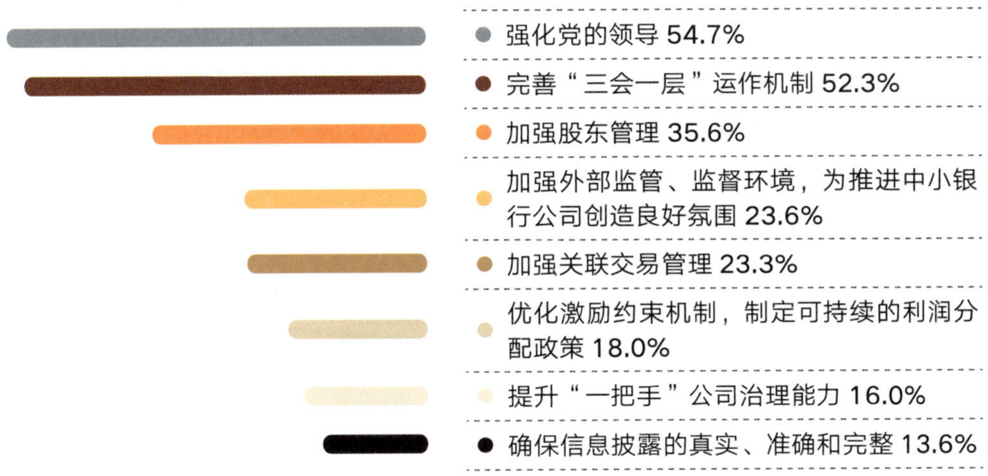

图5-8　银行家进一步强化中小银行公司治理的举措

六、近半数银行家倾向以成立统一法人的农商银行作为省联社的改革模式，完善公司治理结构是改革重点之一

为进一步完善风控体系，健全农信社管理模式，省联社改革再次成为中国银行业的工作重点之一。2022年作为省联社改革的元年，随着4月18日浙江农商联合银行挂牌成立，正式开启了全国深化农信社改革的新局面。农信社改革可以有效化解金融风险，且地方政府支持农商行的力度更大，决策链条更短，管理更接地气，最终有利于农村金融发展和稳定。各省有其各自的经济政治特征，需根据自身情况选择符合各省省联社和辖内行社共同利益的改革模式。如何更好地服务“三农”、更好更快地发展、更好地防范系统性风险、更好地实现规范化管理将成为各省省联社改革的关键问题。在对744位负责农村金融的银行家的调查结果中发现，46.4%的银行家愿意成立统一法人的农商银行，20.4%的银行家更倾向于改制为农商银行控股公司，16.1%的银行家认为组建省级农商联合银行是更优决策。

省联社改革需要因地制宜，但是无论采取何种路径，省联社改革都要与农信机构的改革方向保持一致，即坚持市场化、法治化、企业化的改革方向，坚持农信机构服务“三农”、保证县域法人地位稳定的原则，把握改革重点。调查结果显示，有21.2%的银行家认为完善公司治理结构是改革重点，目前许多省联社缺乏公司治理和风控管理能力，导致腐败渎职事件频发。有20.7%的银行家认为强化党的领导与管理对改革具有重要意义，有19.2%的银行家认为加强对专业化人员的要求更为关键，有9.7%的银行家认为及时有效处置不良资产、追回相关欠款是省联社改革重头，6.4%的银行家认为加强省联社改革中股东资质等审查将有助于省联社改革。

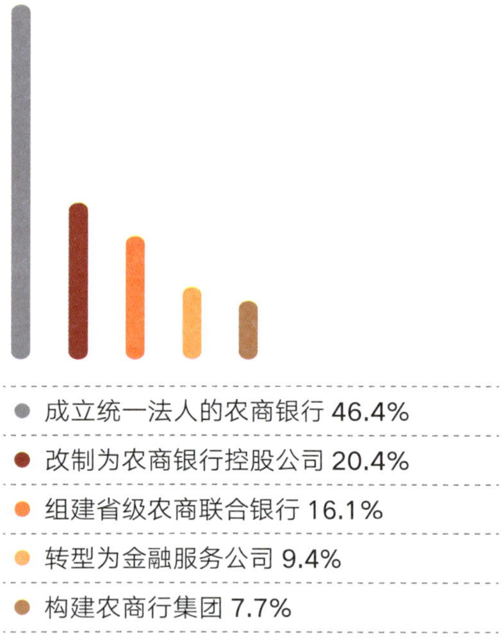

图5-9　银行家省联社改革模式选择

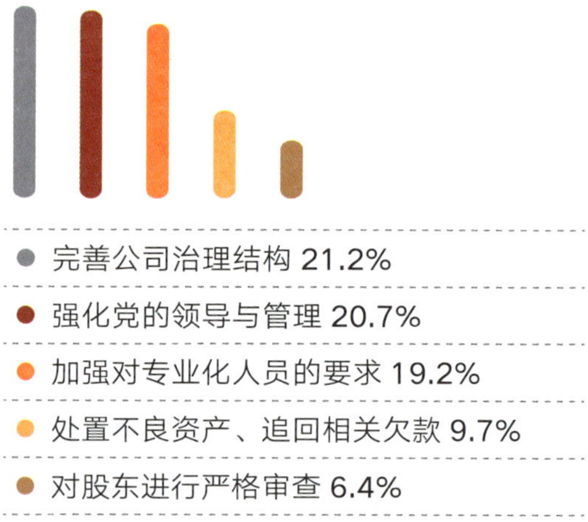

图5-10　银行家认为省联社改革的重点

银行家谈中小银行风险治理

课题组：近年来，部分中小银行风险问题逐步显现，陆续发生了包商银行事件、锦州银行事件、河南村镇银行事件等，您认为根源在哪里？为有效防范化解金融风险，贵行有哪些已经实施或未来计划实施的具体措施？

浙江农商联合银行相关部门负责人：中小银行风险事件的根源往往是经营方向风险和道德风险以及部分中小银行偏离主责主业，脱实向虚等经营的方向性风险。同时，部分中小银行未能统筹好发展和安全的关系，表面看是“钱”的问题，实质上是“人”的问题，导致违规放贷、以权谋私等金融腐败行为和低效无效的公司治理，如党的领导与公司治理未能实现有机融合，大股东干预经营等。

为有效防范化解金融风险，紧盯风险背后“人”的问题是解决风险问题的关键所在。历史经验表明，中小银行但凡发生重大风险，其根源往往都是“人”的问题。对农商银行这样的小法人而言，人比资本重要，化解风险不能单靠资本解决。因此，持续加强干部队伍建设，抓牢行社领导班子这个“关键少数”，特别是配好行社“一把手”，才是正道。浙江农商联合银行坚持加强党的领导，坚持党管干部，高度重视风险背后“人”的因素，特别是抓牢行社班子这个“关键少数”，以“县域金融的政治家、专业领域的银行家、经营管理的实干家”为目标，以极强的定力和耐心持续加强干部队伍建设，把好选人用人关、素质提升关、监督管理关，整合全省农商银行系统人力资源，选派先进行社的优秀干部，特别是有担当、能力强的“一把手”，到高风险行社、后进行社任职，复制推广优秀管理经验，全面提升其管理水平，夯实化险和发展的根基。

农信社是典型的小法人银行，容易被股东操纵，但又承担了支农支小等社会责任，不能被股东操纵，因为资本的逐利性可能会严重影响农信社履行其社会责任。浙江农商联合银行坚持加强股东股权管理，引导和规范资本发展，指导辖内行社建立健全协同制衡、民营为主的股东股权结构。至今，全省法人行社没有一家持股10%以上的法人股东，大部分行社持股5%左右的法人股东有3~5家，民营持股始终保持在98%以上。浙江法人行社对引入股东设定了必要的“门槛”，这种“门槛”主要是股东要认可农信社的经营理念，不能把股东利益最大化作为经营发展的唯一准则。

附 录

CHINESE
BANKERS
SURVEY
中国银行家调查报告

项目背景及执行情况介绍

“中国银行家调查报告2022”项目由中国银行业协会和普华永道共同发起，中国银行业协会首席经济学家巴曙松研究员主持并负责项目的执行与实施。

本调查项目的基本背景、数据采集方式、样本量、配额分布等情况列示如下：

一、调查基本背景

2022年是党和国家事业发展进程中的重要一年。在这一年，人类社会发展至新高点、世界人口突破80亿。同样在这一年，疫情影响深远、气候灾难不断、地缘政治紧张、局部冲突激烈、经济复苏乏力、能粮价格飙升……在这百年变局的历史十字路口，就不免应对这些或急或缓的时代命题。本调查项目，旨在了解中国银行家应对这一局面时的判断与思考，以及对市场发展和监管体系等的意见和建议，以促进海内外金融界与监管当局、金融机构与公众之间的相互沟通了解，共同推动中国银行业的改革发展。

本次调查采取点面结合的方式，一是由中国银行业协会负责组织面向银行家的问卷调查，通过对问卷回收数据的处理，从面上形成中国银行业发展状况的基本判断，并为整个调查提供数据支撑；二是选择有代表性的金融机构，由巴曙松研究员和课题组成员通过面对面访问、电话访问、书面访问等形式，与其高管人员进行访谈，直接听取中国银行家的思考和探索。

二、调查数据采集方式

本次调查的数据主要通过《中国银行家调查问卷2022》面向全国各级银行业金融机构的高管进行采集。调查问卷包括主问卷和子问卷两组。其中，主问卷涵盖十个部分，包括宏观环境、发展战略、业务发展、风险管理和人力资源、金融科技、公司治理与社会责任、监管评价、发展前瞻、银行家群体和同行评价等，总计126题。子问卷共五份，分别针对经济稳增长、服务专精特新“小巨人”企业、银行业资产管理、银行业风险防控、中小银行风险治理进行专题调查，题目数量分别为12题、10题、10题、10题、9题。

课题组希望通过这次调查把握中国特定结构环境下银行业的发展状况，为此，我们特别设定了一些与调研对象特征有关的指标，包括所属区域、机构级别和机构注册类型等。其中，区域包括东部、中部、西部和东北地区等。

三、调查样本量和配额分布

问卷调查在全国31个省级行政区域（不含港澳台）展开，本年度继续完全采用电子形式进行发放和回收，其中，主问卷共回收有效问卷1989份。

（一）主问卷调查样本的配额分布

从机构注册类型来看，全国性大型商业银行189份，全国性股份制银行507份，城市商业银行401份，农村商业银行791份，开发性金融机构与政策性银行63份，外资银行38份。

课题组充分考虑不同地区、不同级别和不同注册类型的银行业金融机构的数量，采取系统抽样法，向各类金融机构发出问卷，而问卷返回比例与配额分布基本一致。访谈方面，共有5个受访单位接受了巴曙松研究员和课题组成员的访谈，覆盖开发性金融机构与政策性银行、全国性大型商业银行和股份制商业银行、城市商业银行以及农村商业银行等多个机构类型。

（二）主问卷调查和访谈样本的具体名单

参与课题组主问卷调查与访谈的中国银行业金融机构有109家（排名不分先后）：

1. 开发性金融机构与政策性银行（3家）

国家开发银行	中国进出口银行	中国农业发展银行

2. 全国性大型商业银行（6家）

中国工商银行	中国建设银行	中国农业银行
中国银行	交通银行	中国邮政储蓄银行

3. 全国性股份制商业银行（12家）

招商银行	兴业银行	上海浦东发展银行
中信银行	民生银行	光大银行
平安银行	华夏银行	广发银行
浙商银行	渤海银行	恒丰银行

4. 城市商业银行（59家）

北京银行	北京中关村银行	成都银行
达州银行	大连银行	东莞银行
东营银行	富滇银行	甘肃银行
广东华兴银行	广东南粤银行	广州银行

贵阳银行 贵州银行 桂林银行
哈尔滨银行 邯郸银行 汉口银行
杭州银行 河北银行 吉林银行
济宁银行 江西银行 锦州银行
昆仑银行 莱商银行 廊坊银行
乐山市商业银行 辽宁振兴银行 泸州银行
梅州客商银行 南京银行 齐鲁银行
前海微众银行 青岛银行 青海银行
泉州银行 厦门国际银行 厦门银行
上海华瑞银行 上海银行 上饶银行
盛京银行 苏州银行 遂宁银行
唐山银行 天津银行 乌鲁木齐银行
西安银行 邢台银行 烟台银行
浙江泰隆商业银行 浙江网商银行 郑州银行
中原银行 重庆三峡银行 重庆银行
珠海华润银行 自贡银行

5. 农村商业银行（13家）

重庆农商银行 上海农商银行 广州农商银行
北京农商银行 东莞农商银行 深圳农商银行
顺德农商银行 江南农商银行 天津农商银行
杭州联合银行 南海农商银行 秦农银行
佛山农商银行

6. 外资银行（16家）

渣打银行 东亚银行 星展银行
华侨银行 三菱日联银行 富邦华一银行
创兴银行 华侨永亨银行（中国） 南洋商业银行（中国）
国泰世华银行（中国） 摩根士丹利国际银行（中国） 新联商业银行
永丰银行（中国） 澳门国际银行 盘谷银行（中国）
集友银行

四、课题组成员

1. 中国银行业协会：

邢炜、周更强、李健、王丽娟、黄奕桦、王芳、周飞、侯伟凤

2. 普华永道：

李丹、张立钧、何淑贞、叶少宽、朱宇、陈进展、邓亮、贾茹、陈佳、孙晓丹

3. 中国银行业协会首席经济学家巴曙松及其团队：

华中炜、丁波、张晓亮、陈强、刘雅祺、任杰、金玲玲、倪鑫、陈洁、刘晓依、丁涛、张兢、杨炳坤、许珈瑞、杨庄立、范小洁、高嵩、李梦婕、王诗琪、杨阅兵、徐安娜、杨洁、许洪波、熊邦娟、胡志国、涂家铭、杨春波、蒋峰、刘浩杰、许蓉、陈明生、魏如约、张欢、卢曦隆、曹良玉、李启诚、何家榕、朱雨彤、梁雅慧、徐晓宇、王亚枭、金子茗

五、致谢

在本报告的撰写过程中得到了中国银保监会及中国银行业协会领导的大力支持和指导。中国银行业协会周更强副秘书长带领课题组对中国建设银行数据管理部常征副总经理、金融科技部郭汉利副总经理、风险管理部王勇总经理、上海浦东发展银行信息科技部总经理陈海宁、中国进出口银行战略规划部杜希江总经理、客户服务管理部林罡总经理、广发银行战略规划部关铁军总经理、徽商银行研究发展部周庆霞总经理、浙江农商联合银行相关部门负责人等进行了访谈，感谢各位银行高管们在百忙之中接受课题组的访谈，为报告的撰写提供了翔实的资料。对于各位银行家给予的大力支持和协助，我们在此表示衷心的感谢！

携手合作　共创成功

中国银行业协会

普华永道

巴曙松

中国银行业协会
CHINA BANKING ASSOCIATION

中国银行业协会（China Banking Association，CBA）成立于2000年5月，是经中国人民银行和民政部批准成立的全国性非营利社会团体，是中国银行业自律组织。2003年中国银监会成立后，中国银行业协会主管单位由中国人民银行变更为中国银监会。2018年3月，中国银行保险监督管理委员会成立后，中国银行业协会主管单位由中国银监会变更为中国银行保险监督管理委员会。凡经业务主管单位批准设立的、具有独立法人资格的银行业金融机构（含在华外资银行业金融机构）和经相关监管机构批准、具有独立法人资格、在民政部门登记注册的各省（自治区、直辖市、计划单列市）银行业协会以及相关监管机构批准设立，具有独立法人资格的依法与银行业金融机构开展相关业务合作的其他类型金融机构，以及银行业专业服务机构均可申请加入中国银行业协会成为会员单位。

截至2023年1月，中国银行业协会共有764家会员单位。会员单位包括开发性金融机构、政策性银行、国有大型商业银行、股份制商业银行、金融资产管理公司、城市商业银行、民营银行、农村商业银行、农村信用社、外资银行、台资银行、地方银行业协会（公会）、金融租赁公司、汽车金融公司、消费金融公司、货币经纪公司、理财公司、其他类会员等。

中国银行业协会的最高权力机构为会员代表大会，由300名会员代表组成。会员代表大会的执行机构为理事会，对会员代表大会负责。理事会在会员代表大会闭会期间负责领导协会开展日常工作。理事会闭会期间，常务理事会行使理事会职责。常务理事会由会长1名、专职副会长1名、副会长若干名、秘书长1名组成。协会设监事会，由监事长1名、监事若干名组成。根据工作需要，中国银行业协会设立30个专业（工作）委员会，1个代表机构。其日常办事机构为秘书处，秘书处共有21个部门。

中国银行业协会以促进会员单位实现共同利益为宗旨，履行自律、维权、协调、服务职能，维护银行业合法权益，维护银行业市场秩序，提高银行业从业人员素质，提高为会员服务的水平，促进银行业的健康发展。

2021年，连续第三次被国家民政部授予“全国先进社会组织”的荣誉称号；2021年，连续第三次在国家民政部组织的全国性行业协会商会等级评估活动中获评5A最高等级；2021年荣获中国人民银行授予的金融单位定点扶贫先进集体荣誉称号；2020年，荣获中央精神文明建设指导委员会授予的全国文明单位称号；2014年，荣获国务院残疾人工作委员会“全国助残先进集体”称号，成为唯一获此荣誉的全国性行业协会。

联系人

邢炜

中国银行业协会党委书记、专职副会长

李健

中国银行业协会研究部主任

+86（10）66291286

jianli@china-cba.net

pwc 普华永道

普华永道秉承“解决重要问题，营造社会诚信”的企业使命，各成员机构组成的网络遍及152个国家和地区，有超过32.8万名员工，致力于在审计、咨询及税务领域提供高质量的服务。

普华永道中国内地、香港地区、澳门地区成员机构根据各地适用的法律协作运营。整体而言，员工总数超过20000人，其中包括逾800名合伙人。

无论客户身在何处，普华永道均能提供所需的专业意见。我们实务经验丰富、高素质的专业团队能聆听各种意见，帮助客户解决业务问题，发掘并把握机遇。我们的行业专业化有助于就客户关注的领域共创解决方案。

我们分布于以下城市：北京、上海、香港、沈阳、天津、大连、济南、青岛、郑州、西安、南京、合肥、苏州、无锡、武汉、成都、杭州、宁波、重庆、长沙、昆明、厦门、广州、深圳、澳门、海口、珠海、贵阳。

普华永道在中国的金融业服务经验

普华永道在中国拥有一支最具实力的金融服务领域的专业化队伍。我们的金融服务团队一直与中国银行业携手合作，无论在审计、税务还是咨询领域，都走在行业的最前沿。我们的战略是通过遍布全球的专业团队为客户打造卓越的业务优势，利用整合的行业知识和专业技能，为客户带来全球最佳的行业解决方案。

在中国，普华永道一直以来践行“诚信为本，专业报国”的执业理念，金融服务团队为国内各种金融机构提供全方位的服务，包括商业银行、保险公司、基金及基金管理公司、财务公司、证券公司和租赁公司等。同时，我们还服务于中国金融业和证券业的监管机构。普华永道多年来一直积极配合、参与财政部、中国人民银行、中国银行保险监督管理委员会、中国证券监督管理委员会等政府部门、监管机构的多项工作与活动，赢得了相关机构的高度评价和认可。

普华永道金融服务团队的专业性使我们善于创新，敢为行业之先。我们秉承战略性的视野和独立开放的原则，向客户提供具有前瞻性的专业服务和独到的见解。

普华永道近期出版的一些相关行业报告和期刊如下：

- 《金控公司关联交易监管的“升维进阶”与应对策略》
- 《凡益之道 与时偕行——高质量发展时期金融机构操作风险管理的升级与优化》
- 《中国财富人群情绪指数（2022）》
- 《2022年度保险行业监管处罚与政策动态》
- 《2022年度银行业金融机构监管处罚及政策动态》
- 《精益银行财资管理，赋能银行数智未来》
- 《砥砺前行，重任千钧再奋蹄——2022年第三季度中国上市银行业绩分析》
- 《数据要素视角下的数据资产化研究报告》
- 《零售银行未来五大场景：探索转型之路，构建核心能力》
- 《迈向新时代的地方金控公司：挑战及应对》
- 《金融行业企业架构管理白皮书》
- 《保险机构养老金融竞争策略研究》
- 《多措并举，提升银行保险机构董事监事履职质效》
- 《2022中国区域性银行高质量发展指数报告》
- 《2022年第三季度银行业监管处罚及政策动态分析》
- 《2022年第三季度保险行业监管处罚及政策动态分析》
- 《保险行业洞察：筑牢信任基石，在协作中重塑未来》
- 《2022年度中国不良资产管理行业改革与发展白皮书》
- 《解析国内银行如何抓住新巴塞尔协议III实施的机遇》
- 《2022年半年度中国银行业回顾与展望》
- 《深港联合发布十八条措施，支持前海深港风投创投联动发展》
- 《区域性银行可持续高质量发展制胜之道系列：数字化转型》
- 《落实〈理财公司内部控制管理办法〉新规，提升理财公司内控合规质量》
- 《精品资产管理公司的扩张计划和退出策略》
- 《银行机构内部控制独立评估》
- 《内外整合、全面刻画、多维分析、全景应用——财险公司企业客户数字化风险管理解决方案》
- 《保险机构内部控制独立评估》
- 《私募股权基金有限合伙人的困境和破局之道》

- 《2022年第二季度保险行业监管处罚及政策动态分析》
- 《2022年第二季度银行业监管处罚及政策动态分析》
- 《观局入阵，解局护航：〈互联网保险业务监管办法〉实践情况之回顾与展望》
- 《2022年全球并购行业趋势回顾及下半年展望——金融服务业》
- 《2021年度保险行业监管处罚分析》
- 《从战略重构到能力重塑，金控公司开启新旅程》
- 《变革与重塑——信托行业转型趋势下，风险管理能力的升级再造》
- 《2021年度银行业监管处罚分析》
- 《把控风险变局，筑底开放生态——〈银行保险机构信息科技外包风险监管办法〉研读》
- 《粤港澳大湾区金融服务业：雏形初现》
- 《银行业快讯：2021年中国银行业回顾与展望》
- 《银行保险机构关联交易管理办法》1号令的解读
- 《2022年第一季度保险行业监管处罚分析》
- 《2022年第一季度银行业监管处罚分析》
- 《区域性银行零售转型系列洞察（一）：体系为王，迈入正向循环》
- 《转型金融白皮书》中国金融机构绿色低碳可持续发展之路
- 《金控公司全面风险管理研究白皮书》
- 《银行业快讯：2022年第一季度中国上市银行业绩分析》
- 《中国立法承认终止净额结算制度——从监管角度解读》
- 《复杂形势下涉外企业的应对之策——汇率风险管理》
- 《2023年第一季度证券期货行业监管处罚分析及合规建议》
- 《2022年中国银行业回顾与展望：守正求新，共塑韧性发展之路》
- 《高质量发展时期的企业集团财务公司：回归本源的产业金融“助推器”》
- 《2023年第一季度保险业金融机构监管处罚及政策动态》
- 《2023年第一季度反洗钱监管处罚信息分析及名单筛查工作经验分享》
- 《资本新规对商业银行操作风险管理的影响及应对之策》
- 《明确管理依据，健全汽车金融公司内部职能建设——从风控视角解读〈汽车金融公司管理办法（征求意见稿）〉》
- 《慎思笃行，稳妥推进区域性中小银行与农信机构改革化险》

普华永道服务一览

审计及鉴证服务

- 财务报表审计
- 内部审计
- 资本市场
- 风险管理
- 精算
- 工程造价

资本市场与会计咨询服务

- IPO及资本市场服务
- 企业财资服务
- 出售资产和分拆
- 财务报告准则转换
- 执行复杂的会计准则
- 并购或私募股权投资的会计服务
- 收入准则 – IFRS 15 / ASC 606
- 结构性融资及财务工具
- 企业资金管理解决方案

风险及控制服务

- 内部审计战略和咨询
- 内部审计分包和外包服务
- 内部控制咨询
- 舞弊风险和内控
- 企业风险管理服务（业务持续性和风险管理）
- 董事会治理服务（包括董事会成员培训）
- IT风险和治理
- 控制、安全和项目保障
- 信息安全和网络持续性服务
- 数据管理和保障

第三方鉴证

- IT尽职调查
- 整合报告
- C-SOX和S404（Sarbanes-Oxley法案第404条例）合规咨询
- XBRL（可扩展商业报告语言）合规
- FATCA（外国账户税务合规法案）合规服务
- PN21（联交所上市规则应用指引第21条）合规咨询
- 可持续发展与气候变化服务
- 业务连续性管理

税务服务

- 中国企业税务
- 中国流转税
- 中国研发税务服务
- 中国税务分歧协调
- 中国转让定价
- 价值链转型
- 中国企业并购税务
- 递延所得税及其他税务会计
- 海关和国际贸易
- 个人所得税及人力资源咨询
- 人力和变革管理咨询
- 海外雇员咨询及个人所得税

交易咨询

- 企业融资
- 尽职调查
- 估值服务
- 购并交易增值服务
- 私募股权投资资金咨询
- 企业购并税务架构咨询
- 项目融资
- 海外投资服务
- 上市服务
- 企业重整服务

战略咨询

- 企业和BU策略
- 销售和营销策略
- 市场准入和市场评估
- 战略转型

运营管理咨询

- 企业资产管理
- 产品创新及开发
- 供应链及核心运营流程
- 运营战略及价值链转型

人才和变革管理咨询

- 战略执行与平衡计分卡
- 人力资源规划
- 薪酬激励
- Saratoga评估
- 人力资源并购服务

财务管理咨询

- 快捷关账
- 管理报告
- 财务系统
- 预算与预测
- 司库与资金管理
- 财务人才管理
- 财务组织构架
- 成本管理
- 共享服务中心
- 流程标准化与简化
- 企业绩效管理
- 财务专业培训

信息技术咨询

- 信息技术服务转型
- 企业IT架构
- 应用系统
- 数据治理
- IT采购
- 交易支持

风险管理咨询

- 巴塞尔新资本协议合规规划及实施
- 信用风险管理
- 市场风险管理
- 操作风险管理
- 资产负债管理
- 内部资本充足评估（ICAAP）
- 资本充足率系统

法务会计服务

- 经济犯罪审查
- 计算机鉴证技术服务
- 合规审阅服务
- 舞弊风险管理和舞弊防范
- 背景审查服务
- 纠纷分析和诉讼支援
- 保险索赔服务
- 知识产权及授权管理服务

数据及分析

- 客户分析及市场细分
- 需求预估
- 衡量客户体验
- 社会聆听
- 忠诚项目设计与CRM
- 分析框架设计
- 商业智能决策分析
- 产品定价及盈利能力
- 行为经济学
- 仿真建模
- 网络分析
- 营销效益

普华永道联系人

若对本调查报告有任何问题或者需要我们提供专业服务，欢迎与以下人士联系：

金融业

费理斯

- 中国内地及香港金融业主管合伙人
- +852 2289 2303
- matthew.phillips@hk.pwc.com

张立钧

- 中国内地金融业主管合伙人
- +86（755）8261 8882
- james.chang@cn.pwc.com

银行及资本市场

何淑贞

- 中国内地银行业主管合伙人
- +86（10）6533 2368
- margarita.ho@cn.pwc.com

朱宇

- 中国内地北方区金融业主管合伙人
- +86（10）6533 2236
- richard.y.zhu@cn.pwc.com

叶少宽

- 中国内地金融业合伙人
- +86（10）6533 2300
- linda.yip@cn.pwc.com

姜昆

- 中国内地金融业审计市场主管合伙人
- +86（10）6533 2342
- jillson.jiang@cn.pwc.com

陈进展

- 中国内地金融业合伙人
- +86（10）6533 7837
- alfred.chen@cn.pwc.com

谭文杰

- 中国香港银行业主管合伙人
- +852 2289 2706
- james.tam@hk.pwc.com

卢玉彪

- 中国内地并购交易合伙人
- +86（10）6533 2003
- nelson.lou@cn.pwc.com

保险业

胡静

- 中国内地保险业主管合伙人
- +86（10）6533 5109
- jing.hu@cn.pwc.com

黄健立

- 中国香港保险业主管合伙人
- +852 2289 1259
- billy.kl.wong@hk.pwc.com

资产和财富管理

薛竞

- 中国内地资产和财富管理主管合伙人
- +86（21）2323 3277
- jane.xue@cn.pwc.com

江秀云

- 中国香港资产和财富管理主管合伙人
- +852 2289 2707
- marie-anne.kong@hk.pwc.com

巴曙松

巴曙松教授，北京大学汇丰金融研究院执行院长，中国银行业协会首席经济学家，兼任中国宏观经济学会副会长、中国老年学与老年医学学会副会长，先后应邀担任金融监管机构和专业研究机构不同领域的决策咨询专家，如先后担任中国商务部经贸政策咨询委员会委员、中国银保监会中国银行业实施巴塞尔新资本协议专家指导委员会委员、中国证监会并购重组专家咨询委员会委员、中国“十三五”国家发展规划专家委员会委员、中国证监会基金评议专家委员会委员、人力资源和社会保障部企业年金资格评审专家、教育部哲学社会科学研究重大课题评审专家、张培刚发展经济学研究基金会理事长、香港金融发展局内地机遇小组成员等。

巴曙松教授为享受国务院特殊津贴专家，先后担任中国银行杭州市分行副行长、中银香港助理总经理、中国证券业协会发展战略委员会主任、中央人民政府驻香港特别行政区联络办公室经济部副部长、国务院发展研究中心金融研究所副所长等职务，曾在北京大学中国经济研究中心从事博士后研究，在哥伦比亚大学商学院担任高级访问学者，还担任国务院发展研究中心基础研究领域“国际经济金融结构”的首席专家。巴教授是2006—2015年中文文献经济学领域被引用频次最高的中国学者（《中国社会科学评价》2017年）。

巴曙松教授多次以金融专家身份参加中国金融领域的决策者主持召开的政策决策咨询会议，曾担任中共中央政治局集体学习主讲专家；先后在交易所、商业银行、证券公司、公募基金、信托公司、金融租赁公司等不同类型的金融机构担任管理职务，参与推动“债券通”“互换通”等互联互通相关项目，是同时熟悉中国金融市场实际业务运作、金融政策制定以及金融理论研究的金融专家，在巴塞尔资本协议与风险管理、资产管理（迄今已经坚持十七年编写年度中国资产管理行业发展报告）、银行业发展与银行家调查（迄今已经主持研究并发布年度银行家调查报告中英文版十四年）、现代交易所运行［在商务印书馆（香港）以中英双语出版了一系列系统介绍现代交易所业务新趋势的著作］等领域积累了丰富的研究成果与实践经验。主要著作有：《巴塞尔新资本协议研究》《金融危机中的巴塞尔新资本协议：挑战与改进》《巴塞尔资本协议Ⅲ研究》《巴塞尔Ⅲ与金融监管大变革》《中国资产管理行业发展报告》《债券通：中国债券市场国际化的新战略》等。

责任编辑：董　飞
责任校对：孙　蕊
责任印制：程　颖

图书在版编目(CIP)数据

中国银行家调查报告．2022 / 中国银行业协会，普华永道编．—北京：中国金融出版社，2023.5

ISBN 978-7-5220-1992-5

Ⅰ.①中… Ⅱ.①中… ②普… Ⅲ.①银行—调查报告—中国—2022 Ⅳ.①F832.3

中国国家版本馆CIP数据核字（2023）第071151号

中国银行家调查报告2022
ZHONGGUO YINHANGJIA DIAOCHA BAOGAO 2022
出版
发行　中国金融出版社
社址　北京市丰台区益泽路2号
市场开发部　(010) 66024766，63805472，63439533（传真）
网 上 书 店　www.cfph.cn
　(010) 66024766，63372837（传真）
读者服务部　(010) 66070833，62568380
邮编　100071
经销　新华书店
印刷　河北松源印刷有限公司
尺寸　210毫米×285毫米
印张　15.25
字数　267千
版次　2023年5月第1版
印次　2023年5月第1次印刷
定价　130.00元
ISBN　978-7-5220-1992-5
如出现印装错误本社负责调换　联系电话（010）63263947